Réussir mon CRPE



# EPS & PROJECTION DANS LE MÉTIER

## ÉPREUVE DE LEÇON

CATHERINE GUENEAU-LENOIR
SÉBASTIEN MOUNIÉ
ÈVE LELEU-GALLAND

Lea.fr Nathan

## LES AUTEURS

**Partie « EPS » :**
Professeure des écoles, maitre-formatrice puis conseillère pédagogique en circonscription depuis 2008, **Catherine Gueneau-Lenoir** exerce dans l'académie de Créteil. Elle est spécialisée en EPS depuis 2012 et fait partie à ce titre des jurys du CRPE.

**Partie « Se projeter » :**
**Sébastien Mounié** est inspecteur de l'Éducation nationale. Il a été en charge d'une circonscription du premier degré et de missions départementales ASH et numérique, référent laïcité pour l'académie de Créteil. Il est également expert associé à l'Institut des hautes études de l'éducation et de la formation (IH2EF).

**Mises en situation professionnelle sur (école inclusive, obligation de signalement, sortie scolaire, évaluation) :**
**Ève Leleu-Galland** est docteur en sciences humaines et experte internationale Scolarisation de la petite enfance. En tant qu'inspectrice, elle a été chargée de la Mission académique École maternelle de Paris jusqu'en 2020.

Cet ouvrage est conforme à la nouvelle orthographe
www.orthographe-recommandee.info

Direction éditoriale : Pascaline Citron
Édition : Aurore Champavère, Stephanie Dizel-Doumenge, Claire Garoux, Caroline Tran-Dac, Catherine Zelvelder
Fabrication : Lysiane Bouchet, David Fauro
Conception graphique et mise en pages : Lucille Pachot et Richard Takvorian
Illustrations : Pollux

92 avenue de France - 75013 Paris
Dépôt légal : janvier 2024
ISBN : 978-209-503174-9
Code éditeur : 374297
ISSN : 2823-9245

# PRÉPAREZ LE CONCOURS AVEC Lea.fr

Inscrivez-vous sur Lea.fr.
C'est gratuit !

https://lea.fr/devenir-enseignant/preparer-crpe

ou flashez le QR code suivant

- D'autres sujets inédits
- Des vidéos tuto
- Des activités rituelles
- Des exercices d'entrainement supplémentaires
- Des webconférences
- Et d'autres ressources pour chacune des épreuves et disciplines

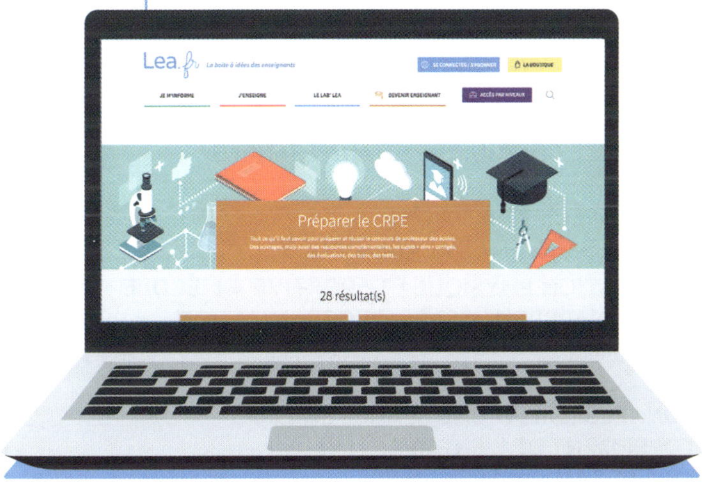


Suivez @reussirmoncrpe sur Instagram pour ne manquer aucune information sur le CRPE !

## SOMMAIRE

## SOMMAIRE

# Présentation de l'épreuve

Les modalités de l'épreuve sont définies par l'arrêté du 25 janvier 2021 publié au *Journal officiel* du 29 janvier 2021.

## A - DESCRIPTION DES DEUX ÉPREUVES D'ADMISSION

Les épreuves d'admission comportent une épreuve orale de leçon et une épreuve d'entretien.

- L'épreuve de leçon porte successivement sur le français et les mathématiques.

Elle a pour objet la conception et l'animation d'une séance d'enseignement à l'école primaire dans chacune de ces matières, permettant d'apprécier la maitrise disciplinaire et la maitrise des compétences pédagogiques du candidat. Cette épreuve dure 1 heure (30 minutes pour le français et 30 minutes pour les mathématiques). La durée de préparation est de 2 heures.

- L'épreuve d'entretien comporte deux parties.

La première partie (30 minutes) est consacrée à l'éducation physique et sportive, intégrant la connaissance scientifique du développement et la psychologie de l'enfant. Le candidat dispose de 30 minutes de préparation.
La seconde partie (35 minutes) porte sur la motivation du candidat et son aptitude à se projeter dans le métier de professeur au sein du service public d'éducation.

## B - L'ÉPREUVE D'ENTRETIEN

L'épreuve dure 1 heure 05 minutes. Le temps de préparation est de 30 minutes pour la première partie.
Elle est notée sur 20 points avec un coefficient 2. Chaque partie est notée sur 10 points.
La note de 0 à l'une ou l'autre des parties est éliminatoire.

### PREMIÈRE PARTIE : ÉDUCATION PHYSIQUE ET SPORTIVE (10 POINTS)

Le jury propose au candidat un sujet relatif à une activité physique sportive ou artistique praticable à l'école élémentaire ou relatif au domaine des activités physiques et expériences corporelles réalisables à l'école maternelle. Le sujet se rapporte à une ou plusieurs situation(s) d'apprentissage adossée(s) au développement d'une compétence motrice relative à cette activité physique ou expérience corporelle.

Le candidat choisit ou identifie, selon la formulation du sujet, l'activité physique concernée avant d'élaborer une proposition de situation(s) d'apprentissage qu'il présente au jury.
Les éléments de programme utiles sont fournis au candidat.

Le candidat expose ses propositions. L'exposé n'excède pas 15 minutes. Il se poursuit par un entretien avec le jury pour la durée restante impartie à cette première partie.

Cet entretien permet d'apprécier d'une part les connaissances scientifiques du candidat en matière de développement et de psychologie de l'enfant, d'autre part sa capacité à intégrer la sécurité des élèves, à justifier ses choix, à inscrire ses propositions dans une programmation annuelle et, plus largement, dans les enjeux de l'EPS à l'école. Le jury peut élargir le questionnement aux pratiques sportives personnelles du candidat ou encore au type d'activités sportives qu'il peut animer ou encadrer.

## SECONDE PARTIE : MOTIVATION ET PROJECTION DANS LE MÉTIER (10 POINTS)

Cette seconde partie comporte un premier temps d'échange d'une durée de 15 minutes débutant par une présentation, d'une durée de 5 minutes maximum, par le candidat des éléments de son parcours et des expériences qui l'ont conduit à se présenter au concours en valorisant ses travaux de recherche, les enseignements suivis, les stages, l'engagement associatif ou les périodes de formation à l'étranger. Cette présentation donne lieu à un échange avec le jury pendant 10 minutes.

La suite de l'échange, d'une durée de 20 minutes, doit permettre au jury, au travers de deux mises en situation professionnelle, l'une d'enseignement, la seconde en lien avec la vie scolaire, d'apprécier l'aptitude du candidat à :

- s'approprier les valeurs de la République, dont la laïcité, et les exigences du service public (droits et obligations du fonctionnaire dont la neutralité, lutte contre les discriminations et stéréotypes, promotion de l'égalité, notamment entre les filles et les garçons, etc.);
- faire connaitre et faire partager ces valeurs et exigences.

Le candidat admissible transmet préalablement une fiche de candidature selon les modalités définies dans l'arrêté d'ouverture.

# PARTIE 1
# Éducation physique et sportive

# Introduction

## LE CADRE DE L'ÉPREUVE

Voici le cadre de l'épreuve tel qu'il est présenté dans l'arrêté du 25 janvier 2021 publié au *Journal officiel* du 29 janvier 2021 :

> « La première partie (trente minutes) est consacrée à l'éducation physique et sportive, intégrant la connaissance scientifique du développement et la psychologie de l'enfant.
> Le candidat dispose de trente minutes de préparation.
> À partir d'un sujet fourni par le jury, proposant un contexte d'enseignement et un objectif d'acquisition pour la séance, il revient au candidat de choisir le champ d'apprentissage et l'activité physique support avant d'élaborer une proposition de situation(s) d'apprentissage qu'il présente au jury. Cet exposé ne saurait excéder quinze minutes. Il se poursuit par un entretien avec le jury pour la durée restante impartie à cette première partie. Cet entretien permet d'apprécier d'une part les connaissances scientifiques du candidat en matière de développement et la psychologie de l'enfant, d'autre part sa capacité à intégrer la sécurité des élèves, à justifier ses choix, à inscrire ses propositions dans une programmation annuelle et, plus largement, dans les enjeux de l'EPS à l'école. »[1]

L'EPS représente la moitié de la note de l'épreuve orale. Une note de zéro est éliminatoire.
Le temps est réparti de la manière suivante :

- préparation : 30 minutes ;
- exposé : 15 minutes maximum ;
- entretien : 15 minutes minimum.

Lors de l'entretien, le candidat interagit avec le jury.
Le jury apprécie :

- les connaissances scientifiques du candidat sur le développement et la psychologie de l'enfant ;
- les choix pédagogiques et leur justification ;
- la prise en compte de la sécurité ;
- la cohérence des propositions avec une programmation annuelle ;
- l'inscription des propositions dans les enjeux de l'EPS à l'école.

**JE M'ORGANISE**

Je prépare l'épreuve orale dès la fin de l'épreuve écrite, sans attendre les résultats de l'admissibilité. Je répartis ainsi sur un temps long les nombreuses connaissances à acquérir, ce qui me permet de procéder à des rappels réguliers et d'être davantage à l'aise le jour de l'épreuve.

1. Arrêté du 25 janvier 2021 paru au JO n° 0025 du 29 janvier 2021.

## CHOISIR UN CHAMP D'APPRENTISSAGE ET UNE ACTIVITÉ PHYSIQUE SUPPORT

Le sujet fourni par le jury comporte un contexte d'enseignement et un objectif d'acquisition pour une séance en EPS. Il s'agit pour le candidat de choisir un champ d'apprentissage et une activité physique support. Pour opérer ce choix, le candidat se doit de connaitre :

- **Les quatre champs d'apprentissages et les activités physiques sportives et artistiques (APSA) associées**. Les champs d'apprentissage correspondent chacun à des objectifs d'apprentissage différents. Chaque champ s'appuie sur des activités physiques supports qui donnent du sens à l'apprentissage. Ce lien entre champ d'apprentissage et objectifs d'apprentissage est présenté pages 23 et 24.
- **Les acquisitions liées à quelques APSA pour chaque champ d'apprentissage** : transformations motrices, des savoirs et savoir-être. Ceux-ci sont déclinés sous forme de tableau pour chaque APSA présentée dans les différents champs d'apprentissage. Ces informations sont à retrouver dans le chapitre 2 « Connaitre les quatre champs d'apprentissage ».

**JE M'ORGANISE**

Je mémorise les tableaux de chaque APSA et les compétences mobilisées selon l'âge et le niveau de l'élève. Cela me permettra d'établir une cohérence entre le contexte donné, l'objectif visé, le champ d'apprentissage, l'activité physique support et la situation d'apprentissage à élaborer.

## ÉLABORER UNE SITUATION D'APPRENTISSAGE

La situation d'apprentissage correspond à tout ce que l'enseignant prévoit pour placer les élèves dans les meilleures conditions possibles pour qu'ils comprennent, s'engagent et réussissent un apprentissage. Élaborer une situation d'apprentissage suppose que l'objectif d'apprentissage soit bien cerné et compris. En fonction de celui-ci, du contexte d'enseignement (niveau, caractéristiques des élèves) et du choix de l'activité physique support dans un des quatre champs d'apprentissage de l'EPS, le candidat peut commencer à imaginer une situation d'apprentissage.

Pour des questions de temps de préparation et de durée de l'exposé (15 minutes maximum), le candidat a tout intérêt à exposer la situation au travers d'une séance représentative de la démarche. Dans le temps imparti, il est en effet inopportun de vouloir exposer une séquence entière, constituée de 6 à 12 séances. Le jury sera sensible à la description réaliste d'une séance que le candidat aura toutefois pris soin de situer dans une séquence.

Dans le chapitre 2, intitulé « Connaitre les quatre champs d'apprentissage », des exemples de séances visent à faire entrer le candidat dans une dynamique de réflexion autour de situations concrètes. Ces exemples de séances dans différentes activités physiques support présentent des descriptions détaillées de situations d'apprentissage.

## PRÉPARER ET ORGANISER L'EXPOSÉ

L'exposé doit être construit autour de plusieurs axes. Le candidat doit montrer au jury qu'il endosse la posture de l'enseignant et qu'il sait :

- situer le sujet dans le contexte global de l'EPS à l'école ;
- cerner les enjeux pour les élèves de l'activité physique support choisie pour la situation d'apprentissage ;
- envisager les particularités de mise en œuvre de cette activité physique support ;
- proposer des organisations concrètes susceptibles d'amener les élèves à acquérir de nouvelles compétences.

### JE M'ORGANISE

L'exposé étant limité à 15 minutes, je ne cherche pas à être exhaustif.

Pour construire mon propos, je peux répartir le temps de l'entretien de la façon suivante :

- 2 minutes maximum pour le contexte global de l'EPS ;
- 4 minutes pour l'analyse des enjeux puis les transformations motrices attendues en lien avec le contexte d'enseignement et la difficulté présentée ;
- 9 minutes restantes pour la situation d'apprentissage elle-même.

Pour comprendre les spécificités de l'EPS à l'école, le candidat se référera au § « B - L'enseignement de l'EPS à l'école ». Il lui est conseillé de bien maitriser ces contenus car ils seront des appuis précieux lors de l'entretien : il ne s'agira pas de réciter les éléments contenus dans cette partie mais plutôt d'en sélectionner certains qui serviront le propos en lien avec le choix du champ d'apprentissage. Au sein de l'exposé, la partie sur le contexte global de l'EPS n'excédera pas 2 minutes.

Une fois l'activité physique support choisie, le candidat doit rapidement se lancer dans l'analyse de ses enjeux puis évoquer les transformations motrices attendues en lien avec le contexte d'enseignement (âge et niveau des élèves). Il devra alors s'appuyer sur « Les enjeux, les transformations motrices, les savoirs et savoir-être associés » présentés en début de chaque paragraphe présentant une activité physique support. Pour assurer une reprise aisée des éléments présentés, il est conseillé de constituer des fiches personnelles pour chaque activité physique support. Cette partie de l'exposé n'excédera pas 4 minutes.

Il convient que le candidat réserve la majeure partie de son exposé (9 à 10 minutes) à la situation d'apprentissage en elle-même. Les développements concrets doivent montrer au jury que le candidat ne sera pas démuni face à une classe. Les propositions doivent tenir compte de la réalité matérielle et de la réalité des élèves. Pour permettre au candidat de se faire une image la plus précise possible de la mise en œuvre de situations d'apprentissage et du déroulé d'une séance, l'ouvrage propose dans le chapitre 2 des informations sur « Les règles et le cadrage pour la mise en œuvre » et un « Exemple de séance » pour

10 activités physiques support. L'exemple de séance suit une forme classique et lisible de mise en œuvre afin de permettre au candidat de s'adapter facilement au contexte d'enseignement donné. Les activités proposées sont diverses et minutieusement décrites afin que le candidat dispose de suffisamment de « matériau pédagogique » pour se sentir outillé et être réactif face au jury.

**JE M'ORGANISE**

Pour organiser mes connaissances et les mobiliser facilement le jour du concours, je constitue des fiches mémo pour chaque activité physique support. Je schématise les situations proposées pour chaque activité.

**Trame de fiche mémo**

| | |
|---|---|
| Champ d'apprentissage : | |
| Activité physique support : | |
| Niveau de classe : | Cycle : |
| Schéma des lieux, des aménagements : | |
| Organisation de la classe (équipes, ateliers, rotations, vagues...) | |
| Ce que les élèves doivent apprendre : | |
| Les difficultés que peuvent rencontrer les élèves : | Les aides que je peux proposer aux élèves : |
| Schéma de deux situations choisies : | |
| Idées de variables (jouant sur le temps, l'espace, le matériel) pour simplifier et complexifier la tâche : | |

L'exposé étant limité à 15 minutes, le candidat ne doit pas chercher à tout dire sur le sujet. Lors de la préparation, veiller à ce que le propos soit organisé, en reprenant par exemple le plan suivant : situer le sujet, cerner les enjeux, envisager les particularités de mise en œuvre, proposer des organisations concrètes d'activités en lien avec les compétences visées. Les phrases doivent être courtes, explicites. Penser à annoncer le plan de l'exposé. Le débit doit être maitrisé et il faut veiller à insérer dans le discours des éléments de connexion (*tout d'abord, ensuite, enfin...*).

## PRÉPARER L'ENTRETIEN

Se déroulant directement à la suite de l'exposé, l'entretien complète celui-ci. Dans un premier temps, le jury pose des questions visant à préciser le propos du candidat. Il ne s'agit donc pas de voir ces questions comme des « pièges » mais bien comme des occasions de revenir sur ce qui a été dit pour le compléter, le nuancer, voire le mettre en lien avec d'autres aspects qui n'ont pas été exposés faute de temps ou par choix.

Le candidat peut s'entrainer à répondre à ce type de questions avec les questions proposées à l'issue de chaque exemple de séance d'apprentissage dans le paragraphe intitulé « Questions du jury ».

Le jury peut élargir le questionnement en demandant :

- une transposition du contexte d'enseignement (changement de la classe ou du niveau des élèves);
- des précisions sur l'évaluation au cours de la séance;
- des précisions sur la sécurité des élèves;
- l'organisation de la séance pour optimiser le temps de pratique des élèves;
- la place à réserver à un intervenant éventuel (particulièrement en natation scolaire où l'enseignant est amené à interagir avec des maitres-nageurs sauveteurs, des parents accompagnateurs...);
- comment mettre en place une différenciation avec quelques élèves peu à l'aise ou très à l'aise;
- d'anticiper les difficultés que les élèves pourraient rencontrer dans une phase particulière de l'activité;
- des liens avec d'autres domaines d'apprentissage, particulièrement le langage, la lecture, l'écriture, les mathématiques...

Si le jury pose des questions sur la pratique sportive personnelle du candidat, il lui est conseillé de répondre avec simplicité, sans oublier de mettre en perspective ses propres apprentissages et progrès.

**JE M'ORGANISE**

Je m'informe pour connaitre quelques éléments de culture générale dans les disciplines pouvant être en lien avec l'EPS à l'école : vocabulaire spécifique, lieux de pratique, types d'épreuves (en particulier pour les disciplines olympiques), noms de championnes et champions, de danseurs et chorégraphes.

## LES SAVOIR-FAIRE ET ATTITUDES LORS DE L'EXPOSÉ ET L'ENTRETIEN

Lors de l'accueil du candidat, le jury peut rappeler qu'il ne cherche pas à piéger le candidat mais à lui permettre d'exprimer au mieux ce qu'il sait. Le jury pourra acquiescer aux propos du candidat sans que cela ait valeur de validation mais plutôt de maintien de la relation d'écoute. Le candidat ne doit pas attendre de réponse de la part du jury sauf dans le cas d'une demande de reformulation d'une question qu'il ne comprend pas.
Au cours de l'entretien, le candidat doit certes montrer au jury qu'il est capable d'anticiper et de préparer une séquence de qualité mais c'est aussi l'occasion de montrer d'autres compétences qui sont attendues par le jury :

**Des compétences relationnelles :**

- Un positionnement à la bonne distance : il faut éviter une attitude familière ou au contraire obséquieuse,
- Etre à l'écoute du jury et des éléments qui sont souvent donnés au cours de l'échange,
- S'adapter en prenant en compte ces nouveaux éléments,
- Montrer sa capacité à se décentrer, particulièrement pour se mettre à la place des enfants, des parents.

**Des compétences langagières :**

- Utiliser le vocabulaire spécifique du sport et de la pédagogie en veillant à ne pas s'empêtrer dans du jargon mal compris. Si des termes techniques sont mal maîtrisés, il vaut mieux alors employer des termes plus simples en cherchant à être le plus précis possible,
- Faire des phrases courtes et bien maîtrisées syntaxiquement,
- Articuler et parler en prenant le temps de respirer et de réfléchir entre chaque idée exprimée.

**Des compétences méthodologiques :**

- Montrer qu'un plan a été préparé pour l'exposé en organisant son propos,
- Exposer très rapidement le plan en préambule et s'y tenir pour aider le jury à suivre le fil du propos,
- Utiliser l'écrit :
  - lors des questions du jury en notant les mots clés avant de répondre
  - si des idées surgissent en cours d'exposé pour pouvoir y revenir plus tard,
- Éviter les digressions.

**Un sens des responsabilités :**

- Faire preuve de discernement en se posant la question de ce qui est attendu et souhaitable pour les élèves,
- Tenir compte le plus possible de la réalité des enfants dans ses réponses,
- Se projeter comme adulte modélisant auprès des élèves, comme collègue responsable auprès de l'équipe pédagogique

**Une capacité à s'engager :**

- Éviter le « je ne sais pas » et se positionner comme chercheur d'une réponse la plus riche possible en faisant des liens entre des éléments connus,
- Montrer sa volonté d'enrichir ses connaissances et une attitude positive vis-à-vis du savoir,
- Ne pas hésiter, en amont du concours, à enrichir sa culture générale : en ce qui concerne l'EPS, il sera utile de connaitre quelques noms de sportifs dans différentes disciplines et/ou dans différents domaines abordés (athlétisme, natation, sports collectifs) et quelques noms de chorégraphes français et internationaux.

# CHAPITRE 1

# Les essentiels à connaitre pour préparer l'épreuve

## A - LES TEXTES DE RÉFÉRENCES ET LES RESSOURCES OFFICIELLES

1. Les programmes et le socle commun de connaissances, de compétences et de culture
2. Les textes de référence spécifiques à l'EPS
3. Les ressources officielles des sites académiques

## B - L'ENSEIGNEMENT DE L'ÉDUCATION PHYSIQUE ET SPORTIVE À L'ÉCOLE

1. L'organisation : programmation, champs d'apprentissage, contraintes
   - Continuité et cohérence

2. Les enjeux de l'EPS à l'école
   - En maternelle
   - En élémentaire

3. Les gestes professionnels lors d'une séance en EPS
   - Donner du temps pour pratiquer
   - Donner du temps pour réfléchir lors de prolongements en classe
   - Donner un cadre garantissant le droit de chaque élève à expérimenter en toute sécurité
   - Prendre du recul pour observer les élèves
   - Se montrer bienveillant et positif

4. Les étapes du développement de l'enfant

5. Les ressources des élèves mobilisées en EPS

6. Les liens entre l'EPS et les autres disciplines
   - La place particulière du langage

7. La culture sportive : lien avec les grands évènements sportifs
   - Des grands évènements en vidéo
   - Jeux olympiques et paralympiques à Paris en 2024

# A - LES TEXTES DE RÉFÉRENCES ET LES RESSOURCES OFFICIELLES

## 1. LES PROGRAMMES ET LE SOCLE COMMUN DE CONNAISSANCES, DE COMPÉTENCES ET DE CULTURE

Les programmes de l'école primaire (maternelle et élémentaire) en vigueur doivent être maitrisés :

- **Cycle 1 :** le programme consolidé a été publié au *Bulletin officiel* n° 25 du 24 juin 2021[1]. Ce programme consolidé insiste particulièrement sur la place du langage dans la partie « Agir, s'exprimer, comprendre à travers l'activité physique ». il préconise également de familiariser l'élève à la natation dès le cycle 1.
- **Cycle 2 :** le programme en vigueur est paru au *Bulletin officiel* n° 31 du 30 juillet 2020[2].
- **Cycle 3 :** le programme du cycle 3 en vigueur est paru au *Bulletin officiel* n° 31 du 30 juillet 2020[3].

CONSEIL

*Commencez par lire les programmes en totalité puis procédez à une seconde lecture pour dégager des phrases ou mots clés à surligner. À partir des parties mises en lumière lors de cette seconde lecture, rédigez des fiches par chapitre.*

À l'école élémentaire, les programmes sont adossés au **socle commun de connaissances, de compétences et de culture**[4]. Ce socle commun identifie les connaissances et compétences qui doivent être acquises à l'issue de la scolarité obligatoire. Il est encadré par le décret n° 2015-372 du 31 mars 2015, paru au *Journal officiel* du 2 avril 2015.

- Pour rappel, une compétence est l'aptitude à mobiliser ses ressources (connaissances, capacités, attitudes) pour accomplir une tâche ou faire face à une situation complexe ou inédite.

## 2. LES TEXTES DE RÉFÉRENCE SPÉCIFIQUES À L'EPS

En EPS, plusieurs textes de référence encadrent les activés :

- Natation : la note de service du 28 février 2022 parue au BO n° 9 du 03 mars 2022 définit les conditions d'enseignement de la natation scolaire[5]. Des précisions sur les intervenants possibles sont données dans l'annexe 1. Les conditions nécessaires à l'obtention de l'attestation du savoir nager en sécurité (ASNS) et du « Pass nautique » (ex-certificat d'aisance aquatique) sont détaillées dans les annexes 2 et 4. L'annexe 3 donne quelques repères pour situer l'élève au regard des paliers d'acquisition en natation.

1. https://cache.media.education.gouv.fr/file/25/86/5/ensel550_annexe_1413865.pdf
2. https://www.education.gouv.fr/bo/20/Hebdo31/MENE2018714A.htm
3. https://www.education.gouv.fr/bo/20/Hebdo31/MENE2018714A.htm
4. https://www.education.gouv.fr/le-socle-commun-de-connaissances-de-competences-et-de-culture-12512
5. https://www.education.gouv.fr/bo/22/Hebdo9/MENE2129643N.htm

- Encadrement des activités physiques et sportives dans les écoles maternelles et élémentaires : la circulaire interministérielle n° 2017-116 du du 6 octobre 2017[1] détaille les conditions d'encadrement des activités physiques et sportives se déroulant sur le temps scolaire dans les écoles primaires publiques. Elle précise le cadre des interventions de personnes extérieures, bénévoles ou rémunérées.

Les sorties scolaires, en EPS comme dans les autres matières, sont encadrées par la circulaire du 13 juin 2023 parue au BO n°26 du 29 juin 2023. La circulaire détaille en particulier les conditions d'encadrement lors de ces sorties. Il est à noter que les sorties scolaires peuvent revêtir un caractère obligatoire lorsqu'elles se déroulent durant les heures d'enseignement inscrites à l'emploi du temps des élèves, y compris sur la pause méridienne. Les élèves ont une obligation d'assiduité lors de ces sorties qui peuvent être récurrentes (cycle de natation ou de course d'orientation par exemple)[2].

## 3. LES RESSOURCES OFFICIELLES DES SITES ACADÉMIQUES ET DE L'USEP

De nombreux sites proposent des ressources pour les enseignants.

Le site « eduscol.education.fr » est un site de référence de l'Éducation nationale. Le candidat peut y retrouver quelques vidéos qui présentent une mise en œuvre de l'EPS avec des classes de cycle 2, en particulier pour des activités athlétiques et en danse[3]. Pour la maternelle, la ressource intitulée « Créer une dynamique d'apprentissage » donne de nombreuses indications sur les gestes professionnels attendus en lien avec les enjeux de l'école maternelle[4].

Les sites académiques présentent des ressources variées en EPS :
- celui des CP EPS du Haut-Rhin[5] ;
- particulièrement sur le « savoir rouler »[6] ;
- particulièrement sur le « savoir nager »[7].

De nombreuses ressources sur les APSA (Activités Physiques Sportives et Artistiques) sont mises en ligne par les conseillers pédagogiques. Elles sont disponibles sur les sites académiques (contenant dans leur adresse la mention « ac-villesièged'uneacadémie.fr », par exemple « ac-creteil.fr »). D'autre part, l'USEP (Union Sportive de l'Enseignement du Premier degré) met à disposition sur son site des ressources pédagogiques très complètes sur l'athlétisme, le rugby, le foot à l'école, les activités de roule et glisse, le tennis, la course d'orientation...[8]

1. http://cache.media.education.gouv.fr/file/CPD_EPS/78/7/28022020lm_cir_42640_1250787.pdf
2. https://www.education.gouv.fr/bo/2023/Hebdo26/MENE2310475C
3. https://eduscol.education.fr/169/education-physique-et-sportive-concevoir-et-mettre-en-oeuvre-un-enseignement-au-cycle-2
4. https://eduscol.education.fr/document/13438/download
5. http://www.eps68.site.ac-strasbourg.fr/
6. https://eps-pedagogie.web.ac-grenoble.fr/article/webdocu-formation-savoir-rouler
7. http://eps.ac-creteil.fr/spip.php?article1045
8. https://usep.org/index.php/ressources-pedagogiques/

CONSEIL

*N'hésitez pas à vous saisir de ces ressources sur les APSA au fil de votre préparation et à les archiver par cycle et par domaine d'APSA.*

## B - L'ENSEIGNEMENT DE L'ÉDUCATION PHYSIQUE ET SPORTIVE À L'ÉCOLE

### 1. L'ORGANISATION : CHAMPS D'APPRENTISSAGE, PROGRAMMATION, CONTRAINTES

L'EPS représente 108 heures annualisées dans le programme. En maternelle, cela correspond à une séance quotidienne de 30 à 45 minutes effectives. En élémentaire, cela correspond à 3 séances d'une heure en moyenne chaque semaine.

Remarque : les 30 minutes d'activité physique quotidienne (30' APQ) **sont à distinguer de l'éducation physique et sportive.** Ces 30 minutes (qui peuvent se fractionner en plusieurs temps au cours de la journée) visent la construction d'habitudes corporelles et d'une prise de conscience du corps qui contribuent au bien-être des élèves. Les temps d'APQ, limités et disjoints, ne visent pas des apprentissages moteurs.

Un module d'apprentissage, ou « séquence d'apprentissage », est l'ensemble des séances portant sur une même activité physique sportive et artistique (APSA). En maternelle, une séquence d'apprentissage correspondra à 12 à 15 séances, car les jeunes enfants ont besoin de temps pour que les transformations motrices s'opèrent et se stabilisent. En élémentaire, la séquence peut être plus courte, sauf en natation où les repères moteurs dans le milieu aquatique prennent du temps.

| **Correspondance entre les niveaux et les cycles** | | |
|---|---|---|
| **École** | **Cycle** | **Niveau** |
| Maternelle | 1 | PS, MS, GS |
| Élémentaire | 2 | CP, CE1, CE2 |
| | 3 | CM1, CM2, 6e |

Les 4 champs d'apprentissage correspondent chacun à des objectifs d'apprentissages différents. Chaque champ s'appuie sur des activités physiques supports qui donnent du sens à l'apprentissage.

**Les activités physiques supports dans chaque champ d'apprentissage**

| | | Champ 1 | Champ 2 | Champ 3 | Champ 4 |
|---|---|---|---|---|---|
| **Maternelle** | **Domaine du programme : « Agir, s'exprimer, comprendre à travers l'activité physique ».** | **Agir dans l'espace, dans la durée et sur les objets.** | **Adapter ses équilibres et ses déplacements à des environnements ou des contraintes variées.** | **Communiquer avec les autres au travers d'actions à visée expressive ou artistique.** | **Collaborer, coopérer, s'opposer.** |
| | **Exemples d'activités physiques au cycle 1** | Courir vite<br>Sauter (en longueur, en contrebas, en contre-haut…)<br>Lancer (à bras cassé, en cloche, à la cuillère…)<br>Course longue (dès la fin de MS) | Natation (dès MS)<br>Jeux d'orientation<br>Draisienne, vélo (GS)<br>Trottinette Tricycle<br>Roller (GS)<br>Ski (GS)<br>Grande motricité : escalader, ramper, se renverser, s'équilibrer, glisser | Rondes et jeux chantés et dansés<br>Danses traditionnelles (GS)<br>Danse créative (dès MS)<br>Activités acrobatiques<br>Cirque | Jeux traditionnels collectifs<br>Jeux de lutte<br>Jeux d'échange de balle |

**Les activités physiques supports dans chaque champ d'apprentissage**

| | | Champ 1 | Champ 2 | Champ 3 | Champ 4 |
|---|---|---|---|---|---|
| **Élémentaire** | **Domaine du programme : « Éducation physique et sportive »** | **Produire une performance maximale, mesurée à une échéance donnée** | **Adapter ses déplacements à des environnements variés** | **S'exprimer devant les autres par une prestation artistique et / ou acrobatique** | **Conduire et maitriser un affrontement collectif ou interindividuel** |
| | **Exemples d'activités physiques au cycle 2** | Athlétisme :<br>courir vite, lancer (loin ou précis), sauter loin et haut,<br>course longue<br>Début du relais en CE2 | Natation<br>Activités d'orientation<br>Vélo<br>Équitation<br>Escalade et activités nautiques en milieu aménagé en CE2 | Danses collectives<br>Danse de création<br>Activités gymniques<br>Arts du cirque | Jeux traditionnels simples<br>Jeux collectifs avec ou sans ballon<br>Jeux pré-sportifs Jeux de lutte<br>Jeux de raquettes |
| | **Exemples d'activités physiques au cycle 3** | Athlétisme :<br>ajout de la course de haie, du relais<br>Saut en hauteur en ciseaux<br>Saut en longueur : début du triple saut<br>Natation pour les élèves nageurs | Natation<br>Course d'orientation<br>Randonnée<br>Vélo<br>Ski<br>Escalade et activités nautiques en milieu aménagé | Danses collectives<br>Danse créative<br>Acrosport<br>Gymnastique<br>Arts du cirque | Jeux traditionnels complexes<br>Jeux pré-sportifs collectifs (avec règles adaptées) : handball, football, rugby, ultimate…<br>Jeux de combats (de préhension)<br>Jeux de raquettes (badminton, tennis) |

Il est préconisé une programmation annuelle, voire de cycle, qui s'équilibre sur les 4 champs d'apprentissages qui sont complémentaires.
Comme les contraintes sont diverses (disponibilité des installations, météo...), l'enseignant cherche à proposer au moins une activité support choisie dans chaque champ d'apprentissage au cours de l'année scolaire. Sur le cycle, il faut vérifier en conseil de cycle (conseil des maitres du cycle) que l'équilibre est bien respecté entre les différents champs et que chaque élève ait un parcours suffisamment riche et diversifié pour créer des liens entre les APSA.

### ◆ Continuité et cohérence

Au cycle 2 puis au cycle 3, les apprentissages prennent appui sur ceux qui ont déjà été engagés au cycle 1. Il est donc important d'assurer une liaison entre les cycles et de connaitre ce qui a été proposé aux élèves en termes d'apprentissage en EPS dans le cycle précédent. La transmission vers la classe suivante de traces des acquis des élèves est encouragée : carnet d'EPS, LSU, attestation du savoir nager en sécurité (ASNS)...

## 2. LES ENJEUX DE L'EPS À L'ÉCOLE

En maternelle comme en élémentaire, deux enjeux primordiaux doivent être évoqués en introduction de l'entretien :
– La prise de conscience par les élèves de leur corps, de ses besoins et de ses potentiels,
– L'importance de la santé et de sa préservation grâce à des habitudes qui se prennent dès le plus jeune âge.

### ◆ En maternelle

En maternelle, l'accent est mis sur la mobilisation, la stimulation et l'enrichissement de l'imaginaire et du langage. Les activités physiques devront être l'occasion d'une expression orale par anticipation, en situation, *a posteriori* ou de façon décontextualisée.
Ces activités permettront aux enfants d'explorer leurs possibilités physiques, d'élargir et d'affiner leurs habiletés motrices, de maitriser de nouveaux équilibres. Ces expériences corporelles les aident à construire une image spatialisée de leur corps, à ressentir le plaisir du mouvement et de l'effort, à développer des rapports constructifs avec les autres.
L'organisation et les démarches proposées par l'enseignant visent également à lutter contre les stéréotypes et les discriminations.
Faire référence à des APSA permet aux enfants de donner du sens à ce qu'ils font et aide l'enseignant à identifier ce qu'il va chercher à faire évoluer dans la pratique des élèves. En effet, les jeunes enfants savent être « petit acrobate », « petit danseur », « petit athlète »... Ils apprendront à faire la différence entre le « sauter de l'athlète » (sauter le plus loin possible avec un projet de performance) et le « sauter du gymnaste » (sauter pour retomber sur ses pieds et étonner les spectateurs). Leur projet ne sera pas le même avec un ballon s'il s'agit de jonglerie (lancer et rattraper pour épater), d'athlétisme (lancer le plus loin possible) ou de jeux collectifs (lancer sur une cible ou un autre joueur pour gagner ).

### ◆ En élémentaire

À partir de l'école élémentaire, l'EPS répond aux enjeux de formation du socle commun de connaissances, de compétences et de culture (dit « socle commun » ou « S4C ») et permet à tous les élèves, filles et garçons ensemble et à égalité, *a fortiori* les plus éloignés de la pratique physique et sportive, de construire 5 grandes compétences en lien avec les 5 domaines du socle au cycle 2 et au cycle 3 :

- développer sa motricité et apprendre à s'exprimer en utilisant son corps ;
- s'approprier par la pratique physique et sportive, des méthodes et des outils ;
- partager des règles, assumer des rôles et des responsabilités ;
- apprendre à entretenir sa santé par une activité physique régulière ;
- s'approprier une culture physique sportive et artistique.

Le tableau suivant indique comment les compétences du socle se déploient au cours de la scolarité élémentaire. **Les niveaux 1, 2 et 3 font référence à une progressivité avec des paliers dans le parcours de l'élève et non à des niveaux de classe.**

| **Développement des compétences au cours de la scolarité élémentaire** | |
|---|---|
| **Compétence** *par domaine du socle* | **Niveau 1** |
| ***Domaine 1***<br>Développer sa motricité et construire un langage du corps. | Prend conscience des différentes ressources à mobiliser pour agir avec son corps.<br>S'engage dans les actions spécifiques à l'activité.<br>Remet en cause ses habitudes motrices pour en construire de nouvelles. |
| ***Domaine 2***<br>S'approprier seul ou à plusieurs par la pratique, les méthodes et outils pour apprendre. | Identifie le but du jeu.<br>Essaie différentes manières de faire.<br>Identifie ses actions.<br>Constate les effets d'une action.<br>Identifie ses réussites.<br>Évalue pour lui le degré de difficulté d'une action.<br>Remplit pour lui une grille avec des critères.<br>Prend des repères dans l'espace limité.<br>Constate ses progrès. |

| Niveau 2 | Niveau 3 |
|---|---|
| Adapte sa motricité à des environnements variés.<br>Contrôle ses émotions.<br>Montre ses performances à autrui.<br>Prend des informations sur ses pairs pour adapter sa propre motricité. | Acquiert des techniques spécifiques pour améliorer son efficience.<br>Construit son projet en tenant compte de l'effet qu'il produira.<br>Contrôle l'énergie engagée et gère ses efforts dans le temps. |
| Identifie les problèmes à résoudre pour atteindre le but.<br>Identifie ce qui facilite ou complexifie l'action.<br>Agit dans l'espace aménagé pour simplifier ou complexifier la tâche.<br>Se souvient de ses actions pour remplir une grille avec des critères.<br>Évalue l'efficacité de son action.<br>Observe un camarade et remplit une grille avec des critères.<br>Mesure ses progrès.<br>S'entraine pour stabiliser ses réussites puis accepte des contraintes supplémentaires.<br>Commence à utiliser les outils numériques pour analyser ses actions ou celles des autres. | Identifie les actions qu'il faudra mettre en œuvre pour arriver à un résultat projeté.<br>Contribue à l'aménagement de l'espace en vue de la mise en place d'une situation d'apprentissage.<br>Comprend pourquoi il a réussi ou non.<br>Corrige ses choix en fonction de ses réussites et de ses erreurs.<br>Utilise les observations pour modifier son comportement et suggérer des stratégies, des alternatives de jeu.<br>Code ses actions pour les mémoriser.<br>S'entraine pour stabiliser un geste. |

| **Développement des compétences au cours de la scolarité élémentaire** | |
|---|---|
| **Compétence** *par domaine du socle* | **Niveau 1** |
| ***Domaine 3***<br>Partager des règles, assumer des rôles et des responsabilités pour apprendre à vivre ensemble. | Mémorise des consignes et des règles.<br>Réagit à une information simple sur le terrain.<br>Circule à plusieurs dans un espace restreint en adaptant sa vitesse et ses trajectoires.<br>Comprend l'organisation des groupes (passe à son tour), les règles de sécurité et les respecte.<br>Accepte de recevoir ou de donner de l'aide lorsqu'elle est organisée.<br>Connait les différents rôles sociaux de l'activité et en assume quelques-uns (joueur, arbitre).<br>Se reconnait membre d'une équipe.<br>Accepte d'occuper différents rôles.<br>Respecte la règle du jeu. |
| ***Domaine 4***<br>Apprendre à entretenir sa santé par une activité physique régulière. | Accepte de fournir un effort.<br>Sécurité passive : utilise les équipements de sécurité, s'équipe seul.<br>Sécurité active : contourne, ralentit, s'arrête... à bon escient.<br>S'engage progressivement dans l'activité en respectant les phases de transition.<br>Reconnait les risques dans une situation.<br>Fait confiance à l'adulte référent. |
| ***Domaine 5***<br>S'approprier une culture physique sportive et artistique | Comprend les mots spécifiques liés à l'activité.<br>Connait les principaux enjeux de l'activité.<br>Fait le lien avec les activités déjà pratiquées.<br>Découvre la variété des activités et des spectacles sportifs.<br>Exprime des intentions et des émotions par son corps dans un projet artistique individuel ou collectif. |

| Niveau 2 | Niveau 3 |
|---|---|
| Projette ses actions en fonction des informations sur le terrain et des actions d'autrui.<br>Agit en partenariat.<br>S'organise dans le groupe en sécurité active.<br>Participe à l'installation du matériel.<br>Propose spontanément une aide (parade).<br>Endosse et agit dans différents rôles sociaux de l'activité (joueur, coach, arbitre, médiateur).<br>Identifie et prend en compte ses partenaires.<br>Assume collectivement l'observation et le rôle de juge.<br>Accepte les règles, est capable d'en élaborer au profit du jeu. | Anticipe une sécurité active dans le groupe et a un comportement responsable (ex. : remet les tapis qui se déplacent...).<br>Met en place le matériel avec un plan, un codage.<br>Endosse les différents rôles sociaux de l'activité, en particulier celui de juge (évalue en fonction de critères définis et compris) et celui d'organisateur.<br>Organise avec les autres des façons d'aider et d'être aidé.<br>Gère les conflits sur l'évaluation en étant capable d'expliquer les règles. |
| Découvre les principes d'une bonne hygiène de vie, à des fins de santé et de bien-être.<br>Prend des risques acceptables en fonction de ses capacités.<br>Sécurité passive : utilise et règle seul le matériel et les équipements de sécurité.<br>Anticipe des actions de sécurité active.<br>Prend en charge l'échauffement à partir d'une « routine ».<br>Respecte les dispositions de prévention.<br>Veille à sa sécurité et à celle des autres. | Situe son niveau de capacités motrices pour choisir son action.<br>Sécurité passive : vérifie le matériel et les équipements de sécurité, participe à leur entretien.<br>Évalue la quantité et la qualité de son activité physique quotidienne.<br>Prend des risques maitrisés : anticipe les difficultés, vérifie les dispositifs de prévention. |
| Utilise les mots spécifiques liés à l'activité.<br>Connait quelques références liées à des pratiques sociales.<br>Apprécie la prestation d'un pair en identifiant les composantes de l'activité.<br>Situe les activités pratiquées dans un répertoire plus vaste. | Commente et argumente en utilisant un lexique spécifique.<br>S'inscrit dans un projet dans le cadre d'une action plus globale.<br>Apprécie et compare les prestations.<br>Sait situer des performances à l'échelle de la performance humaine.<br>Comprend et respecte l'environnement des pratiques physiques et sportives. |

En EPS, le programme met en avant des connaissances, capacités et attitudes incontournables :

- apprendre par essai-erreur en utilisant les effets de son action ;
- planifier son action avant de la réaliser ;
- verbaliser ses émotions et les actions réalisées ;
- agir en citoyen lucide, autonome ;
- agir en prenant en compte le vivre ensemble.

## 3. LES GESTES PROFESSIONNELS LORS D'UNE SÉANCE EN EPS

– Rendre les élèves conscients de ce qu'ils sont en train d'apprendre. Cette conscience est un puissant moteur de l'engagement de l'élève.
L'apprentissage nécessite de répéter, dans des situations semblables ou différentes, pour ajuster son geste. Pour que l'élève accepte cet effort, il faut avoir crée l'envie d'explorer, le désir de comprendre les effets de son action. Ce sont les conditions d'une pratique autonome. Cela suppose un climat de confiance entre élèves et aussi entre l'enseignant et les élèves.
– Faire verbaliser et expliciter les élèves avant et après la séance,
– Favoriser l'autonomie en faisant installer le terrain, en organisant l'auto-évaluation,
– Favoriser l'engagement des élèves à travers des projets qui croisent EPS et français, EPS et maths ou EMC,
– Favoriser le climat de confiance par des situations où l'observation et l'évaluation sont des outils de progrès pour chacun.
Le professeur des écoles doit s'attacher à rendre les élèves conscients de ce qu'ils sont en train d'apprendre. Cette conscience est un puissant moteur de l'engagement de l'élève. L'apprentissage nécessite de répéter, dans des situations semblables ou différentes, pour ajuster son geste. Pour que l'élève accepte cet effort, il faut avoir créé l'envie d'explorer, le désir de comprendre les effets de son action. Ce sont les conditions d'une pratique autonome. Cela suppose un climat de confiance entre les élèves d'une part et entre l'enseignant et les élèves d'autre part.
La mise en œuvre des séances d'EPS menées par l'enseignant doit donc être et sous-tendue par des gestes professionnels qui favorisent :

- la prise de conscience par la verbalisation et l'explicitation ;
- l'autonomie et l'engagement des élèves à travers des projets interdisciplinaires ;
- le climat de confiance par des situations où l'observation et l'évaluation sont des outils de progrès.

### ◆ Donner du temps pour pratiquer

Les élèves doivent avoir un temps de pratique suffisant pour comprendre les effets de leur action. Il s'agit donc :

- de ne pas précipiter les élèves en multipliant les situations différentes. L'enseignant peut avoir l'impression que les élèves vont s'ennuyer s'il ne les sollicite pas sans cesse avec de nouveaux jeux. C'est ainsi qu'il crée les conditions de l'éparpillement et du désintérêt. Relancer la même situation avec juste une variable bien comprise par les élèves permet de les remobiliser davantage car ils accordent du sens à ce qui leur est proposé ;
- de ne pas passer trop de temps à donner des consignes alambiquées, en explicitant par avance les attentes, les critères, etc. La consigne doit être efficace, brève, claire et doit permettre la mise en situation immédiate des élèves. C'est une fois que les élèves sont lancés dans la tâche que l'enseignant peut, par l'observation des réponses motrices,

ajuster la consigne, complexifier ou simplifier la demande. Le temps de parole de l'enseignant ne doit pas être plus long que le temps de pratique des élèves. Le temps de pratique de chaque élève doit représenter une part conséquente du temps de la séance.

### ◆ Donner du temps pour réfléchir lors de prolongements en classe

Ce temps de retour en classe est indispensable pour que l'élève se rende compte de ses progrès et de la façon dont il apprend. Rendre lisibles les progrès est un puissant moteur pour augmenter l'estime de soi et la confiance. L'élève sait qu'il peut progresser et son engagement dans la tâche est meilleur.
L'enseignant peut envisager de garder des traces écrites lors de ces temps de retour sur l'activité physique :

- traces écrites personnelles : le carnet d'EPS de l'élève avec ses grilles d'auto-évaluation et d'évaluation en fin de séquence ;
- traces écrites collectives :
  - affiche des règles de jeu, complétée au fur et à mesure de la complexification du jeu (cette affiche gagnera à être visible lors des temps de pratique),
  - affiche des règles d'or de la sécurité,
  - listes des critères de réalisation pour une action donnée (pour parcourir 50 m le plus rapidement possible, il faut…). Ces listes sont en lien avec les grilles d'auto-évaluation qui reprendront les mêmes critères,
  - fiches d'organisation de l'activité : plan des ateliers, organisation des rotations,
  - fiches d'activités ritualisées pour la mise en train : chaque élève est amené à prendre en main la mise en train de tout le groupe.

Différents aspects du langage en lien avec l'EPS sont développés dans le paragraphe 6 « Les liens entre l'EPS et d'autres disciplines ».

### ◆ Donner un cadre garantissant le droit de chaque élève à expérimenter en toute sécurité

Pour que chaque élève puisse s'exprimer corporellement, il faut qu'il se sente en sécurité morale et affective. Le cadre doit donc être fermement posé par l'enseignant pour garantir cette sécurité aux élèves. Les règles et devoirs de chacun sont rappelés comme garants du droit de chacun à pouvoir agir en toute sécurité.
Au cas où un élève se mette en danger et mette en danger ses camarades, il peut être écarté quelque temps de la situation mais il doit pouvoir continuer à suivre le sens de ce qui est proposé de façon à pouvoir réintégrer facilement le groupe lorsqu'il en est prêt. Les élèves « privés de sport » sont souvent ceux qui en ont le plus besoin pour se construire. La contractualisation peut aider ces élèves à canaliser leur énergie ou leur frustration.
Chaque élève doit pouvoir se sentir dégagé des représentations ou stéréotypes qui pourraient l'empêcher de « se lancer ». Par exemple, danser pour un garçon, s'engager dans des jeux de lutte pour une fille, se toucher entre filles et garçons dans un jeu collectif.

### ◆ Prendre du recul pour observer les élèves

Les élèves doivent être suffisamment autonomes dans les situations mises en place pour que l'enseignant puisse se dégager du temps d'observation des élèves. Tout en continuant à être vigilant quant à la sécurité, l'enseignant tirera un grand profit d'une observation attentive des élèves et de leurs réponses motrices. Cela permet d'ajuster la consigne, d'adapter les variables pour relancer la situation et de repérer des façons de faire inappropriées, ne répondant pas à la consigne donnée.

### ◆ Se montrer bienveillant et positif

Les élèves ont besoin d'être encouragés et reconnus dans leurs efforts. Il ne s'agit pas d'être démagogue mais de mettre en évidence ce que les élèves savent déjà faire : aucun élève n'arrive en ne sachant rien faire dans un champ d'apprentissage. Ce qu'ils savent faire sera un appui précieux pour oser aller plus loin.

Les progrès, même minimes, doivent être mis en évidence à l'issue de chaque séance (par exemple avec le carnet d'EPS qui permet à chacun de faire le point sur ce qu'il a su faire à la fin de la séance qu'il ne savait pas faire au début).

L'évaluation positive consiste à relever chaque nouvelle compétence acquise par l'élève.

La bienveillance est indispensable pour que chaque élève accepte de quitter une façon de faire qui semblait efficace pour en adopter une nouvelle plus pertinente mais peu maitrisée, au début.

## 4. LES ÉTAPES DU DÉVELOPPEMENT DE L'ENFANT

**Étapes du développement de l'enfant de 3 à 11 ans**

| Âge | Phase de la motricité | Exemples d'actions motrices caractéristiques |
|---|---|---|
| **3 ans** | Motricité fondamentale | La marche est coordonnée et stabilisée. Court et tape dans un ballon sans perdre l'équilibre. Monte les escaliers sans aide, en mettant un seul pied sur la marche. Peut tenir debout sur une seule jambe. Peut marcher sur la pointe des pieds. Fait du tricycle. Lance sans élan en lâchant la balle vers le haut (avant qu'elle ne revienne dans son champ de vision). |
| **4 ans** | | Monte et descend les escaliers en franchissant une marche à chaque pas.<br>Saute avec un ou deux pieds. Pédale sur un vélo ou un tricycle. Suit un rythme avec son corps. Court tout en pouvant dissocier le haut du corps (se retourner, lancer une balle...). Lance avec pieds décalés en lâchant la balle vers le haut. |
| **5 ans** | | Grimpe et franchit des obstacles. Peut sauter à la corde.<br>Lance à bras cassé avec élan en lâchant la balle vers le haut. |
| **6 ans** | | Peut se balancer seul. Garde l'équilibre sur la bicyclette à deux roues. Lance à bras cassé en utilisant le buste pour amplifier l'élan. |
| **7 ans** | Motricité sportive | À partir de 6-7 ans, la forme générale des gestes est présente : on ne note plus de grandes transformations des grands patrons moteurs de base. Les transformations dans les habiletés motrices viendront alors de facteurs d'ordre : cognitif, morphologiques, biologiques. |
| **8 ans** | | |
| **9 ans** | | |
| **10 ans** | | |
| **11 ans** | | |

<table>
<tr><th>Coordination et caractéristiques des mouvements</th><th>Attention</th><th>Contrôle de l'action</th></tr>
<tr><td>Actions symétriques et simultanées.<br>Le mouvement est brutal, avec une brève décélération.</td><td rowspan="2">Attention surexclusive : un seul aspect de la tâche est considéré par l'enfant.</td><td rowspan="4">Le contrôle de l'action se fait après coup : l'enfant agit puis contrôle ensuite. Pas ou peu d'intégration de l'information visuelle au cours des mouvements rapides comme le saut, le lancer…<br><br>Motricité de l'essai-erreur, basée sur la perception des effets de l'action.<br><br>Entre 5 et 7 ans : passage à une motricité de projet.<br><br>Intégration de l'information visuelle en cours d'action d'où instabilité générale des actions.<br><br>À partir de 8 ans : début de la capacité à réagir vite à un signal.</td></tr>
<tr><td rowspan="2">Possibilité d'actions asymétriques.<br>Début d'un mouvement plus fluide.</td></tr>
<tr><td>À partir de 5-6 ans, capacité à exécuter des mouvements très précis mais prévus à l'avance (environnement stable).</td></tr>
<tr><td>Possibilité d'actions asymétriques et simultanées.<br>Mouvement avec freinages anticipés et contrôle rétroactif.</td><td>Attention surinclusive : l'enfant fait attention à davantage d'aspects qu'il n'est nécessaire, ce qui entraine lenteur et erreurs.<br>Début de l'attention sélective après 12 ans.</td></tr>
</table>

- L'enfant ne construit pas ses habiletés motrices de façon cumulative mais plutôt de façon intégrative, c'est-à-dire qu'il utilise ce qu'il sait déjà faire pour « faire du neuf ». Ainsi, il construit un répertoire moteur de base et ces composants de base se coordonnent et s'automatisent pour mener à une action plus perfectionnée. Il y a progrès car la nouvelle action automatisée requiert moins d'attention, ce qui permet alors de porter l'attention vers une nouvelle composante du mouvement.
- L'apprentissage par essai-erreur implique de s'attacher particulièrement, en tant qu'enseignant, à proposer des situations de jeu avec leur part aléatoire et des activités multiformes laissant place à l'initiative et au choix.
- Le répertoire moteur de base est complet vers 6-7 ans. L'enfant l'enrichit et le perfectionne ensuite en améliorant ses ressources qui s'accroissent avec l'âge.

## 5. LES RESSOURCES DES ÉLÈVES MOBILISÉES EN EPS

Le terme « ressource » recouvre l'ensemble des moyens dont l'enfant dispose pour pratiquer une activité physique. On peut classer les ressources en 3 grandes composantes : la composante affective, la composante motrice et la composante cognitive.
Le tableau suivant déplie ces 3 composantes.

| Ressources mobilisées en EPS | | |
|---|---|---|
| **Composantes** | **Ressources détaillées** | **Implications pédagogiques** |
| **Affective** | **Motivation** | L'enfant à tendance à vouloir se dépasser pour accéder à plus d'autonomie. Ainsi, il faut que le niveau de difficulté soit accessible. L'activité doit aussi avoir un sens, un but concret avec des critères de réussite clairs. |
| | **Persévérance** | La capacité à persister dans une tâche de longue durée est renforcée par la mise en place de relances, de variables qui amènent l'élève à aborder la même tâche légèrement différemment. |
| | **Contrôle émotionnel** | L'acceptation du risque corporel est renforcée par un traitement positif du stress et de l'échec : c'est normal d'avoir peur mais les conditions sont réunies pour que la tentative soit sans risque. |
| | **Relations** | Selon qu'il est plutôt introverti ou extraverti, dominant, coopératif, agressif, sociable... chaque enfant aura un type d'engagement qui sera identifié et verbalisé. |
| | **Représentations** | L'enfant est aussi modelé par un système de valeurs à travers lequel il analyse la tâche proposée et s'y engage plus ou moins (*Le foot c'est pour les garçons, la danse pour les filles...*). Il s'agit de lui permettre de penser parfois « contre lui-même ». |

| Ressources mobilisées en EPS | | |
|---|---|---|
| Motrice | **Morphologie** | Chez l'enfant, le rapport entre la puissance musculaire est le poids du corps est défavorable. Certaines activités vont donc être très difficilement réalisables et décourager les enfants si elles sont proposées sans aides (grimper à la corde, se tracter par les bras…). |
| | **Aptitudes musculaires** | Les caractéristiques musculaires sont très variables selon les enfants et leur âge. La vitesse du mouvement, la force explosive (intense et brève), la force statique (contenir en durée limitée), la force dynamique (répété sur la durée) se différencient selon l'âge et l'entrainement. |
| | **Ressources énergétiques** | Trois filières énergétiques peuvent fournir de l'énergie au pratiquant d'une activité sportive : une filière de forte puissance mais efficace 10 secondes (anaérobie alactique), une filière de moyenne intensité et efficace 2 à 3 minutes (anaérobie lactique) et une filière de faible puissance mais pouvant fonctionner longtemps (aérobie). Chez les enfants, c'est surtout cette dernière qui est sollicitée. Le potentiel anaérobie est très inférieur chez l'enfant. |
| Cognitive | **Perception** | L'attention de l'enfant est moins prolongée et surexclusive ou surinclusive (*cf.* étapes du développement de l'enfant). Ainsi, l'enfant a besoin de temps et d'informations redondantes (une information répétée, passant par plusieurs canaux). |
| | **Sélection** | La capacité de l'enfant à sélectionner parmi plusieurs informations, celles qui seront utiles à la réalisation de la tâche, est limitée. Il faut donc éviter de donner trop d'informations à la fois (attention aux consignes longues et trop complexes !). |
| | **Décision** | Le choix de la réponse motrice à apporter est d'autant plus long que l'élève est plus jeune (du fait de la lenteur des opérations de perception, sélection et aussi de rappel). Par ailleurs, l'enfant a un stock plus limité de réponses prêtes. Ainsi, les phases d'entrainement ne doivent pas être escamotées sous prétexte qu'elles seraient ennuyeuses : l'enfant en a besoin. |
| | **Régulation** | La capacité à réguler le mouvement pendant le temps de l'action évolue avec l'expérience. Lorsque l'enfant est jeune, le contrôle essentiellement visuel mobilise beaucoup de son attention. L'automatisation et l'intériorisation du contrôle fera gagner en efficacité. Pour être automatisés, ces mécanismes de rétrocontrôle devront être verbalisés. |

Chaque élève dispose de toutes ces ressources mais à des niveaux de développement différents. L'éducation physique permet à l'enfant de solliciter ses potentialités dans le but de les développer. Il revient à l'enseignant de proposer des situations qui mobilisent le potentiel de chaque enfant à son bon niveau.

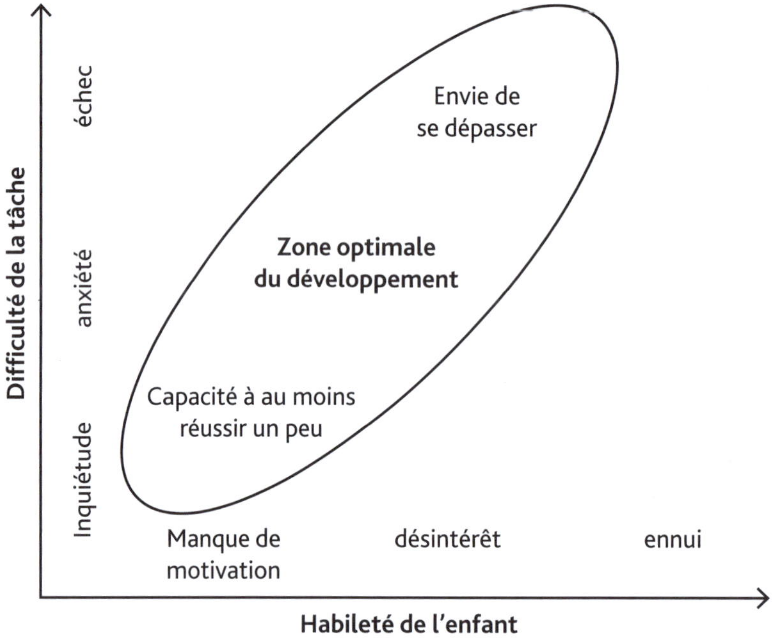


## 6. LES LIENS ENTRE L'EPS ET D'AUTRES DISCIPLINES

### ◆ La place particulière du langage

Un temps doit être pris en classe pour reprendre les observations et remarques faites au cours de la séance. Il est primordial que l'élève puisse mettre à distance son action comme un objet autour duquel il va pouvoir réfléchir, échanger avec les autres.

Parler en classe des actions menées, c'est pour l'élève construire l'idée selon laquelle il ne réussit pas « parce qu'il a de la chance » mais parce qu'il a réfléchi à « comment réussir ». Les techniques qui vont être expérimentées sont des essais de réponse à un problème posé : *Comment lancer le plus loin possible ? Comment courir longtemps sans être essoufflé ? Comment récupérer cet anneau au fond de la piscine ? Comment faire une ronde réguli*ère avec toute la classe ?...

Pour entretenir l'envie d'agir, de recommencer, de faire de multiples essais, l'élève a besoin d'une pensée construite et d'une compréhension suffisante de la situation pour que les variables apparaissent comme des éléments pouvant faire évoluer la situation. C'est alors que la réussite des autres devient un élément d'étude pour progresser lui-même.

C'est à ce moment que le langage oral et écrit prendra toute sa place pour comprendre, échanger, rendre compte, mémoriser, chercher, émettre des hypothèses, transformer, préparer...

Le carnet d'EPS est un exemple d'écrit à mettre en place en classe. Il permet :

- de garder trace de ce qui a été fait d'une séance sur l'autre ;
- de donner corps, par de courtes phrases, des photos, des dessins... à une réflexion sur l'action plutôt que de rester dans le « faire pour faire » ;

- de mettre en relation des situations semblables où seules les conditions changent (variables) ;
- de prendre du recul sur la pratique pour en comprendre les enjeux d'apprentissage ;
- de communiquer avec la famille sur ce qui est fait dans toutes les disciplines ;
- de munir l'enfant d'un levier supplémentaire pour valoriser ses apprentissages ;
- d'assurer une meilleure continuité entre les trois années de chaque cycle.

C'est également en classe que l'enseignant proposera de visionner de courtes vidéos qui ont pu être faites lors des séances. Ces vidéos sont de bons supports d'observation et de compréhension de l'action motrice (*Comment ai-je fait pour réussir ? Qu'est-ce qui me manque pour y arriver ? Que pourrais-je essayer la prochaine fois ?*).

Pour que les élèves puissent construire une réflexion autour de leurs actions et échanger avec leurs pairs, ils doivent être outillés pour exprimer les situations et les concepts. L'enseignant doit veiller à répertorier le vocabulaire spécifique mobilisé en situation et lors des moments d'échanges et d'évocation de l'action. L'affiche est un bon outil évolutif et mobile : elle peut être enrichie au fur et à mesure des séances et des situations nouvelles, et transportée facilement de la classe au lieu de pratique.

Outre le langage qui est transversal à toutes les disciplines, les activités physiques et sportives peuvent aussi être rattachées à d'autres disciplines. Le tableau suivant, non exhaustif, permet d'envisager quelques liens qui renforceront le sens de l'activité pour les élèves.

## 7. LA CULTURE SPORTIVE : LIEN AVEC LES GRANDS ÉVÈNEMENTS SPORTIFS

Pour l'élève, la culture sportive se déploie à plusieurs niveaux :

- le niveau personnel qui amène l'enfant à se situer par rapport à sa propre pratique sportive, à connaitre suffisamment de lui-même, de ses ressources et de ses désirs pour choisir de s'engager dans une pratique qui sera source d'épanouissement ;
- le niveau social local qui amène l'enfant à connaitre les ressources proches dont il dispose pour pouvoir pratiquer, rencontrer, s'intégrer au sein d'un groupe d'enfants ;
- le niveau sociétal qui amène l'enfant à connaitre quelques éléments de l'histoire de sports communément pratiqués, à mesurer leur impact dans la société qui l'entoure par le biais de personnalités et de compétitions remarquables et à comprendre quelques-uns des enjeux de grandes rencontres sportives internationales comme les Jeux olympiques.

### ◆ Des grands évènements en vidéo

Les grands évènements sportifs ne sont souvent accessibles que par le visionnage de vidéos extraites d'Internet. De courts extraits choisis de vidéos ne font le lien entre la pratique d'une APSA à l'école et la pratique sportive dans un contexte de rencontres compétitives (juniors ou adultes) que si le visionnage est accompagné d'un biais d'observation. Celui-ci fait référence à ce que les élèves ont découvert lors de la pratique de l'activité : *Comment est-ce que l'athlète donne un maximum d'élan à l'objet qu'il lance ? Comment est-ce que cette nageuse réduit le temps d'inspiration hors de l'eau et comment est son corps dans l'eau ? Comment ce joueur de tennis oblige-t-il son adversaire à courir ?...*

**Liens entre l'EPS et les autres disciplines**

| | Mathématiques : grandeurs et mesures, géométrie | Sciences, éducation au développement durable | Parcours d'éducation artistique et culturelle<br>Outils numériques | Enseignement moral et civique | Questionner le monde : repérage dans l'espace et le temps, histoire et géographie (hors numérique) |
|---|---|---|---|---|---|
| **Athlétisme : sauter, lancer, courir vite** | Mesurer sa performance et celle des autres. Comparer des temps et des distances. | Observer puis comprendre les effets de l'effort sur son corps. | Mobiliser des outils numériques. Au cycle 2 et au cycle 3 : communiquer des informations simples, filmer ses performances. | Percevoir l'intérêt de l'entrainement et oser procéder par essai-erreur. | Au cycle 3 : enjeux sportifs dans l'Histoire, histoire des Jeux olympiques. |
| **Course longue** | | Observer différentes manifestations du monde vivant. Gérer les déchets. | | S'entraider, courir pour une cause. | Se repérer dans un espace proche. |
| **Jeux d'orientation** | Percevoir la notion d'alignement. Mesurer sur une carte et dans la réalité : introduction à la proportionnalité. | | Rechercher et restituer des informations (plans, vues aériennes). | Sensibiliser à la protection de l'environnement : « Clean-walk ». | Passer de l'espace perçu à l'espace représenté. |
| **Vélo** | | Connaitre et entretenir un objet technique. | | Prendre garde à sa sécurité et à celle des autres. Commencer à se former aux gestes de premiers secours dont l'alerte. | Découvrir l'évolution du vélo depuis son invention. |
| **Natation** | | Expérimenter la poussée d'Archimède. Appliquer des principes d'hygiène en collectivité. | Au cycle 1 : utiliser la vidéo comme support de langage. Cycles 2 et 3 : filmer ses performances. | | |

| Liens entre l'EPS et les autres disciplines | | | | | |
|---|---|---|---|---|---|
| **Danse créative** | Effectuer trajets et déplacements dans l'espace : diagonale, parallèle, quinconces. | Connaitre son corps, ses propriétés et ses limites (articulations, tendons, muscles). | Rencontrer des artistes (danseurs, chorégraphes, musiciens...). Connaitre les codes du spectacle vivant (s'aider du site Numéridanse[1]). | | Connaitre quelques productions dansées à travers le temps et l'espace. |
| **Activités gymniques** | | | Cycles 2 et 3 : filmer ses performances. | Percevoir l'intérêt de l'entrainement et oser prendre des risques. | |
| **Jeux traditionnels** | Compter, décompter, calculer le complément à une quantité. | | Aux cycles 2 et 3 : communiquer des informations simples (règles de jeux adaptées). | Collaborer, s'entraider au sein d'une équipe. Comprendre l'intérêt d'une règle. Découvrir le principe d'équité (arbitrage équitable pour que l'issue du jeu reste incertaine, principe de matches montants-descendants). | Connaitre l'origine de jeux à règles. Se forger une culture des jeux sportifs collectifs à travers leurs enjeux au cours des cent dernières années. |
| **Mini-tennis** | Tracer les terrains à la craie : comment construire un rectangle ? | | | | |
| **Mini-football** | | | | | |

1. https://www.numeridanse.tv/accueil

### ◆ Des ressources développées en lien avec les Jeux olympiques et paralympiques à Paris en 2024

L'accueil des Jeux a été une opportunité pour développer la continuité éducative dans la pratique sportive des jeunes notamment pour ceux en situation de handicap. Pour mettre en place des partenariats pédagogiques locaux (avec les collectivités territoriales et le monde sportif local), il a été créé le label « Génération 2024 ».

Les enseignants peuvent trouver de nombreuses ressources pédagogiques sur le site de « Génération 2024 »[1] : des expositions et des films (dont « La Couleur de la Victoire ») disponibles sur inscription, des fiches et activités pédagogiques en lien avec d'autres domaines disciplinaires (français, maths, sciences...), des fiches et guides pour organiser le partenariat avec des fédérations sportives et des sportifs de haut niveau.

Afin de déployer le label « Génération 2024 » sur le plus long terme, le ministère de l'éducation nationale et ses partenaires mettent des ressources à la disposition des équipes enseignantes :

Le réseau Canopé (opérateur public du ministère de l'Education nationale) développe des ressources numériques sur l'histoire des Jeux olympiques et des liens avec d'autres disciplines.[2]

Le Comité national olympique et sportif français (CNOSOF) propose des ressources[3] qui lient le sport à l'éducation aux médias et à l'éducation à la citoyenneté en général.

Chaque année, deux temps forts sont liés à l'Olympisme et à ses valeurs :

La journée olympique[4], créée en 1948, se déroule toujours le 23 juin. Plus qu'une manifestation sportive, cette journée est organisée pour promouvoir dans le monde entier les valeurs olympiques sur la base des trois piliers « bouger, apprendre et découvrir ».

La semaine olympique et paralympique[5] permet d'associer des pratiques physiques et sportives à l'enseignement moral et civique. C'est l'occasion de travailler des thématiques telles que le fair-play, les valeurs du sport et de l'Olympisme ou encore de l'égalité, de la santé et l'inclusion des élèves en situation de handicap.

1. https://generation.paris2024.org/ressources
2. https://www.reseau-canope.fr/la-grande-ecole-du-sport.html
3. https://cnosf.franceolympique.com/cnosf/actus/6552-ressources-pdagogiques-pour-la-classe.html
4. https://eduscol.education.fr/3478/journee-olympique
5. https://eduscol.education.fr/3499/semaine-olympique-et-paralympique

# CHAPITRE 2

# Connaitre les 4 champs d'apprentissage

## CHAMP 1 : AGIR SUR LES OBJETS (MATERNELLE), PRODUIRE UNE PERFORMANCE MAXIMALE, MESURÉE À UNE ÉCHÉANCE DONNÉE (ÉLÉMENTAIRE)

1. Courir vite, sauter, lancer
2. Courir longtemps

## CHAMP 2 : ADAPTER SES DÉPLACEMENTS À DES ENVIRONNEMENTS VARIÉS

1. S'orienter
2. Savoir nager
3. Rouler et glisser

## CHAMP 3 : S'EXPRIMER DEVANT LES AUTRES PAR UNE PRESTATION ARTISTIQUE OU ACROBATIQUE

1. Danser
2. Activités gymniques

## CHAMP 4 : COLLABORER, COOPÉRER, S'OPPOSER (MATERNELLE), CONDUIRE ET MAITRISER UN AFFRONTEMENT COLLECTIF OU INTERINDIVIDUEL (INDIVIDUEL)

1. Jeux traditionnels (du cycle 1 au cycle 3) et jeux sportifs collectifs (au cycle 3)
2. Jeux de raquette

Cette partie a pour objectif de donner des éléments pédagogiques et didactiques pour 10 activités physiques support réparties dans les 4 champs d'apprentissage. Il s'agit de donner au candidat des éléments concrets de mise en œuvre de l'activité. Ceux-ci lui permettront de se placer dans la posture de l'enseignant au cours de son exposé.

# CHAMP 1 : AGIR SUR LES OBJETS (MATERNELLE), PRODUIRE UNE PERFORMANCE MAXIMALE, MESURÉE À UNE ÉCHÉANCE DONNÉE (ÉLÉMENTAIRE)

Lors de l'épreuve, le candidat doit choisir un champ d'apprentissage et une activité physique support. Si son choix se porte sur le champ 1, il lui faut être vigilant quant à la formulation, selon que le contexte d'enseignement soit à la maternelle (« agir dans l'espace, dans la durée et sur les objets ») ou en élémentaire (« produire une performance maximale, mesurée à une échéance donnée »). Dans son exposé, le candidat doit clairement dire pourquoi il a retenu ce champ. Un des arguments majeurs est la construction de repères dans l'espace et le temps à travers une action motrice.

## 1. COURIR VITE, SAUTER, LANCER

### ◆ Les enjeux, les transformations motrices, les savoirs et savoir-être associés

Du cycle 1 au cycle 3, les activités athlétiques amènent l'élève à transformer sa motricité spontanée pour construire une motricité plus performante dans chaque famille d'action : courir, lancer et sauter. Dans des situations motivantes, l'enfant accepte de mobiliser de façon optimale ses ressources en comprenant la problématique de chacune des activités. Les activités athlétiques jouent un rôle essentiel dans l'amélioration de la coordination gestuelle et la construction de repères proprioceptifs (liés à la perception des différentes parties du corps, de leur mouvement, de leur tonus et de la situation de son corps dans l'espace) et extéroceptifs (sur l'environnement). Elles améliorent la maitrise des rapports espace-temps et permettent une approche expérimentale des rapports allure/distance, amplitude/fréquence. Elles ont une forte composante sociale et culturelle et participent à la socialisation de l'enfant, futur citoyen.

Dans le champ d'apprentissage « Produire une performance optimale, mesurable à une échéance donnée », les activités athlétiques à l'école visent à rendre l'enfant capable de :

- courir, sauter, lancer à des intensités et des durées variables dans des contextes adaptés;
- savoir différencier courir vite et courir longtemps, lancer loin et lancer précis, sauter haut et sauter loin;
- accepter de viser une performance mesurée et de se confronter aux autres;
- remplir quelques rôles spécifiques.

<table>
<tr><th colspan="4">Les étapes essentielles dans l'amélioration de la performance en activités athlétiques</th></tr>
<tr><th></th><th>Cycle 1</th><th>Cycle 2</th><th>Cycle 3</th></tr>
<tr><td>Course de vitesse</td><td>Conserver sa trajectoire rectiligne.<br>Maintenir la course jusqu'au point d'arrivée.<br>Prendre un départ rapide.</td><td>Démarrer au signal.<br>Créer de la vitesse en acceptant un déséquilibre vers l'avant.<br>Courir rapidement et avec constance, sans relâcher son effort.<br>Courir vers un but en restant dans son couloir, en regardant devant soi.</td><td>Avoir une position de départ qui favorise la propulsion.<br>Coordonner bras et jambes pour courir en étant équilibré.<br>Relâcher les tensions inutiles du corps.</td></tr>
<tr><td>Course de relais</td><td colspan="2"></td><td>Transmettre le témoin à la plus grande vitesse possible.<br>Élaborer des stratégies de groupe en fonction des possibilités individuelles.</td></tr>
<tr><td>Franchissement de haies</td><td colspan="2"></td><td>Organiser sa course pour arriver sur l'obstacle sans piétiner.<br>Placer son impulsion à l'endroit voulu.<br>Diriger son impulsion et franchir l'obstacle dans la continuité de la course.</td></tr>
<tr><td>Saut en hauteur</td><td colspan="2">Percevoir sa jambe d'appel.<br>Enchainer sans s'arrêter course d'élan et impulsion.<br>Prendre l'impulsion vers le haut et vers l'avant.<br>Arriver sur ses deux pieds sans déséquilibre arrière.</td><td>Accélérer progressivement sa course d'élan.<br>Se grandir à l'impulsion.<br>Coordonner bras et jambes.<br>Pour le saut en hauteur, prendre appel loin pour aller haut.<br>Pas de « Fosbury » à l'école élémentaire.</td></tr>
<tr><td>Saut en longueur</td><td>Percevoir sa jambe d'appel.</td><td colspan="2">Rester équilibré en suspension.<br>Regrouper ses jambes à l'arrivée du saut.</td></tr>
<tr><td>Lancer</td><td>Adapter son geste à l'objet à lancer.<br>Varier les trajectoires de l'objet en direction et en hauteur.<br>Donner de la vitesse à l'objet, en utilisant une prise d'élan.</td><td>Commencer de profil par rapport à l'aire de lancer.<br>Utiliser les jambes lors de l'élan puis lors du blocage en pesant sur le pied arrière.<br>Lancer vers le haut.</td><td>Laisser l'objet « derrière » soi lors de l'élan.<br>Pivoter face avant au moment du lancer.<br>Pour le lancer en rotation :<br>- laisser l'objet « pendre » derrière soi ;<br>- lancer les épaules et le bras pour lâcher le cerceau devant soi en allongeant les doigts ;<br>- finir en se grandissant, regard vers le haut.</td></tr>
</table>

L'élève évalue de plus en plus finement ses performances et ses progrès.
Pendant l'action, il repère des éléments d'espace, de durée et perçoit l'effort qu'il produit pour comprendre les effets de ses actions.

## ◆ Règles et cadrage pour la mise en œuvre de l'activité

### Les équipements et le petit matériel

- Le chronomètre : pour débuter la séquence, si les élèves n'ont jamais manipulé cet instrument de mesure, on peut commencer par une manipulation en classe. Il est possible de masquer les centièmes de seconde avec un autocollant afin que les élèves débutants ne soient pas troublés. De plus, les élèves doivent aussi se familiariser avec la fonction « temps intermédiaire » qui leur sera utile au cours de la séquence.
- Les instruments de mesure de longueur : il est préférable que les élèves participant à l'installation des ateliers mesurent eux-mêmes leurs performances. Ainsi, ils ont besoin d'instruments différents selon la distance à mesurer et les circonstances de la mesure à effectuer : mètre ou double-mètre ruban de couturière (souple et léger), double mètre de chantier pliable en bois, décamètre ruban, chaine d'arpenteur de 10 m (composée de 50 tiges de métal reliées entre elles, chacune mesurant 20 cm), ruban souple enroulable avec manivelle (dit « mètre d'arpenteur ») de 50 ou 100 m.
- Le claquoir pour donner le départ : deux plaquettes de contreplaqué claquées l'une contre l'autre font l'affaire.
- Le témoin : un bâton en bois ou en plastique convient, à condition que ses extrémités soient arrondies.
- Les haies : attention à leur installation. Elles doivent être orientées de façon à ce qu'elles tombent facilement vers l'avant si l'élève les heurte. Installées à l'envers, elles ne ploient pas en cas d'accroche du pied et constituent un danger pour le coureur.
- L'élastique : préférer l'élastique à la barre de saut en hauteur. Il suffit de le tendre après chaque passage pour qu'il reprenne son immobilité.
- Le matériel à lancer. Pour lancer à bras cassé : les sacs de graines ont l'avantage de ne pas rouler mais au cycle 3, les élèves n'apprécient guère ce matériel qui évoque pour eux les « petites classes ». Le vortex est auto-évaluatif car il émet un sifflement lorsqu'il est lancé avec une trajectoire correcte. Le javelot en mousse est rassurant mais il faut être conscient du fait que son poids faible ne facilite pas la prise d'information sur les sensations des élèves.
- Prévoir les supports d'évaluation (grilles avec les noms et des cases pour noter les performances successives) pour garder trace de l'action et de la performance. Pour le confort des observateurs, il est préférable de se munir de planchettes en bois ou en carton avec une pince à dessin. Penser également au crayon.
- Prévoir une tablette ou un téléphone portable pour filmer régulièrement les réponses motrices des élèves.
- Prévoir des dossards de couleurs assorties selon les groupes pour améliorer la lisibilité lors des rotations entre ateliers.

### Lieu

Les activités athlétiques peuvent se pratiquer dans la cour de l'école, en y aménageant des pistes de course, des espaces de lancer et des zones de saut avec les tapis adaptés.

Cependant, au cours de la séquence, il serait profitable aux élèves d'être confrontés à un équipement plus normé, ne serait-ce que pour enrichir leur culture sportive. Si on veut utiliser des javelots en métal, il est indispensable de pratiquer sur une pelouse.

Un anneau de course mesure traditionnellement 400 m. À ces dimensions, il peut s'avérer compliqué pour l'enseignant de gérer l'ensemble du groupe. Il faut alors des élèves autonomes dans chaque groupe. Les terrains d'athlétisme sont également équipés de fosse de réception remplie de sable pour le saut en longueur. Il importe néanmoins de rester vigilant quant à d'éventuels débris mêlés au sable, aux rebords du bac qui ne sont parfois pas protégés par du plastique et à l'étalonnage souvent absent. En outre, il faut prévoir un râteau ou une raclette pour éviter la formation de creux trop profonds dans le sable.

Afin d'anticiper au mieux les aménagements de l'espace, voici les possibilités selon les niveaux des élèves :

- Saut en longueur (saut unique avec élan) : au cycle 1, entre 0,50 cm et 1,20 m ; au cycle 2 entre 0,80 cm et 1,50 m ; au cycle 3 entre 1,40 et 3,50 m.
- Triple saut : à partir du CE2, entre 3,20 et 7 m.
- Saut en hauteur : au cycle 2 et cycle 3, entre 0,80 et 1,10 m.
- Lancer de balle ou sac à bras cassé : au cycle 1 entre 1 m et 10 m ; au cycle 2 entre 3 m et 15 m, au cycle 3 entre 7 et 32 m.
- Lancer de vortex : au cycle 1, entre 3 et 10 m, au cycle 2 et cycle 3, entre 4 et 35 m.

### Sécurité

L'enseignant doit veiller à bien définir les espaces de chaque atelier et les rôles de chacun. La rotation des ateliers doit se faire de façon coordonnée : tous les groupes quittent ensemble leur atelier pour se rendre à l'atelier suivant défini à l'avance. Le sens de la rotation est défini en amont.

La place de l'enseignant est choisie en fonction de l'atelier le plus risqué (souvent le lancer) tout en restant attentif à l'ensemble des activités. L'atelier de lancer doit être organisé de façon à ce qu'aucun élève ne se trouve sur la trajectoire des objets lancés. La récupération des projectiles doit se faire de façon organisée en amont.

Les différents types de tapis pour les sauts :

- pour la réception du saut en longueur : tapis en mousse compacte de 4 cm ;
- pour la réception du saut en hauteur en ciseaux : tapis en mousse compacte de 5 cm. La réception debout étant à favoriser, il s'agit de ne pas proposer des tapis trop épais et très mous, pouvant induire des torsions de cheville ou des comportements inappropriés des élèves (se laisser chuter à l'arrivée sans aucun contrôle des différents segments).

### Place et rôle de l'enseignant

- Il coordonne les rotations et organise les différents temps de la séance.
- Il veille à maintenir un temps de pratique important.
- Il se place près de l'atelier le plus risqué (le lancer) sans s'interdire d'aller réguler éventuellement sur d'autres ateliers si besoin. Il y a donc nécessité de cadrer l'atelier « lancer » avec les élèves de façon à ce que ceux-ci puissent être responsabilisés et partiellement autonomes en toute sécurité.
- Il recueille des données qui serviront lors de la verbalisation en classe et du bilan en classe : observe les comportements moteurs des élèves, filme éventuellement quelques élèves pour pouvoir analyser des réponses types en classe.

### ◆ Exemple de séance en activités athlétiques avec une classe de CM1

L'exemple présente une séance détaillée telle qu'un enseignant pourrait la concevoir. Pour se préparer au concours, il est conseillé au candidat de s'approprier les éléments de cette séance en utilisant une fiche mémo.

| **SÉQUENCE :** Activités athlétiques au CM1<br>**SÉANCE :** 3 sur 10 |
|---|
| **DURÉE :** 60 minutes |
| **OBJECTIF DE L'ENSEIGNANT :**<br>Explorer les « façons de faire » qui ont été mises en évidence lors des deux premières séances en course de vitesse, relais, saut, lancer. |
| **COMPÉTENCES TRAVAILLÉES :**<br>Adopter suffisamment tôt l'attitude de départ, en déséquilibre vers l'avant, réagir vite à un signal.<br>Évaluer la vitesse du transmetteur de témoin pour partir au bon moment (pour ne plus trottiner en se retournant...).<br>Lors d'un saut, optimiser les appuis et utiliser les bras.<br>Lors d'un lancer, optimiser les effets de l'élan.<br>Utiliser le matériel de repérage et de mesure de plus en plus précisément : chronomètre, claquoir, décamètre.<br>Confronter ses propres performances entre elles pour comprendre les effets de ses actions. |
| **MATÉRIEL :**<br>Plan d'aménagement du terrain, lattes ou plots en quantité suffisante pour délimiter les couloirs de course, les zones de lancer et de saut, tapis compacts de 4..., dossards pour rendre visibles les participants aux différents ateliers, 15 foulards, grilles d'observation et de scores individuels, crayons, plaquettes support, 6 chronomètres, 6 claquoirs, 3 balles de tennis, décamètres, 3 double-mètres à enrouleur, pliant ou de couturière, 15 vortex (début de cycle) ou javelots en mousse, 15 anneaux, 5 sacs de graines. |

#### Deux propositions de mise en disponibilité

**1. Une situation globale : « Les vagues »**

Les élèves s'alignent le long d'un des côtés de l'espace de pratique. Un élève sur deux possède un foulard. Au signal, les porteurs de foulard doivent se déplacer en pas chassés sur une trentaine de mètres et revenir au point de départ. Ils passent alors le foulard à leur voisin de gauche qui se déplace de même et revient pour passer au voisin de droite... Compter quatre à six allers-retours selon les dimensions du terrain.

**2. Une situation en équipe : « L'horloge à six »**

Cinq joueurs se positionnent en cercle et se lancent un sac de graines pendant que le sixième joueur court autour du cercle. Compter le nombre de tours d'horloge ou d'échanges effectués par les lanceurs pendant que le coureur fait deux tours. Changer de coureur. Chaque équipier doit être coureur une fois.

**Complexification** : Élargir le cercle, effectuer les lancers en sautant un joueur (1 → 3 → 5 → 2 → 4 → 1...), effectuer le tour de « l'horloge » à cloche-pied, à pieds joints...

### Des ateliers tournants

**Atelier 1. Courir vite : « Regard au sol et starting-block »**

**Organisation** :
Délimiter avec des lattes ou des plots deux couloirs de 20 m de longueur et de 1,5 m de largeur. Matérialiser à la craie une ligne de départ (ligne 1) puis une autre ligne 1 m après (ligne 2) et enfin une ligne d'arrivée (ligne 3) à 20 m de la ligne 1.
Constituer deux trinômes : un coureur, un lanceur/observateur, un chronométreur. La récupération se fait pendant le changement de rôle avec les coéquipiers du trinôme. Chaque trinôme dispose d'un couloir.

**Consigne** :
**Pour le lanceur/observateur :** Faire rouler la balle de tennis depuis la ligne de départ. Observer la position du coureur lorsqu'il débute sa course (il doit avoir le regard porté vers le sol). Noter le temps de course sur la fiche personnelle du coureur. **Pour le coureur :** Lorsque la balle de tennis franchit la ligne 2 (à 1 m devant le coureur au départ), démarrer la course pour franchir dans un délai le plus court possible la ligne d'arrivée (20 m plus loin). Décélérer et s'arrêter après la ligne d'arrivée. **Pour le chronométreur :** Déclencher le chronomètre au moment où le coureur démarre, arrêter le chronomètre lorsque le coureur franchit la ligne d'arrivée. Échanger les rôles à chaque passage.

**Atelier 2. Préparation pour courir en transmettant un objet : « Le rattrapeur rattrapé »**

**Organisation** :
Avec des lattes et des plots, délimiter trois couloirs de 20 m de long avec une zone de transmission de 2 m de longueur, située à 7 m de la ligne de départ. La zone de transmission sera repérée à la craie tous les 50 cm (un trait à 7 m, les suivants à 7,5 m, 8 m, 8,5 m et 9 m).
Constituer deux trinômes : deux coureurs (un relayé et un relayeur), un starter / observateur. Faire au moins trois essais par binôme avant de changer de configuration. Chaque membre du binôme est au moins une fois starter/observateur.

**Consigne** :
**Pour le relayé (ou rattrapeur) :** Franchir le plus vite possible la ligne d'arrivée, avant le relayeur (ou rattrapé). **Pour le relayeur (ou rattrapé) :** Démarrer de la ligne centrale de la zone de départ du rattrapé (située à 8 m) quand le relayé franchit la ligne des 3 m. Courir le plus vite possible pour franchir la ligne d'arrivée avant le rattrapeur. Si le relayeur est rattrapé, il avance d'une ligne (départ à 8,5 m). S'il n'est pas rattrapé, il recule d'une zone (départ à 7,5 m). **Pour le starter/observateur** : Actionner le claquoir après avoir formulé *À tes marques, prêt!* **Pour le relayé :** Vérifier que le relayeur parte bien de son point de départ au moment où le relayé franchit la ligne des 3 m. Noter les résultats de chaque essai sur la fiche.

**Atelier 3. Sauter loin : « Avec les bras »**

**Organisation** :
Délimiter avec des lattes ou des plots trois couloirs de 8 m de longueur et 1,5 m de largeur. À la craie ou avec des plots de couleur différente, matérialiser une zone d'élan de 4 m, une zone de 4 m garnie de tapis compacts de 4 cm ou utiliser une zone sablée. La zone de réception est graduée à la craie ou avec des plots.

Constituer trois binômes : un sauteur, un observateur. Chaque sauteur fait trois essais consécutifs dans chaque situation puis change de rôle. La série de trois essais peut être recommencée autant de fois que le permet la durée de l'atelier. Chaque binôme dispose d'un couloir et d'un instrument de mesure (double-mètre).
**Consigne** :
**Pour le sauteur :** Courir dans la zone d'élan, prendre son appel dans la zone d'appel et réaliser un saut, arrivée pieds joints, jambes fléchies sur le tapis. Pour le 1er saut, garder les bras ballants le long du corps. Pour les sauts 2 et 3, s'aider des bras comme pour « s'appuyer » dans l'air. **Pour l'observateur :** Vérifier que le sauteur ne « morde » pas sur la zone de réception, vérifier le respect des consignes concernant les bras, noter la zone de réception de chaque essai sur la fiche individuelle.

**Atelier 4. Lancer : « Avec ou sans élan »**
**Organisation** :
Délimiter avec des lattes ou des plots une zone de lancer en trapèze d'une longueur totale de 33 m pour une largeur maximale de 21 m. Matérialiser des zones d'élan à 1,50 et à 3 m. Constituer trois binômes : un lanceur, un observateur. Le lanceur dispose de trois vortex (niveau 1) ou de javelots en mousse (niveau 2) et de trois anneaux lestés (niveaux 1 et 2). Il fait trois essais consécutifs pour chaque type d'objet puis change de rôle. Il est plus pratique qu'il y ait suffisamment d'objets à lancer pour que les six lancers se fassent à la suite, sans que les lanceurs aient à aller rechercher les objets. Les observateurs se placent derrière les lanceurs. Pour des raisons de sécurité, un seul binôme est le référent temporel : l'élève observateur de ce binôme donne le « top » départ des lancers, signale la fin de la période de lancer, donne le « top » départ pour aller récupérer les objets.
**Consigne** :
**Pour le lanceur :** Attendre le top départ puis lancer à la suite ses trois vortex (niveau 1) ou trois mini-javelots (niveau 2) puis ses trois anneaux. Attention, le premier lancer de chaque série de trois se fait sans élan, le 2e lancer avec un élan de 1,5 m effectué en pas chassés et le 3e lancer avec un élan de 3 m effectué en pas chassés. Aller récupérer les objets lorsque l'observateur référent l'a permis. **Pour les observateurs :** Relayer le « top » départ donné par l'un des observateurs à son binôme « lanceur », noter dans la grille d'observation la zone atteinte par chaque objet (lancer sans élan, avec élan de 1,5 m, avec élan de 3 m) sur la fiche individuelle.
**Aides et variables** :
Avant de commencer à lancer l'objet, il est nécessaire de travailler sur la forme de l'élan : proposer de travailler le déplacement en pas chassés (comme lors de la situation « Les vagues ») pour « prendre ses marques » avant de lancer l'objet. Essayer le lancer avec un élan de 1,50 m et un élan de 3 m.

### Un bilan avec un retour au calme

Regrouper les élèves en cercle en conservant la proximité des trinômes par atelier. Reprendre les critères de réalisation et de réussite de chacun des ateliers, exploiter quelques fiches d'observation :

- Courir vite : *Qu'est-ce qui, lors du départ, permet d'améliorer sa performance en course ?* Réponses attendues : partir au signal, pousser sur la jambe avant pliée et rester penché vers l'avant, ne pas se redresser trop vite.

- Courir vite en transmettant un objet : *Qu'est-ce qui peut permettre une meilleure passation du témoin ?* Réponses attendues : *Ne pas partir au jugé, commencer à s'élancer (repère sur la marque), s'orienter dans l'axe de course pour le relayeur, éviter de regarder le relayé après son départ, se placer pour ne pas gêner le relayé...*

Faire le lien entre les capacités à partir vite et l'ordre des coureurs dans un groupe de relais : il vaut mieux choisir un élève performant en début de course comme 1er coureur.

- Sauter loin : comparer les performances pour un même élève avec et sans l'utilisation des bras.
- Lancer loin : comparer les performances pour un même élève en lancer avec et sans élan. *Qu'est-ce qui est le plus efficace ? Pourquoi ?* Réponses attendues : certains élèves sauront utiliser l'élan, d'autres sont encore trop préoccupés par la tenue de l'objet et le moment de le lâcher pour profiter de l'élan. En tenir compte lors de la séance suivante.

Procéder au rangement du matériel en s'appuyant éventuellement sur un plan de la réserve et un étiquetage des lieux de rangement.

## ◆ Questions du jury

***Comment est concrètement organisée la séance pour que le temps de pratique de chaque élève soit optimum ?***

Il est prévu quatre ateliers tournants : chaque atelier est prévu pour deux à trois groupes de trois élèves. Si la classe n'a pas un effectif multiple de trois, on peut aménager les rôles au sein d'un groupe (différencier ou rassembler deux rôles). Regrouper les trinômes en quatre grands groupes : A, B, C, D. Des rotations sont prévues toutes les 8 minutes de façon à ce que chaque groupe ait travaillé dans les quatre ateliers.
Le bilan et le retour au calme ne doivent pas excéder 5 à 10 minutes sur le terrain.

***Comment amener les élèves à expérimenter différentes réponses motrices ?***

Pour faire progresser les élèves, il ne s'agit pas de leur expliquer les principes pour qu'ils les miment mais de leur proposer des problèmes à résoudre, pour lesquels ils chercheront une réponse motrice la plus adaptée possible (exemple : *Comment ne pas piétiner au départ ? Comment ne pas ralentir avant l'arrivée ?...*). Au cours de chaque atelier, il faut assez de temps pour que l'élève puisse constater l'effet des différentes façons de faire.

***Comment rendre les élèves davantage acteurs lors de la mise en place sur le terrain ?***

Au cycle 3, il est essentiel que les élèves prennent en charge l'aménagement du terrain. Selon les distances qui seront à mesurer, les élèves auront à choisir l'instrument approprié (du double-mètre au ruban d'arpenteur de 100 m). Prévoir un plan du terrain plastifié (plan récupéré auprès des services techniques de la ville ou établi à partir d'une vue aérienne via Geoportail, le site de l'IGN).
La phase de mise en disponibilité peut être articulée avec l'installation du terrain par les élèves : lors de la situation en équipe, une des équipes (en alternance au cours des séances) est mobilisée pour installer le terrain. Les élèves s'appuient sur le plan du terrain plastifié et annoté en amont en classe.

---

Sur Lea.fr

*Retrouvez trois autres questions du jury*

---

## 2. COURIR LONGTEMPS

### ◆ Les enjeux, les transformations motrices, les savoirs et savoir-faire associés

La course longue amène le coureur à gérer l'opposition entre courir le plus rapidement possible et tenir le plus longtemps possible ou sur la plus grande distance possible. Cela implique de connaitre ses capacités motrices et de les utiliser au mieux en fonction de la durée de la course ou de la distance à parcourir, des caractéristiques du terrain et des autres coureurs.
La course longue améliore le système cardio-vasculaire et crée un minimum de condition physique nécessaire aux activités dans tous les domaines. Par la filière énergétique qu'elle mobilise (filière aérobie), elle contribue à la lutte contre le surpoids.
Comme elle demande peu de matériel et peut se pratiquer partout, c'est une activité sportive largement pratiquée individuellement ou collectivement. Elle participe à la construction d'une culture sportive commune largement référencée.
La course longue contribue à la santé telle que la définit l'Organisation mondiale de la santé : « Un état de complet bien-être physique, mental et social »[1].
Pour l'enfant, la motivation sera essentielle pour qu'il accepte les conséquences de l'effort (sensation d'essoufflement et d'inconfort, temps de récupération) et qu'il construise une allure qui lui corresponde, régulière et en aisance respiratoire.

La course longue vise à rendre l'enfant capable de :

- construire des repères proprioceptifs (la proprioception est la perception des différentes parties du corps, de leur mouvement, de leur tonus et de la situation de son corps dans l'espace) et extéroceptifs (sur l'environnement) pour courir régulièrement ;
- courir longtemps en aisance respiratoire ;
- prendre conscience de ses possibilités pour effectuer un effort long et modéré en cycles 1 et 2, pour réaliser la meilleure performance possible en cycle 3 ;
- s'engager dans un contrat individuel ou collectif de course mettant en jeu la distance en fin de cycle 2 et au cycle 3 ou le temps au cycle 1 et au début du cycle 2 ;
- utiliser des outils de mesure simples pour évaluer sa performance ;
- endosser différents rôles (coureur, juge, entraineur...).

1. Préambule à la Constitution de l'Organisation mondiale de la Santé entrée en vigueur le 7 avril 1948.

| Les étapes essentielles dans l'amélioration de la performance en course longue | | | | | | |
|---|---|---|---|---|---|---|
| | Au cycle 1 → | | | | | |
| | ← Aux cycles 2 et 3 → | | | | | |
| | **1 à 3 séances** | **1 à 3 séances** | **1 à 2 séances** | **1 à 3 séances** | **1 à 3 séances** | **1 à 2 séances** |
| **Les étapes de la construction de la course longue** | Continuité | Continuité et régularité | Régularité | Régularité et gestion | Gestion | Gesticn |
| | Étape « chien fou » :<br>courir en fonction des autres et de l'espace<br>↓<br>Prendre conscience de la notion d'allure régulière<br>↓<br>Fixer et maintenir une allure | | Étape « chien à l'écoute » : prendre en compte la respiration, la vitesse, l'effort pour courir longtemps<br>↓<br>Construire sa propre allure<br>↓<br>Doser son effort | | Étape « chien sage » :<br>construire des repères d'espace et de temps pour courir à son allure<br>↓<br>Maitriser son allure<br>↓<br>Améliorer ses performances | |
| **Objectifs visés lors des séances** | Percevoir ses sensations et commencer à construire la continuité de la course. | S'auto-évaluer sur un parcours reconnu.<br>Au cycle 3, maintenir une allure prévue à l'avance. | Prendre des indicateurs pour adapter son allure en fonction de ses capacités. | Trouver ses limites ?<br>Au cycle 3, calculer sa vitesse maximale aérobie. | Stabiliser son allure seul puis en groupe.<br>Au cycle 3, chercher à repousser ses limites. | Adapter son allure aux contraintes d'un groupe.<br>Au cycle 3, anticiper ses performances. |

| Les étapes essentielles dans l'amélioration de la performance en course longue | | | | | | |
|---|---|---|---|---|---|---|
| | **Au cycle 1 →** | | | | | |
| | | | **← Aux cycles 2 et 3 →** | | | |
| | **1 à 3 séances** | **1 à 3 séances** | **1 à 2 séances** | **1 à 3 séances** | **1 à 3 séances** | **1 à 2 séances** |
| **Compétences informationnelles visées à l'école (savoir)** | Prendre des repères sur un parcours, commencer à construire son autonomie par rapport à la prise en compte de sa performance, identifier les sensations d'inconfort et comprendre leur sens. | Prendre des repères sur un parcours, identifier ses besoins respiratoires, construire des conditions de récupération active, s'auto-évaluer en binôme avec un « tableau de marche ». | Courir régulièrement en prenant des indicateurs sur l'environnement, connaitre ses capacités du moment pour réaliser un contrat de distance. | Courir régulièrement en prenant des indicateurs sur l'environnement, percevoir des signes d'aisance ou de fatigue. | Courir régulièrement en se référant à ses sensations, apprécier une durée, percevoir des signes d'aisance ou de fatigue. | Courir à deux régulièrement en prenant des repères extérieurs, améliorer sa vitesse sur une distance connue, s'auto-évaluer en binôme avec un « tableau de marche », contractualiser un parcours avec un temps défini en équipe. |

| Les étapes essentielles dans l'amélioration de la performance en course longue | | | | | | |
|---|---|---|---|---|---|---|
| | Au cycle 1 → | | | | | |
| | ← Aux cycles 2 et 3 → | | | | | |
| | **1 à 3 séances** | **1 à 3 séances** | **1 à 2 séances** | **1 à 3 séances** | **1 à 3 séances** | **1 à 2 séances** |
| **Compétences motrices visées à l'école (savoir-faire)** | Placer sa respiration sur le rythme de ses appuis, forcer son expiration, se décontracter en courant, maitriser l'ensemble de sa tonicité, courir plus souplement. | Placer sa respiration sur le rythme de ses appuis, adapter son rythme respiratoire à ses besoins, adopter un rythme en fonction d'une prévision de course, allonger sa foulée. | Pratiquer une foulée « économique », adopter l'allure, doser et répartir son effort pour courir sur une longue distance, repousser ses limites en mobilisant de nouvelles habiletés (foulée, respiration). | Pratiquer une foulée « économique », persévérer dans sa course avec une progression des difficultés, repousser ses limites pour courir une distance de plus en plus grande sans marcher. | Maitriser différentes allures et les enchainer, adapter sa course en fonction de sa place dans le groupe, augmenter progressivement son allure pour gagner, repousser ses limites en améliorant la forme de sa foulée et sa respiration. | Répartir son effort pour courir longtemps et de plus en plus vite, maintenir un rythme, individuel ou collectif, en fonction d'une prévision, mobiliser tout ce que l'on a appris pour rendre sa course plus efficace. |

| Les étapes essentielles dans l'amélioration de la performance en course longue | | | | | | |
| --- | --- | --- | --- | --- | --- | --- |
| | **Au cycle 1 →** | | | | | |
| | | | **← Aux cycles 2 et 3 →** | | | |
| | **1 à 3 séances** | **1 à 3 séances** | **1 à 2 séances** | **1 à 3 séances** | **1 à 3 séances** | **1 à 2 séances** |
| **Compétences relationnelles visées à l'école (savoir-être)** | Accepter de courir à sa vitesse parmi d'autres qui courent à la leur, accepter de poursuivre son effort malgré une sensation d'inconfort (essoufflement, sudation...). | Courir à sa vitesse parmi d'autres qui courent à la leur, poursuivre son effort malgré une sensation d'inconfort (essoufflement, sudation...). | Accepter de courir à sa vitesse parmi d'autres qui courent à la leur, être motivé pour améliorer la performance de l'équipe, se motiver mutuellement. | Accepter de courir à sa vitesse parmi d'autres qui courent à la leur, se motiver mutuellement. | Être motivé pour améliorer les performances de l'équipe, se motiver mutuellement. | Persévérer dans son effort pour améliorer sa propre performance. |

| Repères de progressivité en course longue | | | | | | | | |
|---|---|---|---|---|---|---|---|---|
| Âge | 3-4 ans | 4-5 ans | 5-7 ans | 7-8 ans | 8-9 ans | 9-10 ans | 10-11 ans | 11-12 ans |
| Temps | 3-6 min | 4-8 min | 5-10 min | 6-10 min | 7-12 min | 12-16 min | 16-20 min | 20-24 min |
| Distance | 400-1 000 m | 800-1 200 m | 1 000-1 400 m | 1 200-1 600 m | 1 400-1 800 m | 1 600-2 000 m | 1 800-2 200 m | 2 000-2 400 m et + |

## ◆ Règles et cadrage pour la mise en œuvre de l'activité

### La tenue et le matériel

Faire prendre conscience aux élèves de la notion de confort est un des aspects de l'éducation à la santé.

Une tenue adaptée pour courir comporte :

- des chaussures de sport ; au cycle 3, expliquer l'intérêt des chaussures qui amortissent l'impact du pied au sol et réduisent les effets sur le squelette ;
- des vêtements qui ne frottent pas : éviter les pantalons serrés ou avec des coutures épaisses ;
- la superposition d'un « dessous » et d'un « dessus » : inciter les élèves à se dévêtir en début de course et à se couvrir en fin de course.

Les instruments de mesure :

- Mesurer le temps : privilégier un chronomètre le plus simple possible. Au début, un cache peut être posé sur les dixièmes et centièmes de seconde pour ne pas troubler les élèves. En fin de cycle 1, proposer des sabliers, une comptine, une musique.
- Mesurer les longueurs : utiliser un décamètre, une chaine d'arpenteur[1] ou simplement plusieurs cordelettes étalonnées si on veut engager l'ensemble des élèves à installer le terrain.

### Le lieu

La course longue peut très bien se pratiquer dans la cour de l'école. Cependant, pour maintenir la motivation et établir une progression, il est important de varier les prises d'indices extérieures. Ainsi, on pourra d'abord proposer plusieurs parcours dans la cour puis emmener la classe sur d'autres terrains (plateau d'évolution, stade). On peut aussi envisager de faire des « échanges de cour » entre écoles proches ou d'investir des lieux comme les parcs de la ville, sachant qu'il faudra alors renforcer sa vigilance (reconnaissance préalable du terrain, autorisation de sortie, encadrement suffisant).

Dans tous les cas, il importe de :

- vérifier l'état du sol, signaler la présence d'irrégularités (racines, nid-de-poule, plaque d'égout, grille d'évacuation...) ;
- matérialiser très clairement les espaces d'évolution avec des plots ;
- matérialiser un lieu de regroupement.

1. Chaine métallique de 10 à 100 mètres constituée de maillons en métal de 10 cm chacun. La chaine d'arpenteur est utilisée par le géomètre ou l'architecte. Elle est maintenant constituée le plus souvent par un ruban en fibre de verre.

### Sécurité

- Ritualiser un échauffement cardio-pulmonaire et musculaire de façon à habituer les élèves à prendre soin de leur corps, à établir une transition entre « repos » et « activité physique ».
- Éviter les départs groupés. Échelonner les départs dans l'espace ou dans le temps.
- Éviter de donner le départ avec un claquoir ou un sifflet comme pour la course de vitesse : cela risque de conforter les élèves dans l'idée selon laquelle le départ doit être « explosif »...
- Être vigilant à la façon dont les élèves posent les pieds : engager l'enfant qui court en posant bruyamment les pieds à plat à dérouler le pied de façon plus souple.
- Ne proposer un nouvel effort de course que lorsque les élèves ont récupéré, même si c'est en récupération active (marche ou course ralentie).
- Inciter les élèves à ne pas s'arrêter brusquement à la fin de la course : leur demander de marcher pour ralentir progressivement leur pouls et leur rythme respiratoire.
- En cas de point de côté (souvent une contraction douloureuse de muscles abdominaux ou intercostaux) : demander à l'enfant de ralentir sa course ou de forcer son expiration pour avoir une respiration plus ample.
- Faire boire régulièrement de petites quantités d'eau : encourager les élèves à apporter une gourde ou une bouteille d'eau marquée à leur nom plutôt que de faire des allers-retours aux toilettes.
- Être attentif aux signes de fatigue (pâleur ou rougeur excessives, respiration saccadée ou toux, douleur inhabituelle, faiblesse générale...) qui peuvent être annonciateurs d'une détresse de la part de l'élève
- Connaitre les pathologies des élèves identifiés par un projet d'accueil individualisé (PAI) pour asthme, diabète, drépanocytose, etc., suivre les recommandations liées et se munir du traitement dont l'école dispose par le biais du PAI.

### Données physiologiques spécifiques

À l'école, on pratique un effort en « aérobie », ce qui signifie que l'apport d'oxygène doit répondre aux besoins de l'enfant. On prendra comme repère le fait que l'élève puisse parler en courant; il est en aisance respiratoire. Au niveau élémentaire, il s'agit de permettre à l'enfant de prendre conscience de son potentiel. Au cours de la séquence, il améliorera sa façon de respirer et de courir.
Les enfants sont plus rapidement en aérobie que les adultes et ils y restent plus longtemps. Cette filière énergétique produit peu d'acide lactique dans l'organisme et la récupération se fera d'autant mieux.
La fréquence cardiaque de l'enfant au repos est plus élevée que celle de l'adulte. En aérobie, elle peut atteindre 170 à 180 pulsations par minute. Cependant, éviter de faire calculer aux plus jeunes élèves leur rythme cardiaque car la prise du pouls est difficile à effectuer et les différences interindividuelles sont trop importantes pour rendre ce calcul exploitable. Il est préférable que les élèves soient à l'écoute de leurs sensations et les mettent en relation avec les mesures de durée et de distance.

### Place et rôle de l'enseignant

Intéresser chaque élève à ses propres progrès en mettant en relation chaque nouvelle performance avec ses possibilités (et pas avec celles des autres élèves).

Faire le lien entre cette activité et d'autres activités physiques et sportives : l'entrainement foncier sert pour la natation, les activités d'orientation, les activités d'opposition, la danse...

### ◆ Exemple de séance en course longue au CM2

L'exemple présente une séance détaillée telle qu'un enseignant pourrait la concevoir. Pour se préparer au concours, il est conseillé au candidat de s'approprier les éléments de cette séance en utilisant une fiche mémo.

| **SÉQUENCE :** Course longue au CM2<br>**SÉANCE :** 3 sur 10 |
|---|
| **DURÉE :** 60 minutes |
| **OBJECTIF DE L'ENSEIGNANT :**<br>Rendre les élèves capables d'appréhender une course longue en prenant des indicateurs sur leur environnement et sur leurs sensations. |
| **COMPÉTENCES TRAVAILLÉES :**<br>Courir régulièrement en prenant des indicateurs sur l'environnement.<br>Pratiquer une foulée « économique ».<br>Être motivé pour améliorer la performance de l'équipe.<br>Accepter d'être confronté à d'autres qui courent à des vitesses différentes.<br>Adopter l'allure qui permet de courir sur une longue distance.<br>Doser et répartir son effort pour courir sur une longue distance.<br>Utiliser ses capacités du moment pour réaliser un contrat de distance.<br>Repousser ses limites en mobilisant de nouvelles habiletés (foulée, respiration).<br>Se motiver mutuellement. |
| **MATÉRIEL :**<br>Cartes des prénoms des élèves pour la mise en disponibilité, fiche de score par équipe pour la situation 1, contrats individuels de distance en format papier A5 pour la situation 2, contrats « équipe en or » de distance en format papier A5 pour la situation 3, grilles d'observation pour la situation 4, plots de couleurs assorties personnalisés pour la situation 4, dossards de 4 couleurs assorties, plots pour délimiter le terrain et les parcours, décamètres, crayons, chronomètres, sifflet. |

#### Organisation générale

Délimiter trois boucles concentriques de 100 m, 150 m et 200 m. Prévoir une largeur de piste suffisante pour que les élèves puissent se doubler facilement.

#### Mise en disponibilité : « À la recherche de l'équipe »

**Organisation :** Tous les élèves de la classe courent en dispersion sur un terrain délimité. Désigner cinq à six « chefs d'équipe » qui disposent des noms de leurs équipiers.
**Consigne aux « chefs d'équipe » :** aller rejoindre en trottinant les membres de son équipe. Une fois que l'équipe est au complet, faire deux tours de terrain en trouvant un rythme commun. Possibilité de refaire le jeu avec d'autres « chefs d'équipe ».

## Quatre situations avec des répartitions différentes

### 1. Situation en équipes de trois à cinq coureurs « Le compte-tours par équipe »

**Organisation** : Installer des plots autour du terrain pour constituer un parcours principal en boucle de 150 m. Ajouter un « parcours annexe » de 100 m au centre du premier. Former des équipes de trois à cinq coureurs d'un niveau équivalent, si possible d'un même nombre de coureurs. Chaque équipe prend une couleur de dossard. Se situer à un point de la boucle avec les fiches de score de chaque équipe. Faire partir chaque équipe avec quelques secondes d'écart de façon à éviter les bousculades. Fin de la course lorsqu'une équipe atteint le score déterminé à l'avance (par exemple 90 tours).
**Consigne** : Courir sur le parcours à l'extérieur des plots. À chaque tour, chaque équipier se signale à l'enseignant qui coche le tableau de score de l'équipe. Interdiction de s'arrêter ou de marcher sur le parcours principal. Les élèves fatigués marchent sur le parcours annexe et reprennent la course sur le parcours principal en passant par la ligne de départ face à l'enseignant. L'équipe qui atteint en premier le score de X tours (selon le niveau 1, 2 ou 3) marque la fin de la course pour tous.
**Remarques** : En moyenne, pour une boucle de 150 m on peut compter 10 tours (niveau 1), 15 tours (niveau 2), 20 tours (niveau 3) par élève au cours de la course. Ainsi, si les coureurs sont six par équipe, on peut arrêter la course lorsque la première équipe a atteint le score de 60 (niveau 1), 90 (niveau 2), 120 (niveau 3).
**Variables** : Taille du parcours, score à atteindre.
**Complexifications** : Supprimer le parcours annexe, d'une séance sur l'autre comptabiliser double les améliorations de score (ce qui peut modifier le résultat final).

### 2. Situation individuelle : « Le contrat de distance »

**Organisation** : En amont, établir individuellement le contrat par écrit. Sur le terrain, faire installer le parcours par les élèves : délimiter une boucle de 200 m avec marquage à 100 m. Donner des départs échelonnés, qui peuvent être donnés par un élève. Possibilité de faire partir ensemble les élèves qui ont un même contrat de distance et une allure proche. Se poster à un endroit d'où l'on voit l'ensemble du parcours : ce sera le point de départ et de rassemblement.
**Consigne** : Courir la distance (nombre de tours de terrain) inscrite sur le contrat sans marcher ni s'arrêter. Faire une marque (par encoche) en bas du contrat à chaque tour. Lorsque la distance prévue a été parcourue, revenir au point de rassemblement. En cas d'abandon, revenir en marchant dans le sens de la course sur le côté du parcours.

### 3. Situation à deux coureurs : « Battre son record à deux : une équipe en or »

**Organisation** : Délimiter une boucle de 200 m avec marquage à 100 m. Constituer des binômes (2 élèves qui s'accordent sur un même contrat de distance et qui ont une allure proche). Donner un départ échelonné des groupes de binômes (possibilité que cela soit fait par un élève). Se poster à un endroit d'où on voit l'ensemble du parcours : ce sera le point de départ et de rassemblement. Limiter le temps de course à 10 minutes.
**Consignes** : Battre son record de distance (dernier contrat de distance réussi) d'au moins 200 m. En cas de fatigue, possibilité de récupération active (marche) sur le parcours annexe. Faire une marque supplémentaire en bas du contrat à chaque tour. Si les deux membres du binôme ont réussi pareillement à battre leur record, cocher la case « équipe en or ».

### 4. Situation à deux (coureur/observateur) : « Toujours plus loin en 2 minutes »

**Organisation** : Délimiter une boucle de 200 m avec quatre points de départ, un tous

les 50 m. Déterminer des binômes (un coureur, un observateur). Chaque course durera 2 minutes Les coureurs se répartissent sur les points de départ. L'enseignant donne le départ pour tous les coureurs. Proposer quatre courses à la suite avec le même coureur.
**Consignes aux coureurs :** Partir au signal, courir sans marcher pendant deux minutes et au signal de fin de course, s'arrêter et poser son plot personnalisé à côté de la piste au niveau du point d'arrêt puis retourner à son point de départ. Pour les courses suivantes, partir toujours du même point de départ et au signal de fin, s'arrêter et mesurer avec son binôme (observateur) l'écart entre le plot personnalisé posé lors de la première course et le point d'arrêt des courses successives. **Aux observateurs :** Mesurer l'écart entre le plot posé lors de la première course et le point d'arrêt du coureur lors des courses successives. Noter les écarts sur la grille d'observation.
**Complexifications** : Augmenter la distance du circuit, augmenter le temps de course, augmenter le nombre de courses.

### Un retour au calme et un bilan

**Exercice de respiration : « Le piston »**
**Consigne** : Debout, inspirer lentement en levant les bras puis redescendre les bras en mettant les mains l'une sur l'autre devant soi comme pour appuyer fortement sur un piston en expirant le plus lentement et plus longtemps possible. Recommencer plusieurs fois.
**Bilan :** Questionner les élèves sur la situation 4 : *Qu'est-ce qui était difficile ? Qu'est-ce qui a permis d'aller plus loin ?*

### Prolongement en classe

Terminer le remplissage des grilles d'observation et des fiches de score par équipe.

## ◆ Questions du jury

***L'échauffement pour la course longue a-t-il un sens ?***
Il s'agit de solliciter progressivement le système cardiovasculaire. C'est lors de cette montée progressive en puissance que l'on peut mettre en évidence avec les élèves qu'il ne s'agit pas de partir à toute vitesse mais bien d'installer un rythme en aisance respiratoire qui permettra d'aller loin, longtemps…
D'autre part, avec les plus jeunes, cela permet d'abord de repérer le terrain en courant lentement ensemble. C'est l'occasion, par exemple, de déposer des objets à récupérer pour valider chaque tour.

***Comment favoriser la motivation et l'engagement des élèves ?***
Les situations proposées peuvent être conduites avec toute la classe pour réduire les contraintes d'organisation et, surtout, garantir un temps de course maximum et une meilleure cohésion du groupe.

- Constituer des groupes de niveau et d'affinité et, lors de la course, ne pas interdire de parler car c'est le signe de l'aisance respiratoire.
- Varier les situations (forme du circuit, enjeux, matériel, regroupement) afin d'éviter l'ennui et favoriser des prises de repère proprioceptifs,
- Alterner les rôles et les temps d'effort et de récupération active.
- Scinder éventuellement la séance en deux temps au cours de la semaine : mieux vaut des séances courtes où les élèves sont tous engagés que de longues séances où la moitié des élèves « décroche ».

- Minimiser la comparaison entre élèves au profit de l'intérêt de chaque élève pour ses progrès.
- Dans une situation en équipe, penser à donner régulièrement les résultats de chaque équipe afin de relancer la motivation. Valoriser le comportement des élèves qui courent lentement mais qui ne s'arrêtent pas. Demander aux élèves qui courent très rapidement (mais qui doivent marcher sur le parcours annexe très souvent pour récupérer) ce qu'ils pourraient faire pour améliorer leur score.
- Dans une situation individuelle, faire figurer en bas du contrat « papier » autant de cases que de tours prévus dans le contrat. Faire une marque sur la case à chaque tour de façon à visualiser ce qui est fait et ce qui reste à faire. Encourager les élèves qui réalisent le contrat aisément et rapidement à le revoir à la hausse lors de la prochaine fois. Pour les élèves de cycle 3, pendant que les autres élèves terminent, leur demander de se projeter sur un nouveau contrat en mettant en relation distance et temps (*Si tu as fait 7 tours en 6 minutes, combien de tours pourrais-tu ajouter à ton contrat pour courir 10 minutes ?*).
- La situation de course « Le contrat de distance » doit être reprise en entrainement plusieurs fois dans la semaine, lors de séances courtes qui ne comporteront que cette situation et un bilan rapide. Le but n'est alors pas de se surpasser mais de réussir, à coup sûr, le contrat.

***Comment utiliser la verbalisation des élèves pour constituer de véritables projets individuels de course ?***

Lors du retour au calme, commencer par un exercice de respiration ou d'étirement doux puis faire verbaliser les élèves pour leur permettre de restituer l'expérience personnelle, restitution qui sera complétée en classe.

- Projeter sur la séance suivante : il peut être utile de noter les remarques les plus pertinentes émises lors du bilan afin de les lire en introduction de la séance suivante.

Il faut créer les conditions pour que la parole soit la plus riche possible et que les élèves s'écoutent mutuellement : regrouper les élèves en cercle, réguler la prise de parole, cadrer les interventions en temps, laisser un temps de silence après chaque question pour permettre à tous les élèves de se forger une réponse (si les réponses « fusent », c'est au détriment des moins à l'aise qui, pour autant ont aussi des expériences à relater). Noter les réponses proposées (pour pouvoir y revenir ultérieurement) peut ralentir utilement le débit.

- Les situations sont ici présentées avec un titre. On peut demander aux élèves eux-mêmes de trouver des titres aux situations : c'est une façon d'en favoriser l'appropriation.
- Il peut être intéressant de travailler en classe sur les sensations du « coureur de fond ». Pour cela, en amont de la séquence, faire émerger les représentations puis à la suite de la première séance, recueillir le vécu des élèves et lister avec eux ce qui est ressenti lorsque l'on court longtemps.

De plus, chaque tour ou série de tours pourra être qualifié en fonction des sensations physiques et des émotions ressenties lors de sa réalisation. La classification peut permettre de simplifier les annotations en codant les ressentis. Ainsi, le « carnet personnel de collection de tours » comportera d'une part le décompte des tours effectués par l'enfant (avec éventuellement le temps correspondant) et d'autre part, le ressenti en lien avec chacun de ces tours. Cette trace écrite pourra faire prendre conscience à l'élève de l'évolution de ses progrès moteurs et de son ressenti par rapport à cette pratique physique et sportive.

# CHAMP 2 : ADAPTER SES DÉPLACEMENTS À DES ENVIRONNEMENTS VARIÉS

Lors de l'épreuve, le candidat doit choisir un champ d'apprentissage et une activité physique support. Si son choix se porte sur le champ 2, il lui faut être vigilant quant à la formulation, selon que le contexte d'enseignement soit à la maternelle (« adapter ses équilibres et ses déplacements à des environnements ou des contraintes variées ») ou en élémentaire (« adapter ses déplacements à des environnements variés »). Dans son exposé, le candidat doit clairement dire pourquoi il a retenu ce champ. Un des arguments majeurs est la construction de nouveaux repères corporels pour s'adapter dans un environnement inconnu et instable.

## 1. S'ORIENTER

### ◆ Les enjeux, les transformations motrices, les savoirs et savoir-faire associés

Pratiquer l'orientation revient à réaliser seul un déplacement finalisé, avec un ou des points précis à atteindre, dans un environnement inconnu à l'aide d'un document de référence (plan, carte…), dans un temps le plus court possible.
Cela demande de s'adapter au mieux au terrain, de traiter des informations (ce qui est vu directement, ce qui est lu sur les documents, ce que je sais de l'environnement) pour prendre les meilleures décisions, de gérer ses déplacements (courir assez loin, longtemps, partout) et de gérer ses émotions (peur de se perdre). C'est ainsi que celui qui pratique parvient à assurer une sécurité active : il connait ses possibilités et ses limites.
Les parcours d'orientation, réalisés dans des espaces « aménagés et sécurisés », sont des situations qui permettent de « transformer sa motricité spontanée pour maitriser les actions motrices, s'engager sans appréhension pour se déplacer dans différents environnements, lire le milieu et adapter ses déplacements à ses contraintes, respecter les règles essentielles de sécurité, reconnaitre une situation à risque. »
Tout au long de la séquence et si l'activité est reprise lors des années suivantes, elle se déroulera dans « des espaces de plus en plus vastes et de moins en moins connus ». Les déplacements demanderont « l'utilisation de codes de plus en plus symboliques ».

À l'école, les activités d'orientation ont pour objectif de rendre l'enfant capable de :

- prendre des informations et les mémoriser ;
- établir des relations précises entre la réalité et sa représentation plus ou moins abstraite (photo, plan figuratif, plan, carte) pour se situer et situer les objets dans l'espace. Au cycle 3, effectuer en permanence la relation entre la carte et le terrain en faisant le point régulièrement pour se situer et situer la balise suivante, en prenant des indices sur le milieu pour valider les hypothèses ;
- apprécier les distances et les directions (construction des concepts d'espace et de temps), au cycle 3, risquer un itinéraire qui prendra moins de temps plutôt qu'un itinéraire qui donne une distance plus courte sur la carte ;
- gérer ses réactions émotives, affectives (s'éloigner de l'adulte, « se perdre ») ;
- gérer ses efforts pour courir longtemps, en fonction du terrain ; au cycle 3, chercher à réaliser la meilleure performance possible en s'adaptant au parcours et aux réalités du terrain ;
- au cycle 3, utiliser des objets techniques comme la boussole.

**Les étapes essentielles dans l'amélioration de la performance en activités d'orientation**

| | Au cycle 1 → | | | | | |
|---|---|---|---|---|---|---|
| | | ← Au cycle 2 → | | | | |
| | **1 à 3 séances** | **1 à 3 séances** | **1 à 2 séances** | **1 à 2 séances** | **1 à 2 séances** | **1 à 2 séances** |
| **Lieu** | Cour de l'école | Parc clos, proche de l'école | Parc clos, proche de l'école | Parc clos, proche de l'école | Milieu naturel sécurisé | Milieu naturel sécurisé |
| **Compétences spécifiques** | Mettre en relation le plan et le terrain. Choisir un itinéraire. Repérer un indice à vue. Se situer dans l'espace par rapport à des repères donnés. S'engager seul dans un espace connu. Utiliser des codages de déplacement. | Mémoriser dans l'ordre des éléments sur un trajet. S'engager à deux pour faire un trajet peu familier. Repérer des éléments remarquables sur un site (au cycle 1) puis sur un plan simplifié (au cycle 2). Identifier des éléments remarquables à partir de leur représentation. | Repérer une direction depuis un point donné. Situer des directions les unes par rapport aux autres (au cycle 2). Repérer un lieu grâce à sa représentation photographique. S'orienter sur un plan avec des éléments figuratifs (au cycle 2). | Repérer un lieu grâce à un plan, aidé par sa représentation photographique. Mettre en relation plusieurs parties d'un même plan, élaborer et coder un parcours, décoder un parcours, repérer des balises, Utiliser la légende d'un plan simple. | Se repérer sur le plan d'un site. Mémoriser des repères et des configurations du terrain. Repérer seul un lieu grâce à sa représentation sur un plan. Anticiper ses déplacements selon un ordre établi. Orienter la carte par rapport à des éléments du terrain. | Placer sur un plan des points identifiés sur le terrain. Oser s'éloigner seul. Établir un lien entre le terrain et sa représentation en plan. S'engager seul sur un parcours peu connu. |

**Les étapes essentielles dans l'amélioration de la performance en activités d'orientation**

**Au cycle 3**

| | 1 à 3 séances | 1 à 3 séances | 1 à 2 séances | 1 à 2 séances | 1 à 2 séances | 1 à 2 séances |
|---|---|---|---|---|---|---|
| **Lieu** | Parc clos, proche de l'école | Parc clos, proche de l'école | Milieu naturel sécurisé | Milieu naturel sécurisé | Milieu naturel sécurisé | Milieu naturel sécurisé |
| **Compétences spécifiques** | Prendre le temps de lire la carte avant de se lancer.<br>Identifier des points remarquables sur le terrain.<br>Établir une correspondance entre le terrain et la carte.<br>Se déplacer avec une contrainte temporelle. | Évaluer des distances.<br>Identifier des postes à partir d'une représentation photographique.<br>Trouver le code se rattachant à chaque poste.<br>Positionner des postes sur un plan en respectant leur code.<br>Vérifier régulièrement la correspondance entre plan et terrain.<br>Se déplacer avec une contrainte temporelle.<br>Gérer le parcours dans un souci d'efficacité. | Effectuer des choix sur le terrain.<br>Visualiser un parcours sur la carte.<br>Estimer les distances et les difficultés en se fiant à la carte légendée.<br>Être responsable de ses choix.<br>Effectuer des choix et se déplacer avec une contrainte temporelle.<br>Lire des indices pour agir et orienter le plan. | Se déplacer en utilisant sa foulée comme instrument de mesure.<br>Se déplacer avec une contrainte temporelle.<br>Mettre en relation une distance dans la réalité et sa représentation selon une échelle.<br>Comprendre la permanence des distances sur le terrain et la variabilité des distances sur le plan selon l'échelle.<br>Émettre des hypothèses et les valider. | Se déplacer avec une contrainte temporelle.<br>Gérer le parcours dans un souci d'efficacité.<br>Oser s'engager à deux dans un milieu incertain.<br>Gérer son affectivité dans un groupe.<br>Mémoriser des orientations et des changements de direction. | Utiliser la boussole pour trouver ou afficher une direction (un azimut).<br>Se déplacer en gardant la même direction.<br>Utiliser la boussole pour rectifier sa direction.<br>Faire le point de loin en loin.<br>Gérer son énergie lors d'un déplacement avec une contrainte temporelle.<br>Élaborer une stratégie.<br>Oser s'engager seul dans un milieu incertain. |

## ◆ Les règles et le cadrage pour la mise en œuvre de l'activité

### Sécurité

Dans la cour, les jeux d'orientation ne présentent pas de risques particuliers.
Dans le cas d'une sortie, même à proximité, il convient de respecter les règles et réglementations liées aux sorties scolaires (*cf.* références des textes réglementaires page 20).
Au cycle 3, envisager de mettre en place des parcours d'orientation dans des espaces moins familiers des élèves et partiellement ouverts comme des parcs publics ou des parcs forestiers.
En amont de la sortie, en classe, rappeler les règles de sécurité : *On ne franchit pas les limites, on apporte de l'aide à un camarade en difficulté, retour immédiat au point de départ si on entend le signal d'alarme : sifflet, corne de brume (selon la taille de l'espace)...*
Se munir de la liste des élèves effectivement présents (registre d'appel) avec les numéros de téléphone de l'école (direction, gardien) et des parents. Compter les élèves à chaque regroupement.
Prévoir une trousse de secours, les moyens d'alerter les secours et les numéros d'urgence, les fiches de renseignements des élèves.

### Matériel

La préparation du matériel représente un investissement assez important en temps et en fonds. Ainsi, il est conseillé de construire ce matériel en se groupant avec d'autres enseignants de la même école ou de la même commune, susceptibles de se rendre sur les mêmes sites. Concernant les situations liées à la cour d'école, des « échanges de cour » peuvent avoir lieu : la situation vécue dans sa propre cour sera vécue une seconde fois dans une cour inconnue, ce qui rend la tâche légèrement plus complexe.
Il faut être vigilant lorsque des indices sont des photographies : les éléments naturels peuvent changer d'aspect au cours de l'année et être soumis à toutes sortes d'aléas.
Dans un lieu accessible au public, penser à référencer les objets (jalons, balises...) avec le nom de l'école, la date et un avertissement « Merci de bien vouloir laisser cet objet en place pour l'activité menée aujourd'hui ».
En fin d'activité, il est indispensable de prévoir un dernier tour de terrain avec le groupe classe pour s'assurer qu'aucun objet n'a été laissé sur place.

## ◆ Exemple de séance en jeux d'orientation avec une classe de Grande Section

L'exemple présente une séance détaillée telle qu'un enseignant pourrait la concevoir. Pour se préparer au concours, il est conseillé au candidat de s'approprier les éléments de cette séance en utilisant une fiche mémo.

| **SÉQUENCE :** Jeux d'orientation en Grande Section<br>**SÉANCE :** 4 sur 6 |
|---|
| **DURÉE :** 50 minutes |
| **OBJECTIFS POUR L'ENSEIGNANT :**<br>Confronter les élèves à des situations d'orientation et à leurs enjeux dans un espace sécurisé. |
| **COMPÉTENCES TRAVAILLÉES :**<br>Mettre en relation la photo de la cour prise d'en haut (espace représenté) et le terrain (espace perçu).<br>Se situer dans l'espace par rapport à des repères donnés.<br>Se déplacer seul en utilisant des codages de déplacement sur une représentation du lieu. |
| **MATÉRIEL POUR LA SITUATION 1 :**<br>Une dizaine d'objets de différentes tailles (tabourets, plots, ballons, cerceaux, anneaux, caisses…), une photo aérienne de la cour où sont présents les éléments remarquables (bancs, poubelles, arbres, jeux…) reproduite en autant d'exemplaires plastifiés que d'élèves (plus, si possible, une photo agrandie pour le temps de synthèse et les prolongements en classe), des crayons, des planchettes support. |
| **MATÉRIEL POUR LA SITUATION 3 :**<br>Une quinzaine de reproductions plastifiées de quadrillages de 4 par 4 cases, feutres pour ardoise, 1 objet repère (cône plastique), 16 plots « assiette », si possible de la même couleur, 16 étiquettes « codes » à fixer sous les plots avec de la gomme repositionnable. Un « plan de vérification » avec les codes des plots de chaque case. Pour le tracé de la marelle : craies, ficelles ou cordes de 10 m environ. |

## Deux situations dans la cour de l'école

### Situation 1 : « Kim-cour »

**En amont, en classe** : Présentation des objets et recherche d'une représentation en plan ou d'un codage. Depuis une vue en hauteur de la cour, depuis les fenêtres d'une classe, par exemple, identifier la forme de la cour de l'école, la position des bâtiments, des éléments remarquables. Ensuite, mettre en relation cette vue avec une vue via Géoportail[1].

**Organisation :** Les objets sont disposés dans la cour de l'école par l'enseignant et les élèves. Les objets sont tous visibles en même temps.

**Consigne :** Se déplacer dans la cour et reporter les objets vus sur la photo.

**Critères de réussite :** Report exact de l'ensemble des objets sur le plan.

**Simplification/complexification :** Travail par deux ou trois, première confrontation des plans après 5 minutes d'exploration. Pour certains élèves, on peut délimiter un espace plus restreint.

### Situation 2 : « La marelle géante »

**Organisation :** Tracer avec les élèves une marelle carrée, de 8 m de côté, comportant 16 cases (4 x 4) dans la cour. Sans la présence des élèves, l'enseignant peut préparer le tracé en marquant les sommets du carré au sol. Avec les élèves, tendre des ficelles entre ces marquages puis tracer à la craie les côtés du carré, partager la ficelle en quatre par

1. https://www.geoportail.gouv.fr/

pliage pour tracer les cases. Avec les élèves, placer au centre de chaque case une « balise » (un plot sous lequel est collé un code composé de deux lettres ou un dessin). Placer le plot repère « entrée » face à une case périphérique. Constituer des binômes.
**Consigne pour l'élève A :** Tracer au feutre, sur la grille, un parcours pour rejoindre une des cases de la marelle (sans partir forcément du plot repère). **Pour l'élève B** : Muni du plan, faire le parcours en notant le code sous le plot de la case de destination. Préciser aux élèves que les plots ne doivent pas être déplacés. **Simplification/complexification :** Établir le parcours, identifier la case sans se déplacer sur la marelle mais en observant sa disposition, muni du plan. Demander de repérer la case (son code) pour chaque changement de direction.

### Bilan

Se regrouper en cercle au centre de la cour. Poser la photo agrandie de la cour au centre du cercle et faire repérer la conservation des directions (si on rétrécit la cour, on arrive à ce plan). Faire exprimer les difficultés et les réussites lors de chacune des situations vécues.

### Prolongement en classe

La situation 2 peut être reprise en classe avec un quadrillage plus petit.

## ◆ Questions du jury

***Quels pré-requis sont attendus, quelles simplifications et complexifications sont possibles ?***
La situation 1 suppose que les élèves ont déjà travaillé sur la représentation en plan d'un espace.
On peut imaginer travailler en classe sur des photos prises du haut de tables avec des objets disposés dessus : à partir de la photo, reconnaitre la table et vice-versa.
La situation 2 suppose que les élèves maitrisent le repérage sur un quadrillage.
Dans un premier temps, envisager de faire deux groupes : un groupe de binômes joueurs et un autre d'observateurs.
Il est possible de tracer plusieurs marelles pour que les élèves utilisent un espace plus vaste et soient plus à l'aise. C'est alors que l'on peut envisager des marelles plus simples à 4 cases, 9 cases... ou plus complexes à 25 cases !
Chaque situation mérite un bilan : *Qu'est-ce qui vous a paru difficile ? Comment avez-vous fait pour... ?*
Si les retours sont très échelonnés, cela signifie que certains groupes ont été en difficulté alors que d'autres étaient dans une situation trop simple. Il conviendra donc de réajuster les groupes ou d'utiliser les suggestions de complexification/simplification des situations.

***Pour des élèves de cycle 3, quelles vigilances avoir lorsque la séance se déroule sur des lieux peu connus ou inconnus ?***
- **En amont de la séance :**

Utiliser différentes représentations du lieu qui sera investi : vue aérienne et oblique avec Google Earth, plan, carte.
À partir de la photo aérienne, en jouant sur le passage de la vue verticale à oblique, faire repérer les éléments « parlants », que les élèves pourront facilement reconnaitre sur le terrain (mobilier urbain, chemin, construction, cours d'eau...).
Au cycle 3, la préparation en amont de la séance est un aspect incontournable de la sécurité des élèves : lieu de rassemblement, signal de fin de jeu et signal d'alerte, limites du terrain,

accès autorisés et interdits, moyens d'alerte en cas d'incident, surveillance et assistance mutuelles sont autant de points qui doivent avoir été abordés avec les élèves avant de sortir dans un lieu peu connu, voire inconnu d'eux.

- **En arrivant sur les lieux :**

Particulièrement lors de la première sortie sur un nouveau lieu, on prendra la peine de montrer les limites à ne pas franchir, les éléments repérables depuis tous les points du terrain (grands arbres, fils électriques, candélabres), les perspectives et points de vue qui donnent les directions à suivre pour retrouver le point de rassemblement.
Enfin, il est indispensable d'avoir un sifflet ou un instrument qui émet un son bien identifiable par les élèves. En début de séance, leur faire reconnaitre les yeux fermés, à quelque distance du point de ralliement.

- **Entre les situations :**

Regrouper les élèves et les recompter lorsque l'on est à l'extérieur de l'école. Ne jamais lancer une nouvelle situation tant que la précédente n'est pas terminée, que tous les élèves ne sont pas revenus.

***Comment permettre l'appropriation de l'espace par les élèves les plus jeunes ?***

L'installation du matériel avec les élèves fait office de mise en disponibilité pour découvrir l'espace dans lequel l'activité se déroulera.
On peut envisager une « dictée de parcours par les objets » pour permettre aux élèves les moins à l'aise de mémoriser les repères et s'approprier l'espace : une fois les objets posés, induire un parcours à faire en trottinant par groupes de 2 ou 3 en donnant des points de passage obligés (*Revenez ici après être passés par l'anneau bleu, le bac rouge, le foulard vert et le grand cône jaune*).

Sur Lea.fr

**Retrouvez une autre question du jury**

## 2. SAVOIR NAGER

### ◆ Les enjeux, les transformations motrices, les savoirs et savoir-faire associés

Par essence, la natation est une activité qui remet en cause la motricité de terrien et qui oblige à réorganiser ses repères pour passer d'un équilibre vertical à un équilibre horizontal, d'une respiration naturelle à une respiration forcée, d'un corps principalement mu par les jambes à un corps propulsé par les bras.
C'est une activité qui permet à l'enfant d'assurer sa propre sécurité dans le milieu aquatique.
Le « savoir nager » et « l'aisance aquatique » sont des facteurs d'inclusion sociale : en effet, l'Attestation du savoir nager en toute sécurité (ASNS) et le « Pass Nautique » (ex-attestation d'aisance aquatique) sont requis pour les activités aquatiques telles que la voile, le surf, le kayak...

**À RETENIR**

*Le savoir nager est une priorité nationale à l'école, au même titre que le savoir rouler à vélo.*

Dans le cadre de la natation scolaire, il faut prévoir du temps et des expériences motrices répétées pour accepter de réorganiser et inhiber ses repères de terrien. Peu à peu, l'enfant va vaincre ses peurs et déconstruire ses représentations : on ne tombe pas au fond, on ne se remplit pas, on peut rester en apnée sans respirer dans l'eau un certain temps. Il va passer des réactions réflexes (pédaler à la recherche d'appuis solides, lever la tête pour rétablir la verticalité et libérer la vue et les voies aériennes) à la construction de réponses de plus en plus adaptées au milieu.
La circulaire sur la natation[1] spécifie que « dans le cadre d'un cycle d'apprentissage, une séance hebdomadaire est un seuil minimal. Des programmations plus resserrées (2 à 4 séances par semaine, voire sous forme de stage sur plusieurs jours) peuvent répondre efficacement à des contraintes particulières, notamment pour les actions de soutien et de mise à niveau. Chaque séance doit correspondre à une durée optimale de 30 à 40 minutes de pratique effective dans l'eau. »

La natation scolaire vise, en fin de cycle 2, à rendre l'élève capable de se déplacer dans l'eau sur une quinzaine de mètres sans appui et après un temps d'immersion. Pour engager l'enfant vers le savoir nager, il faudra l'amener à :
- accepter d'entrer dans l'eau ;
- accepter de s'immerger totalement, dans différentes positions ;
- se repérer pour pouvoir se déplacer ;
- conserver le visage dans l'eau le plus longtemps possible (d'abord en gérant l'apnée puis l'expiration dans l'eau) ;
- construire un corps projectile (corps gainé « comme une fusée ») ;
- se propulser par les bras en position horizontale.

En fin de cycle 3, on vise l'obtention de l'Attestation du savoir nager en toute sécurité (ASNS).
Le test qui permet d'obtenir l'ASNS comprend, outre des connaissances et attitudes relatifs à l'hygiène et la sécurité (*cf.* paragraphe « Règles et cadrage pour la mise en œuvre de l'activité ») un parcours à réaliser en continuité, sans reprise d'appuis au bord du bassin et sans lunettes :
- à partir du bord de la piscine, entrer dans l'eau en chute arrière, départ en position accroupie ;
- se déplacer sur une distance de 3,50 m en direction d'un obstacle ;
- franchir en immersion complète l'obstacle sur une distance de 1,50 m ;
- se déplacer sur le ventre sur une distance de 15 m ;
- au cours de ce déplacement, au signal sonore, réaliser un surplace vertical pendant 15 secondes ;
- faire demi-tour sans reprise d'appuis et passer d'une position ventrale à une position dorsale ;
- se déplacer sur le dos sur une distance de 15 m ;
- au cours de ce déplacement, au signal sonore, réaliser un surplace en position horizontale dorsale pendant 15 secondes ;
- se retourner sur le ventre pour franchir à nouveau l'obstacle en immersion complète ;
- se déplacer sur le ventre pour revenir au point de départ.

1. Note de service du 28 février 2022 parue au BO n°9 du 3 mars 2022.

**Les phases et les transformations motrices au cours de l'apprentissage de la natation**

| | | | | |
|---|---|---|---|---|
| | **Au cycle 1 →** | | | |
| | | **← Aux cycles 2 et 3 →** | | |
| | **3 à 6 séances** | **3 à 6 séances** | **3 à 6 séances** | **3 à 6 séances** |
| | Étape de familiarisation puis de sécurisation | | Étape de confiance | Vers l'autonomie |
| **Phase** | Corps flottant | Corps projectile, aisance respiratoire | | Aisance et efficacité à la surface et en profondeur |
| **Compétences travaillées au cours des séances** | Descendre dans l'eau par différents accès, s'immerger la tête sous l'eau, perdre ses appuis plantaires, se déplacer le long du bord avec les bras, souffler dans l'eau. | Entrer dans l'eau par différentes parties du corps, s'immerger pour prendre des informations, commencer à gérer son apnée, percevoir la sensation de glisse, souffler longtemps dans l'eau, inspirer brièvement hors de l'eau.<br>Enchainer des actions dans l'eau. | Entrer dans l'eau avec le corps gainé,<br>se déplacer en immersion, faire une apnée de 7 à 8 secondes, commencer à construire le « corps projectile », commencer à percevoir les bras comme propulseurs, construire un rythme souffler/inspirer. | Remonter passivement, se déplacer avec des ciseaux de brasse, se maintenir sur place, changer de direction, ne sortir la tête que pour inspirer brièvement. Enchainer des actions (entrée dans l'eau, déplacement, immersion et sur-place tête hors de l'eau) sur un temps de plus en plus long, avec des déplacements de plus en plus importants. |

| Les phases et les transformations motrices au cours de l'apprentissage de la natation | | | | |
|---|---|---|---|---|
| | **Au cycle 1 →** | | | |
| | **← Aux cycles 2 et 3 →** | | | |
| **Prises de conscience par rapport au milieu et aux actions** | L'eau porte, l'eau résiste, il faut forcer pour souffler dans l'eau.<br>On peut ouvrir la bouche dans l'eau sans se remplir d'eau. | Avant de sortir la tête de l'eau, on doit souffler.<br>Pour bien glisser dans l'eau, il faut gainer son corps et allonger la nuque. | Regarder vers le fond ou vers le plafond si on veut rester à l'horizontale et bien flotter.<br>Pour se déplacer, utiliser les bras et les jambes.<br>Lors du déplacement, les bras « écartent » l'eau et les jambes équilibrent le corps. | Lorsque l'on reste passif, on remonte vers la surface. Pour rester sur place la tête hors de l'eau, on chasse l'eau avec ses jambes à droite et à gauche.<br>Pour avoir un déplacement efficace, il faut profiler son corps. |

## ◆ Règles et cadrage pour la mise en œuvre de l'activité

### Un apprentissage inscrit dans un temps long

Acquérir les compétences de la natation requiert du temps. L'étape de familiarisation doit être franchie au plus tôt, si possible dès la maternelle.

La programmation prévoit généralement séance une fois par semaine mais on peut envisager des « mini-stages » au cours desquels la classe aurait trois séances par semaine pendant une période entière de six semaines. Ce type d'organisation permet de stabiliser plus sûrement des réponses motrices d'une séance sur l'autre et engage les élèves dans une démarche plus globale : pendant une période, le projet d'acquisition de la « nage de sauve » peut se combiner avec d'autres apprentissages dans tous les domaines.

### Le cadre réglementaire

La note de service du 28 février 2022 - BO n° 9 du 3 mars 2022 sur l'enseignement de la natation définit en particulier le taux d'encadrement et la surveillance.

| **Taux d'encadrement et surveillance en natation** | | | |
|---|---|---|---|
| **Effectif du groupe** | **Groupe classe constitué d'élèves d'école maternelle** | **Groupe classe constitué d'élèves d'école élémentaire** | **Groupe classe constitué d'élèves d'école maternelle et élémentaire** |
| Moins de 20 élèves | 2 encadrants | 2 encadrants | 2 encadrants |
| De 20 à 30 élèves | 3 encadrants | 2 encadrants | 3 encadrants |
| Au-delà de 30 élèves | 4 encadrants | 3 encadrants | 4 encadrants |

La surveillance du bassin par un maitre-nageur sauveteur (MNS) est obligatoire pendant toute la durée de la présence des classes dans ou au bord du bassin. Le MNS est affecté à la surveillance et à la sécurité des activités et ne peut remplir une mission d'enseignement. Les parents doivent être informés de cette activité obligatoire, comprise dans le temps scolaire. Il convient d'être particulièrement rassurant sur les conditions de pratique et explicite quant aux attentes de l'école afin d'éviter tout malentendu avec les parents sur ce sujet.

### Responsabilité de l'enseignant

L'enseignement de la natation est assuré sous la responsabilité de l'enseignant de la classe. L'enseignant conduit la séance dans le cadre d'un projet pédagogique établi avec l'appui des conseillers pédagogiques de circonscription et en partenariat avec la structure qui accueille les élèves. Une convention est d'ailleurs établie entre les différents partenaires (Éducation nationale, collectivité territoriale ou la structure responsable de l'établissement de bains).

Ce projet adapte l'organisation pédagogique à la sécurité des élèves et assure, par un enseignement structuré et progressif, l'accès au savoir nager. Ce projet définit aussi les conditions d'accueil des classes : bassins et matériel mis à disposition, plan d'organisation de sécurité et de secours (POSS), plannings, horaires, organisation des vestiaires, nombre d'éducateurs mis à disposition, formation des groupes d'élèves, organisation des séances et des évaluations...

La présence de personnels de surveillance et d'encadrement au cours de l'enseignement de la natation ne modifie pas les conditions de mise en jeu de la responsabilité de l'enseignant. Les ATSEM (agent territorial spécialisé des écoles maternelles) ou les AESH (accompagnant d'élève en situation de handicap) peuvent accompagner la classe lors de la séance en natation scolaire. Les AESH individuels, dédiés à un élève, ne sont pas considérés comme encadrant supplémentaire. Les ATSEM et les AESH collectifs (en ULIS, unités localisées pour l'inclusion scolaire) sont considérés comme encadrants supplémentaires.

### Hygiène

L'attestation scolaire du savoir nager comprend aussi une partie « connaissances et attitudes ». Les élèves doivent :

- savoir identifier la personne responsable de la surveillance à alerter en cas de problème ;
- connaitre les règles de base liées à l'hygiène et à la sécurité dans un établissement de bain ou un espace surveillé ;
- savoir identifier les environnements et les circonstances pour lesquels la maitrise du savoir nager est adaptée.

Il s'agit donc d'institutionnaliser les savoirs dans les domaines de l'hygiène et de la sécurité et d'habituer les élèves à adopter les conduites appropriées dès les premières séances scolaires :

- le maillot de bain est revêtu dans les vestiaires ;
- le passage sous la douche et par le pédiluve est obligatoire afin de se débarrasser du maximum de bactéries avant d'aller dans le bassin ;
- en sortant, l'eau du bassin étant désinfectée et désinfectante, il n'est pas nécessaire de se laver mais plutôt de se rincer.

L'Agence régionale de santé préconise que toute personne qui se rende sur le bassin ait une tenue spécifique, propre. L'enseignant aura donc une tenue adaptée au lieu (maillot + éventuellement leggings courts et tee-shirt).

## ◆ Exemple de séance en natation scolaire avec une classe de CP

L'exemple présente une séance détaillée telle qu'un enseignant pourrait la concevoir. Pour se préparer au concours, il est conseillé au candidat de s'approprier les éléments de cette séance en utilisant une fiche mémo.

| **SÉQUENCE :** Natation scolaire avec une classe de CP<br>**SÉANCE :** 2 ou 3 (elle suppose qu'une évaluation diagnostique a déjà été faite pour déterminer 3 groupes de niveau.) |
|---|
| **DURÉE EFFECTIVE DANS L'EAU :** 40 minutes |
| **OBJECTIFS POUR L'ENSEIGNANT :**<br>Familiariser les élèves avec le milieu, leur permettre d'éprouver les sensations de portance de l'eau, de résistance lorsque l'on s'y déplace ou lorsqu'on souffle dans l'eau, déterminer des groupes selon l'aisance des élèves. |
| **COMPÉTENCES TRAVAILLÉES :**<br>Descendre dans l'eau par différents accès.<br>S'immerger la tête sous l'eau.<br>Perdre ses appuis plantaires.<br>Se déplacer le long du bord.<br>Souffler dans l'eau. |
| **MATÉRIEL :**<br>Ballons, différents objets flottants, grand tapis souple, cage, frites (au moins 20), arrosoirs, seaux, lunettes (au moins 10), perches, « chouchous » pour les cheveux de différentes couleurs, petits objets qui coulent (anneaux lestés, tissus), bacs, cerceaux, tubes ou tubas. |

### Mise en disponibilité : la douche

Se mouiller entièrement sous la douche et, en particulier la tête, le visage, les yeux.

### Situation liée à la composante « Entrer dans l'eau »

**Organisation générale :** En petite à moyenne profondeur, 7 à 8 minutes. Un adulte par atelier.

**Atelier niveau 1 : « Les marches »**

**Organisation** : Placer quelques objets flottants entre 1 et 3 m du bord. Si possible, poster un adulte dans l'eau au niveau des objets flottants.
**Consigne** : Entrer par les marches ou/et par un tapis posé sur l'eau et toucher les objets qui flottent sur l'eau.
**Simplifications** : S'assoir sur les marches, s'y allonger.
**Complexifications** : Se déplacer debout, à quatre pattes ou ramper sur le tapis.

**Atelier niveau 2 : « L'échelle »**

**Organisation** : Proche de l'échelle, installer une cage et poser des frites sur le bord et placer quelques objets flottants entre 1 et 3 m du bord.
**Consigne** : Descendre comme on veut dans l'eau : par l'échelle (en avant ou en arrière), par la cage, par le bord (en coinçant ou pas une frite sous ses bras). Lorsqu'on est dans l'eau, toucher un, deux ou trois objets flottants puis ressortir par l'échelle ou par le bord. Recommencer en choisissant une autre façon d'entrer dans l'eau.

**Atelier niveau 3 : « Le saut »**

**Organisation** : À la limite entre petite et moyenne profondeur (1,10 à 1,30 m). Placer quelques frites entre 1 et 3 m du bord. Si possible, poster un adulte dans l'eau au niveau des objets flottants.
**Consigne** : Sauter dans l'eau (en coinçant ou pas une frite sous ses bras), toucher une frite puis revenir vers l'échelle. Recommencer. Un adulte est placé dans l'eau pour accueillir l'élève.
**Complexifications :** Avec une perche, dans un cerceau, tout seul.
**Mini-bilan :** Les problèmes à résoudre : entrer dans l'eau tout en préservant sa capacité à respirer, à ressortir. On se rend compte que l'eau n'aspire pas, ne rentre pas dans le corps.

## Situation liée à la composante « s'immerger, s'équilibrer »

**Organisation générale** : En petite profondeur, 7 à 8 minutes. Un adulte par atelier.

**Atelier niveau 1 : « Se cacher »**

**Organisation** : Sur les marches ou le long du bord de la partie la moins profonde.
**Consigne** : S'arroser la tête avec un seau, un arrosoir.
**Complexification** : À deux, l'un arrose et l'autre « se cache » dans l'eau, jusqu'à ne plus recevoir de gouttes.

**Atelier niveau 2 : « Voir le chouchou »**

**Organisation** : En cercle ou regroupés dans un coin du petit bain.
**Consigne** : Mettre le visage dans l'eau pour identifier la couleur du « chouchou » disposé par adulte au bout de la perche.
**Simplification** : Avec les lunettes de piscine.
**Complexification** : Sans lunettes, par deux, l'un montre dans l'eau ses doigts levés, l'autre compte <u>dans l'eau</u>.

**Atelier niveau 3 : « Prendre le bon »**

**Organisation :** Regroupés dans une partie du petit bain, petits objets au fond, bac sur le bord le plus proche.
**Consigne** : Aller récupérer avec la main le plus possible d'objets au fond dans un temps donné.
**Variables** : Sélectionner les objets à prendre en fonction de la consigne (couleur, matière, forme).
**Mini-bilan :** Les problèmes à résoudre : *Pourquoi l'eau ne remplit pas le corps quand on met la tête sous l'eau ?* L'air qui est dans les poumons « repousse » l'eau (expérience en classe du verre renversé dans une bassine d'eau). On peut même parler sous l'eau, ouvrir la bouche sans que l'eau ne rentre dans la gorge.

## Situation liée à la composante « se déplacer »

**Organisation générale** : En petite profondeur pour les groupes de niveaux 1 et 2 qui se déplaceront parallèlement à la petite largeur, chacun dans un « couloir » matérialisé par des plots de couleur sur les bords. Pour le groupe de niveau 3, déplacement le long de la goulotte en moyenne, voire grande profondeur.

**Atelier niveau 1 : « Petits pas »**

**Organisation** : Cerceaux alignés au fond dans le couloir dédié à l'atelier. Alterner les couleurs.

**Consigne** : Sauter de cerceau en cerceau en posant seulement la pointe du pied avant de se lancer vers le cerceau suivant.

**Complexifications** : Écarter les cerceaux. Demander d'aller de plus en plus vite, s'aider des bras.

**Atelier niveau 2 : « La traversée »**

**Organisation** : Des élèves se postent à chaque extrémité du couloir, dans l'eau.

**Consigne** : Aller jusqu'au bord opposé, toucher la main du camarade qui part à son tour toucher la main de son vis-à-vis, etc. en relais jusqu'à ce que chacun ait effectué une traversée. Vérifier le temps mis sur le compte-seconde ou l'horloge murale de la piscine.

**Complexification** : Déplacer un objet avec soi.

**Mini-bilan :** Les problèmes à résoudre : *Comment faire pour être plus rapide ?* (réponse attendue : se pencher – pour se rapprocher de l'oblique –, s'aider des bras).

**Atelier niveau 3 : « La goulotte »**

**Organisation** : Le long de la goulotte, un groupe partant dans un sens, l'autre dans le sens opposé.

**Consigne :** Se déplacer en tenant la goulotte, épaules dans l'eau, menton dans l'eau. Croiser le camarade qui vient en sens inverse.

**Complexification** : Doubler un camarade.

**Mini-bilan :** Les problèmes à résoudre : *Quand on se déplace dans l'eau, où va l'eau que l'on déplace ?* Notre corps prend de la place dans l'eau. Plus il prend de la place, plus l'eau nous porte.

### Situation liée à la composante « respirer »

**Organisation générale** : En petite profondeur.

**Atelier niveau 1 : « Le tuyau »**

**Organisation** : Regroupés dans une partie du bassin.

**Consigne** : Souffler dans l'eau avec un tube, un tuyau.

**Complexification** : Faire bouger des tissus dans l'eau grâce aux bulles dégagées par le tuyau.

**Atelier niveau 2 : Souffler dans l'eau**

**Organisation** : Regroupés dans une partie du bassin.

**Consigne** : Mettre la bouche sous l'eau, faire des bulles en soufflant.

**Variable** : Faire bouger des tissus dans l'eau à l'aide des bulles émises.

**Atelier niveau 3 : Souffler longtemps**

**Organisation** : Regroupés dans une partie du bassin.

**Consigne** : Mettre la tête sous l'eau et faire des bulles sa bouche, puis son nez, tout autour de soi.

**Complexifications** : Faire bouger des tissus dans l'eau, donner un décompte de temps pour souffler avec une alternance bouche/nez (par exemple 1, 2 avec la bouche puis 3, 4 avec le nez).

**Mini-bilan :** Les problèmes à résoudre : *Pourquoi dans l'eau, on doit souffler plus fort que dans l'air pour vider ses poumons ?* L'eau est plus « compacte » que l'air : elle résiste davantage.

**Synthèse des mini-bilans**

Amener les élèves à exprimer leurs expériences. On vise les constats suivants : l'eau porte, l'eau résiste, il faut forcer pour souffler dans l'eau.
Commencer à remplir les grilles d'auto-évaluation. L'enseignant peut noter quelques constats pour mémoire.

## ◆ Questions du jury

***Comment préparer la première séance et rassurer les élèves qui sont moins à l'aise ?***

Rappeler ce qu'il faudra emporter avec soi dans le sac. C'est l'occasion de réfléchir au règlement de la structure en ce qui concerne l'hygiène et la sécurité.
Avant la première séance, une visite du lieu est l'occasion de se repérer, de rencontrer l'équipe des MNS, de rassurer les élèves. Avant chaque séance, présenter les ateliers en s'appuyant sur des photos du bassin ou des vidéos. Introduire les critères de réussite et de réalisation, éventuellement des grilles d'auto-évaluation. Recueillir les représentations des élèves, leurs questions et appréhensions éventuelles.
Présenter de courtes vidéos afin de permettre aux élèves qui ne se sont jamais rendus à la piscine de se représenter la situation. Il est possible d'aborder cette activité par le biais d'albums adaptés à l'âge des élèves[1].

***Comment tenir compte de ce milieu particulier qu'est la piscine au cours de la séance ?***

Les consignes doivent être claires et brèves car le milieu est souvent très sonore (réverbération) et l'audition n'est donc pas le canal privilégié. Les consignes seront étayées par des gestes, l'enseignant s'assurant qu'il est bien vu par tous les élèves de son groupe.
Il est préférable que les situations s'enchainent en ayant le moins possible à faire sortir les élèves de l'eau pour qu'ils ne se refroidissent pas.
Éviter les files d'attente et trop de déplacements sur le bord du bassin car les accidents se produisent souvent à ces occasions.

***Comment tenir compte de l'hétérogénéité de la classe ?***

La « mise en disponibilité » doit être courte car le créneau dans l'eau est limité. Ce sera de préférence une situation où tous les élèves sont ensemble. C'est l'aménagement de la situation qui permettra à chacun de se sentir à l'aise, quelles que soient ses compétences.
Après l'évaluation diagnostique de début de séquence, les élèves sont répartis en plusieurs groupes de niveau, en fonction du nombre d'adultes. De plus petits groupes favorisent un temps plus conséquent dans l'eau pour chaque élève et une adaptation au plus près des compétences de chacun.
Au cours de chaque séance, les quatre composantes de la natation sont travaillées en ateliers : entrer dans l'eau, s'immerger et s'équilibrer, se déplacer, placer sa respiration avec des niveaux de difficulté différents.
Après l'atelier dans une composante, un mini-bilan est proposé pour mettre en évidence les problèmes à résoudre et les solutions motrices trouvées, particulièrement ceux qui sont le moins à l'aise.

1. https://www.pedagogie1d.ac-nantes.fr/medias/fichier/albums_natation_eau_1274954645575.pdf?ID_FICHE=513027&INLINE=FALSE

À la fin des situations par niveau, lorsque les élèves seront plus à l'aise, proposer un grand jeu ou parcours ludique pour réinvestir les quatre composantes de la natation dans une situation où les actions motrices s'enchainent.

Sur Lea.fr

*Retrouvez deux questions du jury*

## 3. ROULER ET GLISSER

### ◆ Les enjeux, les transformations motrices, les savoirs et savoir-faire associés

Le cyclisme est une activité de pilotage qui suppose de maitriser son vélo dans un environnement incertain. Le cycliste doit donc accepter de prendre des risques mesurés par rapport à lui-même (il peut tomber) et à l'environnement (anticiper les comportements d'autrui). La vitesse est à la fois source de plaisir et de risque : le cycliste se doit de prévenir les risques, d'assurer sa sécurité personnelle et celle d'autrui, de se conformer à des règles... Ceci l'amènera à devenir un citoyen conducteur.

**À RETENIR**

*Le savoir rouler à vélo est une priorité nationale à l'école, au même titre que le savoir nager.*

Les tableaux dans les pages suivantes indiquent la répartition des séances en fonction du cycle concerné et des apprentissages visés.

**Organisation de la progression pour le « savoir pédaler »**

| | | | | | | |
|---|---|---|---|---|---|---|
| | **Au cycle 1 →** | | | | | |
| | **← Aux cycles 2 et 3 →** | | | | | |
| | **1 à 3 séances** | **1 à 3 séances** | **1 à 3 séances** | **1 à 3 séances** | **1 à 3 séances** | **1 à 3 séances** |
| **Les étapes de progrès** | Se familiariser avec le vélo : rechercher l'équilibre. | Oser et doser le pédalage, le freinage. | S'engager dans des courbes, supprimer des appuis. | Accélérer, décélérer, freiner. | Franchir des obstacles, s'engager sur un parcours dans la cour. | Rouler en groupe. |
| **Dominante séance** | Équilibre | Propulsion | Trajectoire<br>Propulsion | Équilibre | Propulsion | Trajectoire<br>Propulsion |
| **Connaissances et attitudes à acquérir tout au long des 3 cycles** | Utiliser les équipements de sécurité.<br>Adapter sa conduite à la nature du terrain, au partage du lieu avec d'autres utilisateurs.<br>Réaliser un parcours en groupe en milieu artificiel (piste cyclable, route peu passante) ou naturel aménagé (chemin en sous-bois...).<br>Connaitre et respecter le code de la route et les règles de la circulation en groupe.<br>Assurer sa sécurité et celle d'autrui en connaissant les « gestes qui sauvent ».<br>Anticiper les situations prévisibles ou non en maitrisant sa vitesse, sa trajectoire et son équilibre.<br>Connaitre les possibilités et les limites mécaniques de l'engin utilisé, savoir régler et entretenir son engin. | | | | | |

**Phases et transformations motrices au cours de l'apprentissage du vélo**

| | | | | | | | |
|---|---|---|---|---|---|---|---|
| | | **Au cycle 1 →** | | | | | |
| | | **← Aux cycles 2 et 3 →** | | | | | |
| | | **1 à 3 séances** | **1 à 3 séances** | **1 à 3 séances** | **1 à 3 séances** | **1 à 3 séances** | **1 à 3 séances** |
| **Composantes motrices de l'activité** | Équilibre | Stabiliser le vélo à l'arrêt et en draisienne, monter et descendre du vélo. | Garder son équilibre au moment du freinage, du démarrage. | Garder son équilibre en supprimant un appui ou dans une courbe. | S'équilibrer dans différentes conditions (courbe, vitesse réduite, obstacles). | Garder son équilibre en supprimant un appui et en franchissant un obstacle. | Garder l'équilibre en suivant un coéquipier. |
| | Trajectoire | Garder une trajectoire rectiligne en se déplaçant en draisienne. | Garder une trajectoire rectiligne lors du freinage. | Garder une trajectoire régulière, suivre une trajectoire. | Maintenir la régularité de la trajectoire en courbe, avec un obstacle. | Maintenir une trajectoire rectiligne en franchissant un obstacle. | Adapter sa trajectoire en fonction de ses coéquipiers. |
| | Propulsion | Propulser son vélo en draisienne et en patinette. | Avec un élan, maintenir la propulsion avec les pédales. | Varier sa vitesse. | Maintenir la propulsion en supprimant des appuis : vers le pédalage en « danseuse ». | Maintenir sa vitesse en franchissant un obstacle, s'aider des différents rapports. | Varier sa vitesse en fonction du groupe, freiner rapidement. |

## ◆ Règles et cadrage lors de la mise en œuvre de l'activité

### Le matériel et la tenue

Pour les premières situations, si l'école ne dispose pas de draisiennes, on peut retirer les pédales des vélos.
La taille des vélos s'exprime généralement en pouces (1 pouce = 2,54 cm). Elle indique le diamètre des roues. On peut appliquer une correspondance entre la taille de l'enfant et celle des roues.

| **Tableau de correspondance taille de l'enfant/vélo** | | |
|---|---|---|
| **Taille de l'enfant** | **Correspondance (approximative) avec un niveau de classe** | **Type de vélo**<br>**Taille des roues** |
| De 90 cm à 105 cm | PS, MS | Draisienne (vélo sans pédale) ou pédales amovibles<br>Roues de 14 pouces |
| De 105 cm à 120 cm | MS, CP | Pédales amovibles<br>Roues de 16 pouces |
| De 120 cm à 140 cm | CE1, CE2, CM1 | Roues de 20 pouces |
| De 140 cm à 155 cm | CE2, CM1, CM2 | Roues de 24 pouces |
| Au-delà de 155 cm | CM2 | Roues de 26 pouces (taille adulte) |

Il est préférable de porter des chaussures à semelles semi-rigides, des gants pour protéger les paumes de mains, un casque à code rigide correctement fixé sur la tête. Pour habituer les élèves à porter des équipements de sécurité, on peut envisager de les équiper systématiquement d'un gilet rétro-réfléchissant. Cet équipement sera indispensable pour une sortie, même à proximité sur un terrain ou un parcours sécurisé.

### Lieu

La cour, si elle est suffisamment vaste, peut être aménagée pour la pratique du vélo en cycle 1. Un terrain d'évolution proche de l'école est envisageable dès le cycle 2.

### Sorties

La sortie avec des élèves de cycle 2 ne peut avoir lieu que dans un cadre très sécurisé. À partir du CE2, on peut proposer d'aller, avec un accompagnement renforcé, sur des chemins peu fréquentés, des pistes aménagées, des voies à faible circulation. Cependant, la sortie sur route est plutôt réservée au cycle 3. Avant d'organiser une sortie, vérifier les conditions de sécurité requises (équipement, encadrement...)[1].

1. http://www.sportsdenature.gouv.fr/cyclisme-et-cyclotourisme/reglementation/encadrement-de-l-activite

## ◆ Exemple de séance à vélo avec une classe de CE1

L'exemple présente une séance détaillée telle qu'un enseignant pourrait la concevoir. Pour se préparer au concours, il est conseillé au candidat de s'approprier les éléments de cette séance en utilisant une fiche mémo.

| **SÉQUENCE :** À vélo avec une classe de CE1<br>**SÉANCE :** 3 |
|---|
| **DURÉE :** 60 minutes |
| **OBJECTIFS DE L'ENSEIGNANT :**<br>Rendre les élèves capables d'oser et doser le pédalage et le freinage, c'est-à-dire perdre petit à petit les appuis plantaires, s'engager dans le pédalage, assurer sa sécurité en utilisant le freinage. |
| **COMPÉTENCES TRAVAILLÉES :**<br>**Domaine de l'équilibre :** garder son équilibre au moment du freinage, du démarrage.<br>**Domaine de la trajectoire :** garder une trajectoire rectiligne lors du freinage.<br>**Domaine de la propulsion :** profiter d'un élan avec appuis des pieds pour mettre les pieds sur les pédales et engager un maintien de la propulsion avec les pédales, doser son pédalage, atteindre rapidement sa vitesse maximale - réduire sa vitesse sur une distance donnée. |
| **MATÉRIEL :**<br>12 vélos au minimum avec la selle abaissée de façon à ce que les pieds puissent bien toucher le sol. Veiller à ce que les vélos soient d'abord tous réglés sur le même pignon et plateau. Plots-assiette pour déterminer les couloirs. Plots de plusieurs couleurs pour marquer les zones. |

### Prise en main de la classe dans l'espace aménagé

Mettre les gants. Installer le matériel et vérifier la hauteur des selles. Vérifier à deux les casques. Rappel de la séance précédente.

### Une mise en disponibilité : travail sur la propulsion

**Organisation :** Partager l'espace en plusieurs couloirs de 1,50 m de large. Les élèves participent à la mise en place des plots (aligner en visant les deux premiers installés par l'enseignant).

#### Élan et pédalage

Les couloirs sont partagés en deux zones : 10 m pour l'élan puis 10 zones de 2 m.
**Déroulement :** Par vagues, les élèves partent assis sur la selle, les deux pieds à plat de part et d'autre du cadre. Prendre de l'élan en poussant avec ses deux pieds en alternance dans la zone d'élan puis conserver sa vitesse le plus loin possible en pédalant.
**Critères de réussite** : Atteinte de la zone la plus éloignée en pédalant après une prise d'élan dans la zone réservée.
**Conseils** : Positionner les pédales de façon à ce qu'elles gênent le moins possible les appuis des pieds.
**Variantes :** Idem mais avec un départ poussé par un camarade lors des 10 premiers mètres.

Si le terrain le permet, possibilité de commencer par un départ en descente.
**Simplification** : Même exercice avec une draisienne et ne pas pédaler mais chercher à s'équilibrer le plus loin possible.

**Plus ou moins vite pour les plus à l'aise**

Les couloirs sont partagés en six zones : 2 m pour l'élan puis quatre zones de 10 m et une zone de 8 m. Prévoir une zone de contournement pour revenir au départ.
**Déroulement :** Départ par vagues de cinq. Les cinq élèves suivants poussent le vélo à l'arrière sur 2 m. Entretenir la vitesse obtenue en pédalant dans la zone 1, augmenter la vitesse en pédalant dans la zone 2, pédaler doucement dans la zone 3 et reprendre le pédalage dans la zone 4 pour arriver le plus rapidement possible en zone 5 où l'élève dispose de 8 m pour réduire sa vitesse sans s'arrêter en utilisant les freins.
**Critères de réussite** : Varier son rythme de pédalage.
**Complexifications** : Reprendre plusieurs fois la situation avec des réglages différents de la chaine du vélo pour constater l'impact de ces changements de rapport.

### Deux situations avec des départs par vagues de six élèves

**Situation 1 : Le freinage à temps**

**Organisation :** Départ par vagues. Ménager un nombre pair de couloirs de 80 m de long et 1,50 m de large. Entre les couloirs, disposer un plot à 20 m du départ puis un plot 40 m plus loin. Le couloir de retour au départ est signalé par quelques plots de couleur différente.
**Déroulement :** Au signal, pédaler pour atteindre une vitesse maximum au premier plot, maintenir sa vitesse puis freiner au deuxième plot pour s'arrêter avant la fin du parcours. Revenir au point de départ en roulant dans le couloir de droite. Recommencer trois fois en cherchant à enchainer les trois passages le plus rapidement possible.
**Critères de réussite** : Réaliser l'enchainement des trois parcours de plus en plus rapidement. S'arrêter dans la zone en restant en ligne. Freiner sans bloquer les roues.
**Conseils** : Regarder la zone à atteindre. Utiliser les deux freins simultanément.
**Complexifications** : Réduire la zone de freinage de 20 m à 10 m.
**Simplification** : Faire l'exercice en se propulsant avec les pieds en draisienne puis freiner pour s'arrêter.

**Situation 2 : Le pied dans la mare**

**Organisation :** Départ par vagues de six élèves. La deuxième vague part quand la précédente quitte le deuxième cerceau. Ménager six couloirs de 40 m de long et de 1,50 m de large. Disposer trois cerceaux espacés de 10 m dans la partie gauche du couloir. Prévoir en fin de parcours une zone pour rejoindre le couloir de retour.
**Déroulement :** Se placer à gauche de son vélo, monter et rouler. S'arrêter en posant le pied gauche dans chaque cerceau et démarrer ensuite. Revenir au point de départ en roulant en empruntant le couloir prévu.
**Critères de réussite** : Arrêt net et pied posé à plat au centre du cerceau. Démarrage en ligne droite en appuyant suffisamment sur la pédale.
**Conseils** : Au départ, faire remonter la manivelle pour appuyer plus efficacement sur la pédale. Réduire le développement et l'effort en mettant la chaine sur un pignon arrière plus grand.
**Complexifications** : Pour les élèves plus à l'aise : réduire la taille du pignon arrière.

### Bilan et retour au calme

Des questions de ce type peuvent être posées : *Qu'est-ce qui a été réussi dans la situation 1 ? Qu'est ce qui rendait la situation 2 plus difficile, pourquoi ?*
Rangement des vélos, des casques et des gants.
**Stockage** : Comme il est essentiel que les élèves puissent participer au rangement des vélos, on veillera à une bonne accessibilité. Veiller également à être modélisant dans la façon d'en prendre soin (nettoyage après une sortie, manipulation délicate).

## ◆ Questions du jury

***Comment s'assurer que les élèves s'équipent correctement (en particulier avec le casque) et sachent ranger leur matériel ?***
Le moment de l'équipement sera ritualisé (se déroulera toujours de la même façon) afin que les élèves soient suffisamment concentrés pour ne rien oublier et que la manipulation se déroule dans le calme. Lorsque les élèves sont assez autonomes, l'enseignant peut mettre à profit ce temps pour commencer à organiser les tracés dans la cour. On peut proposer que les élèves soient en binômes afin de s'aider et de se contrôler mutuellement.

***Comment s'assurer que les élèves aient suffisamment de temps pour s'entrainer en fonction de leurs besoins ?***
Chaque séance comporte deux ou trois situations portant spécifiquement sur une composante de la maitrise du vélo (équilibre, propulsion ou trajectoire). Cela pourrait être comparé aux gammes qui préparent à jouer d'un instrument. La compétence visée est ciblée, facilement auto-évaluable. Des complexifications permettent à tous les élèves d'explorer à leur niveau. Il convient, pour ces situations, de laisser les élèves tenter différentes façons de faire pour trouver celle qui leur semble mieux convenir.
Si l'espace le permet, ces situations peuvent être installées en parallèle sur le terrain avec un « meneur » qui changera régulièrement.

***À quel moment mettre les élèves dans des situations plus proches de la « réalité du cycliste » ?***
Deux ou trois situations plus complètes sont proposées aux élèves. Elles combinent souvent la compétence « phare » de la séance avec les deux autres compétences liées à la maitrise du vélo (s'équilibrer, contrôler sa trajectoire, se propulser). Ces situations étant plus complexes, elles nécessitent que l'enseignant commente ensuite avec les élèves les réussites et les difficultés. Ce temps de bilan durera quelques minutes et pourra être repris en classe, plus tard. Une première amorce doit cependant être faite à chaud, lorsque les élèves ont bien en tête leurs expériences motrices.

Sur Lea.fr

***Retrouvez une autre question du jury***

# CHAMP 3 : S'EXPRIMER DEVANT LES AUTRES PAR UNE PRESTATION ARTISTIQUE OU ACROBATIQUE

Lors de l'épreuve, le candidat doit choisir un champ d'apprentissage et une activité physique support. Si son choix se porte sur le champ 3, il lui faut être vigilant quant à la formulation, selon que le contexte d'enseignement soit à la maternelle (« communiquer avec les autres au travers d'actions à visée expressive ou artistique ») ou en élémentaire (« s'exprimer devant les autres par une prestation artistique ou acrobatique »). Dans son exposé, le candidat doit clairement dire pourquoi il a retenu ce champ. Un des arguments majeurs est la mobilisation du pouvoir expressif du corps avec, en élémentaire, la recherche du spectaculaire.

## 1. DANSER

### ◆ Les enjeux, les transformations motrices, les savoirs et savoir-être associés

Dans les activités de danse, l'élève passe d'une gestuelle ordinaire à une gestuelle inhabituelle. Il découvre l'effet des variations d'espace, de temps et d'énergie sur les mouvements qu'il produit. L'enfant s'implique en groupe dans un projet lisible par des spectateurs, recherche l'originalité plutôt que l'imitation. Peu à peu, il utilise ses découvertes fortuites dans une chorégraphie organisée, répondant à une intention.
La danse créative à l'école amène l'élève à :

- construire un répertoire moteur de plus en plus diversifié ;
- synchroniser ses actions avec celles de ses partenaires ;
- mémoriser une séquence gestuelle ;
- accepter de montrer sa production aux autres.

| Progressivité des compétences motrices, des savoirs et savoir-être développés en danse | | | | | | | | | |
|---|---|---|---|---|---|---|---|---|---|
| | Cycle 1 | | | Cycle 2 | | | Cycle 3 | | |
| | PS | MS | GS | CP | CE1 | CE2 | CM1 | CM2 | 6e |
| Corps | Prend conscience et dissocie différents segments de son corps. | | | | | | | | |
| | | Dissocie les différents segments du corps dans les déplacements. | | | | | | | |
| | Utilise un objet comme inducteur de mouvement. | | | | | | | | |
| | Transforme sa gestuelle en la grandissant, en la « tordant », avec différentes contraintes d'espace. | | | | | | | | |
| | | Transforme sa gestuelle en la ralentissant, en l'accélérant, avec différentes contraintes de temps. | | | | | | | |
| | Construit un répertoire diversifié de gestes dansés. | | | | | | | | |

<table>
<tr><th colspan="10">Progressivité des compétences motrices, des savoirs et savoir-être développés en danse</th></tr>
<tr><td rowspan="8">Exploration du mouvement</td><td>PS</td><td>MS</td><td>GS</td><td>CP</td><td>CE1</td><td>CE2</td><td>CM1</td><td>CM2</td><td>6e</td></tr>
<tr><td colspan="9">Se déplace de différentes façons.</td></tr>
<tr><td></td><td colspan="8">Perçoit l'immobilité comme faisant partie de la danse.</td></tr>
<tr><td></td><td colspan="8">Perçoit puis crée des contrastes dans la gestuelle (mouvement / immobilité, tonicité/mollesse, grand/resserré…).</td></tr>
<tr><td></td><td></td><td colspan="7">Identifie et applique simultanément les différentes composantes du mouvement (temps, espace, énergie, rapport aux autres).</td></tr>
<tr><td colspan="9">Prend conscience des rapports entre musique et danse.</td></tr>
<tr><td></td><td colspan="8">S'empare d'une image mentale pour la transformer en mouvement (image inductrice de mouvement).</td></tr>
<tr><td></td><td></td><td></td><td colspan="6">S'approprie une démarche de création.</td></tr>
<tr><td rowspan="7">Structuration</td><td>PS</td><td>MS</td><td>GS</td><td>CP</td><td>CE1</td><td>CE2</td><td>CM1</td><td>CM2</td><td>6e</td></tr>
<tr><td colspan="9">Mémorise un enchainement de quelques gestes à partir d'un scénario.</td></tr>
<tr><td></td><td colspan="8">Établit des repères communs au groupe de danseurs.</td></tr>
<tr><td></td><td></td><td colspan="7">Organise le déroulé dans le temps et l'espace de la composition.</td></tr>
<tr><td></td><td colspan="8">Passe de la production qui répond à une consigne à la chorégraphie qui répond à une intention.</td></tr>
<tr><td></td><td></td><td colspan="7">Mémorise une production chorégraphique avec plusieurs phases.</td></tr>
<tr><td></td><td></td><td></td><td colspan="6">Organise différents éléments chorégraphiques avec une intention.</td></tr>
<tr><td rowspan="4">Relation aux autres</td><td>PS</td><td>MS</td><td>GS</td><td>CP</td><td>CE1</td><td>CE2</td><td>CM1</td><td>CM2</td><td>6e</td></tr>
<tr><td colspan="9">Dans un petit groupe, tient compte des déplacements de chacun.</td></tr>
<tr><td colspan="9">Établit un contact en binôme et le conserve tout en se déplaçant.</td></tr>
<tr><td></td><td></td><td colspan="7">Observe les autres pour faire de l'autre un repère dans sa gestuelle.<br>Utilise différents sens pour percevoir la relation à l'autre.</td></tr>
</table>

**Progressivité des compétences motrices, des savoirs et savoir-être développés en danse**

| | PS | MS | GS | CP | CE1 | CE2 | CM1 | CM2 | 6^e^ |
|---|---|---|---|---|---|---|---|---|---|
| Communication, objectivation | Ose montrer une gestuelle différente. | | | | | | | | |
| | | | Montre sa production en groupe et accepte de la modifier. | | | | | | |
| | | Endosse le rôle de danseur, observateur ou spectateur. | | | | | | | |
| | | | Endosse le rôle de chorégraphe. | | | | | | |
| | | Observe une production et valider des critères. | | | | | | | |

## ◆ Règles et cadrage pour la mise en œuvre de l'activité

### Matériel

Il n'y a pas de matériel spécifique pour la danse en dehors des inducteurs que l'enseignant choisit de mettre à disposition des élèves. Une source musicale est cependant nécessaire avec, si possible, une télécommande. Les élèves devront avoir une tenue confortable. La danse se pratique plutôt pieds nus ou en chaussettes si le sol de la salle n'est pas glissant.

### Place de l'inducteur

L'inducteur, en danse, peut être un objet, une musique, une image, une forme... tout élément qui permet de générer des mouvements. Les mouvements sont d'abord habituels, communs et assez narratifs pour devenir peu à peu des mouvements dansés : de plus en plus stylisés, inhabituels, transformés par des intentions. C'est par le jeu des contraintes appliquées aux mouvements de danse (contraintes d'espace, de temps, d'énergie, de rapport aux autres) que les mouvements s'enrichiront. N'importe quel mouvement peut devenir de la danse, à partir du moment où il y a une intention.

### Lieu

L'enseignant délimite un espace qui sera le « plateau de danse » avec, de part et d'autre, une zone neutre où les élèves se placeront pour être observateurs et devant, une zone neutre où les élèves se placeront pour être spectateurs.

### Sécurité

L'enseignant veille à garantir un climat suffisamment serein pour éviter tout incident. Le rituel de début et de fin, la constitution de groupes, l'alternance des temps de recherche, de production et d'observation participent à la régulation du groupe.

## ◆ Exemple de séance en danse créative avec une classe de Moyenne Section

L'exemple présente une séance détaillée telle qu'un enseignant pourrait la concevoir. Pour se préparer au concours, il est conseillé au candidat de s'approprier les éléments de cette séance en utilisant une fiche mémo.

| **SÉQUENCE :** Danse en Moyenne Section<br>**SÉANCES :** 1, 2 et 3 |
|---|
| **DURÉE :** 40 minutes |
| **OBJECTIF POUR L'ENSEIGNANT :**<br>Faire « entrer en danse » les élèves en les amenant à passer de gestes du quotidien (fonctionnels) à des gestes comprenant une intention expressive. |
| **COMPÉTENCES TRAVAILLÉES :**<br>Mobiliser une partie du corps en dissociation d'une autre.<br>Faire évoluer son mouvement en y appliquant des composantes de temps, d'espace, d'énergie.<br>Mémoriser une suite de mouvements et de déplacements ; se repérer dans l'espace de danse.<br>Tenir compte de l'autre dans l'espace de danse. |
| **MATÉRIEL :**<br>1 morceau de tissu par danseur (le « doudou »), autant de cerceaux que de danseurs, 1 tissu opaque de 3 × 1 m (type drap plié en deux), source sonore, enceinte, 2 types de musiques (une musique calme, par exemple *La Petite Fille de la mer* de Vangelis ; une musique rythmée, par exemple *Butterfly* de Talvin Singh), tapis ou lattes pour délimiter l'espace. |

### Organisation générale de la salle

Délimiter deux espaces dans la salle : un espace de danse (le plus vaste, au centre) et un espace pour observer/être spectateur, défini par des tapis disposés autour ou de part et d'autre de l'espace de danse.

### Deux situations de mise en disponibilité

**Organisation pour la mise en disponibilité**

Sans musique, les élèves et l'enseignant commencent en cercle. L'enseignant fait les mouvements avec les élèves. Lorsque les élèves sont engagés, l'enseignant peut se mettre légèrement et provisoirement en retrait pour observer les réponses des élèves.

**Situation 1 : « La toilette »**

**Consignes :** *Sur place, je fais ma toilette : je savonne ma main gauche puis mon bras, mon épaule, mon cou...* Nommer les différentes parties du corps en allant du haut vers le bas et en terminant par les pieds. *Je rince ma main...* Mimer le pommeau de douche sur le corps. *Je me sèche avec la serviette...* Mimer le passage de la serviette tenue à une ou deux mains derrière et devant le corps, autour des jambes, des pieds.

**Situation 2 : « Gonflé/dégonflé »**

**Consignes :** Sur place, se gonfler, se dégonfler. Lorsque les élèves ont expérimenté plusieurs fois le mouvement en y associant la respiration, donner des images pour accentuer le mouvement : se gonfler en montant les bras comme pour toucher le plafond et se dégonfler complètement en arrivant jusqu'au sol, tout plat... Puis recommencer 3 fois ; se gonfler très lentement/se dégonfler rapidement, en deux étapes/d'un seul coup ; le faire ensemble en se regardant deux par deux avec son voisin de droite.

Introduire le déplacement dans tout l'espace de danse : *Je me déplace lentement en me gonflant, je m'arrête pour me dégonfler complètement jusqu'au sol puis je me relève et repars.*

### Exploration gestuelle en lien avec un inducteur : le « doudou »

**Phase 1 : Découverte de l'inducteur et exploration du mouvement**

**Organisation 1 :** Tout le groupe, dans tout l'espace de danse. Au milieu de l'espace de danse, déposer les tissus/doudous sur le pourtour d'un rectangle de 2 à 3 m par 1 m, matérialisé par un drap. Utiliser la musique calme.

**Consigne 1 :** Choisir un doudou sur le drap et lui faire découvrir l'espace de danse en le promenant avec soi, jusqu'à ce que la musique s'arrête. À l'arrêt, s'asseoir avec le doudou.

**Relance 1 :** Pour permettre aux élèves de s'approprier le doudou et investir tout l'espace de danse, dans ses différentes dimensions (haut, bas, sol...), promener le doudou en le berçant, en le faisant circuler autour de son corps, en le faisant aller en avant, en arrière, en l'air, au ras du sol...

**Relance 2 :** Reprendre la consigne 1 enrichie de la relance 1 avec la musique rythmée.

**Mini-bilan :** Interroger les élèves : *Comment la musique change-t-elle votre façon de vous déplacer avec votre doudou ?*

**Consigne 2 :** Se déplacer dans tout l'espace de danse avec son doudou et, avant la fin de la musique (calme), lui trouver une place dans l'espace de danse (y compris sur le drap) pour se reposer, lui dire au revoir et se retirer au bord de l'espace de danse. Trouver une position immobile pour observer le doudou.

**Relance 1 :** Pour faire varier les déplacements avec puis sans le doudou, faire tester différentes situations : marcher sur un sol brulant, glissant, dans le vent fort, comme une feuille qui s'envole, en marche arrière, en tournant...

**Relances 2 et 3 :** Trouver différentes façons de quitter son doudou (triste, en colère, doux, joueur...), trouver des positions bizarres pour rester immobile (en statue avec les yeux fixés sur le doudou).

**Organisation 2 :** Séparer la classe en deux groupes qui alterneront : danseurs et spectateurs. Pour gagner du temps, on peut constituer les groupes selon la couleur du doudou choisi.

**Consigne aux danseurs :** Reprendre la consigne 2 de l'organisation 1 en choisissant une façon de quitter le doudou et une position immobile à la fin de la musique.

**Consigne aux observateurs :** Observer la circulation du danseur dans tout l'espace de danse, comment le danseur tient le doudou pour se déplacer, comment il le quitte, la position immobile. Faire passer deux fois chaque groupe en changeant de musique pour que chacun ait pu expérimenter la musique calme et la musique avec des ruptures.

**Mini-bilan :** Faire s'exprimer les élèves à propos de ces observations guidées. Demander à ceux qui le veulent de montrer ce qu'ils ont fait ou les mouvements repérés chez d'autres.
**Reprise de la consigne 2 enrichie par le bilan :** *Utiliser les bonnes idées que nous avons montrées pour changer le déplacement, l'adieu, la statue au bord de l'espace de danse.*

**Phase 2 : Tenir compte de l'autre dans l'espace, interagir avec les autres**

**Organisation :** Autant de cerceaux que de danseurs répartis dans tout l'espace de danse. Utiliser la musique calme puis la musique rythmée.
**Consigne 1 :** Sans musique. Reprendre le déplacement dans tout l'espace de danse (sans marcher dans les cerceaux) avec le doudou (penser à toutes les façons de se déplacer). Lorsque l'on croise un autre doudou, trouver une façon silencieuse de lui dire bonjour.
**Consigne 2 :** En musique. Aller déposer son doudou dans un cerceau, faire la « danse de l'adieu », puis retrouver sa position de statue sur le bord de l'espace de danse. Lorsque tout le monde est en position de statue, faire fondre sa statue jusqu'au sol. Proposer de reprendre plusieurs fois la même situation en changeant de musique.
**Consigne 3 :** À partir de la position au sol, se déplacer pour se retrouver à deux. Lorsque l'on est à deux, reprendre sa statue immobile avec un point de contact.
**Consigne 4 :** Enchainer les consignes 1, 2 et 3. L'arrivée de la musique est le signal qui indique le passage à la consigne 2. Le signal de passage à la consigne 3 est le fait que toutes les statues soient fondues au sol. Proposer d'abord la situation en groupe entier puis scinder la classe en deux groupes de binômes qui alterneront : danseurs et observateurs. L'observation portera sur la qualité des « bonjours » et sur le respect des signaux « tous en statues » et « tous au sol » pour passer à la consigne suivante.
**Mini-bilan** puis reprise de la consigne 4 enrichie par le bilan.

**Phase 3 : Enrichir puis mémoriser un enchainement dansé**

**Organisation :** Reprendre les binômes de danseurs constitués lors de la phase 2. Commencer séparés, répartis dans tout l'espace de danse. Utiliser la musique calme puis la musique rythmée. Drap au centre de l'espace avec tous les doudous déposés dessus.
**Consigne 1 :** Aller chercher le doudou de son binôme sur le drap. Se déplacer à la recherche de son binôme et chercher différentes façons de s'échanger les doudous. Continuer la promenade avec son doudou. Penser à toutes les façons de se déplacer déjà vues.
**Consigne 2 :** Reprendre la consigne 1 en la complexifiant. Après avoir échangé les doudous, reprendre la position des deux statues avec un point de contact. Changer 3 fois de point de contact avant de partir en promenade avec son doudou.
**Consigne 3 :** Reprendre l'enchainement trouvé à la fin de la phase 2 : se déplacer, se dire bonjour, déposer le doudou, danser l'adieu, se positionner en statue, faire fondre sa statue, se retrouver en binômes).
**Consigne 3 bis :** enchainer la situation de la consigne 1 enrichie à l'enchainement de la phase 2. Proposer d'abord la situation en groupe entier puis scinder la classe en deux groupes de binômes qui alterneront : danseurs et observateurs. L'observation portera sur la qualité des statues en binôme, la diversité des « bonjours » et sur le respect des signaux qui marquent le passage au mouvement suivant.
**Bilan :** Faire s'exprimer les élèves à propos de ces observations guidées. Demander à ceux qui le veulent de montrer ce qu'ils ont fait ou les mouvements repérés chez d'autres.

## ◆ Questions du jury

***Quelle est la place de la musique en danse ?***

Les situations de danse peuvent être mises en place avec et sans musique. Sans musique, les élèves sont amenés à être davantage attentifs aux interactions avec les autres, aux signaux corporels qui indiquent un changement, une adaptation à mettre en place. La musique induit facilement des réponses motrices chez les élèves, il est donc préférable de ne pas en utiliser lors de la phase d'exploration et de recherche. Lorsque l'on propose de la musique, il est préférable qu'elle constitue une ouverture pour les élèves et diffère de ce qu'ils ont l'habitude d'entendre. Les musiques de film peuvent être porteuses d'ambiances marquées, très inductrices : elles peuvent être utilisées avec un groupe très réticent à danser. En danse contemporaine, on considère que la musique peut générer le mouvement ou, au contraire, que le mouvement provoque la musique. C'est une exploration qui peut être menée aussi avec les élèves, de retour en classe, avec les vidéos faites en salle de danse. On peut également utiliser, voire fabriquer des bandes sonores en accompagnement de la danse créée (par exemple : danser sur des bruits de la rue, des sons de la nature, s'accompagner de percussions corporelles... La danse elle-même produit des sons qui peuvent être enregistrés : souffle, sauts, claquements, raclements...).

***Que faire lorsque l'on constate que les mouvements sont stéréotypés ?***

On peut faire évoluer le mouvement en y appliquant des contraintes de temps (lentement/rapidement/de façon saccadée), d'espace (en se grandissant/en occupant le moins d'espace possible/en se déplaçant/en restant sur place), ou de relation aux autres (faire à deux, l'un après l'autre ou tous ensemble). À travers les mots utilisés, on génère des images mentales qui influent sur l'intention et donc sur l'énergie du mouvement : par exemple, « dégonfler » devient « fondre, dégouliner, s'effondrer, se démonter, s'écrouler, se casser ». La contrainte amène à trouver de nouvelles réponses motrices et à s'écarter du geste modèle.

Pour se détacher du mime, on amènera peu à peu les élèves à styliser leur mouvement pour aller vers les limites de l'imagination. Le mime n'est pas à rejeter : c'est une étape qui peut être nécessaire pour certains élèves.

***Comment engager tous les élèves, même les plus réservés ?***

Les situations de mise en disponibilité permettent de commencer à faire entrer les enfants dans le mouvement de façon sereine. Le cercle, dans lequel l'enseignant veillera à s'impliquer, est une disposition porteuse car elle favorise l'autorégulation. Cependant, il faudra sortir des exercices de « mise en disponibilité » pour faire entrer les élèves dans un processus de création : ils sont invités à essayer, observer, faire varier, choisir, explorer à nouveau... L'entrée en danse par le biais d'une histoire peut favoriser l'engagement de tous les élèves. Le travail en binôme ou en petits groupes d'affinité permet aussi de rassurer les plus réservés. Il est possible de définir un espace de danse et un espace de pause où chacun pourra se retirer quelques instants pour observer les autres danser et ressourcer son mouvement.

Sur Lea.fr

*Retrouvez cinq autres questions du jury*

## 2. ACTIVITÉS GYMNIQUES

### ◆ Les enjeux, les transformations motrices, les savoirs et savoir-faire associés

La gymnastique permet à l'enfant de produire des formes corporelles inhabituelles, d'accepter de prendre des risques qu'il va maitriser, de diversifier et enrichir ses modes de communication. L'élève ose réaliser des enchainements simples, accepte d'être vu et jugé, en référence à un code.

L'élève réalise des actions de plus en plus tournées et renversées, de plus en plus aériennes, de plus en plus manuelles, de plus en plus coordonnées. Notamment, il est amené à :

- rouler : rotations avant, latérales, au sol ou à partir de supports surélevés, à partir d'appuis manuels, sur soi-même, debout ou au sol ;
- se déplacer, s'équilibrer : au sol ou en hauteur (poutre) sur différents appuis (pieds à plat ou demi-pointe, mains, tibia...), en combinant des actions ;
- sauter, voler : quitter momentanément tout appui en recherchant l'amplitude du mouvement, l'allongement, sur les mains et/ou les pieds, en avant, en arrière, latéralement, en tournant ;
- se renverser : tête en bas à partir d'appuis manuels, au sol ou sur plan incliné, en franchissant des obstacles ;
- se suspendre : pour franchir un espace à partir de cordes, d'anneaux, de barres hautes ou basses ;
- tourner : sur soi-même à partir de cordes, anneaux, barres hautes ou basses.

| Phases et transformations motrices au cours des apprentissages en gymnastique | | | |
|---|---|---|---|
| | **Cycle 1** | **Cycle 2** | **Cycle 3** |
| **Rouler** | Roule en avant sur un plan incliné puis à plat, arrivée assis. | Roule en avant à plat, arrivée accroupie. Roule en arrière sur un plan incliné, arrivée à genoux. | À plat, roulade avant, arrivée debout. Roule en arrière, arrivée accroupie. Roulade avant après une prise d'élan. |
| **Se déplacer en équilibre sur la poutre** | Se déplace en avant, regarde au loin. S'équilibre avec les bras. | Se déplace en avant et en arrière. Franchit des obstacles. Fait un demi-tour. | Tient un équilibre sur un pied et en demi-pointe. Se déplace à différentes hauteurs. Effectue des sauts. |
| **Voler Sauter** | Saute en contre-haut, arrivée sur les genoux. Saute en contrebas, arrivée jambes fléchies dans un cerceau. | Saute en contre-haut, arrivée accroupi. Saute en contrebas avec élan vers le haut. | Saute en contrebas, effectue une figure en l'air (demi-tour), arrivée équilibrée dans un cerceau. |

| | | | |
|---|---|---|---|
| **Se renverser pour s'équilibrer sur les mains** | Se renverse les mains en contrebas. Garde les bras tendus.<br>Monte à l'appui renversé sur les mains en gardant une seule jambe en appui. | Conserve 3 secondes un appui renversé sur les mains contre un mur ou un tapis. | Conserve 3 secondes un appui renversé sur les mains sans aide. |
| **Se suspendre** | Se suspend 3 secondes par les bras sans lâcher les mains. | Se balance pour franchir un espace. | Se suspend et se renverse vers l'avant et vers l'arrière. |
| **Tourner** | Tourne vers l'avant autour d'une barre. Pose les pieds au sol sans se laisser tomber. | Tourne vers l'arrière autour d'une barre. Pose les pieds au sol sans se laisser tomber.<br>Enchaine culbute avant et culbute arrière. | Tourne vers l'arrière sur une barre basse en passant les jambes entre les bras. |
| **Enchainement d'actions** | Enchaine 3 à 4 actions en fonction de l'installation. | Enchaine 4 à 5 actions de façon organisée, avec 1 ou 2 changements de direction. Début et fin marqués. | Enchaine au moins 5 actions de façon fluide en les organisant pour produire des effets de contraste de temps et d'espace. |
| **Prise en compte des spectateurs** | Recherche le mouvement « bien fait ». | Se place par rapport au spectateur, cherche à mettre en valeur ses réussites. | Recherche l'esthétique de la présentation tout en respectant les codes décidés en amont. |

## ◆ Règles et cadrage pour la mise en œuvre de l'activité

### Matériel

En dehors de la présence de tapis, la pratique de la gymnastique n'exige pas forcément un lourd matériel spécifique. Cependant, il est préférable de pouvoir disposer d'au moins quelques agrès. L'installation et la désinstallation sont d'abord assurées par l'enseignant, éventuellement aidé des élèves puis, au cours des séances, les élèves seront dirigés vers une autonomie de plus en plus importante pour l'installation du matériel (plan des ateliers, nom des agrès, protocole de transport à plusieurs des objets lourds).

### Sécurité

La sécurité dépend d'un ensemble de facteurs et de vigilance.

### Espaces de travail

Les espaces de travail doivent être limités et orientés de manière à ce qu'il n'y ait aucun obstacle proche d'un déplacement (mur, poteau, porte...). Entre les espaces de travail, les zones d'évolution doivent être suffisamment larges pour permettre une bonne circulation lors des rotations. L'enseignant doit donner un sens de rotation et veiller à ce que les situations proposées ne provoquent pas d'encombrement à certains endroits.

### Sol

Le sol doit être recouvert d'une surface de tapis en mousse avec un minimum de 3 à 4 cm d'épaisseur. L'enseignant veille à ce qu'il n'y ait aucun espace entre les tapis.
Les tapis des zones de réception sur les pieds ne doivent être ni trop épais ni trop mous car cela favorise la torsion des chevilles.

### Tenue vestimentaire

La tenue vestimentaire doit être confortable. Les enfants doivent être pieds nus, éventuellement en chaussettes ou chaussés de chaussons de gymnastique. Pas de baskets. Les cheveux longs sont attachés avec un élastique (pas de barrette).

### La place de l'adulte

L'enseignant est présent sur l'atelier le plus « à risque » tout en gardant le groupe classe dans son champ visuel. L'enseignant veille à différencier les consignes pour adapter au niveau des élèves sur une même situation.

### L'appropriation des règles d'or

Bien rappeler les règles d'or à chaque séance : agir chacun son tour, attendre que son camarade ait quitté la surface d'action pour s'engager. Apprentissage de la notion d'aide et de parade, gestes à construire avec l'enseignant au cours des séances.

**CONSEIL**

*Pour que l'élève tire parti de ces séances, l'enseignant doit veiller à :*

- *une utilisation maximale de l'aménagement du milieu pour que l'élève ait le temps de trouver des solutions aux problèmes posés;*
- *une sécurisation du milieu pour que l'élève ose prendre des risques;*
- *des situations d'apprentissage progressives et un temps de verbalisation pour que l'élève maitrise le risque;*
- *des consignes claires, une description précise des buts, des dessins et fiches présentes sur l'atelier pour que l'élève s'auto-évalue et constate ses progrès;*
- *un temps de présentations mutuelles lors de chaque séance, éventuellement à plusieurs de façon à gagner du temps et à rendre plus aisé le passage des enfants plus réservés.*

## ◆ Exemple de séance en activités gymniques avec une classe de CE1

L'exemple présente une séance détaillée telle qu'un enseignant pourrait la concevoir. Pour se préparer au concours, il est conseillé au candidat de s'approprier les éléments de cette séance en utilisant une fiche mémo.

| **SÉQUENCE :** Gymnastique au CE1<br>**SÉANCE :** 3 |
|---|
| **DURÉE :** 50 minutes |
| **OBJECTIFS POUR L'ENSEIGNANT :**<br>Poser un cadre (consignes, règles d'or) pour permettre aux élèves d'agir de façon organisée et d'explorer en toute sécurité.<br>Permettre aux élèves d'apprécier leur niveau de pratique dans les différentes actions. |
| **COMPÉTENCES TRAVAILLÉES :**<br>Se renverser en appuis manuels.<br>Se renverser en chandelle, maintenir quelques secondes.<br>Se suspendre à partir d'une barre basse.<br>Rouler en avant sur un plan incliné.<br>Rouler en partant depuis un banc. |
| **MATÉRIEL :**<br>Poutre, barre basse, 10 cerceaux, 2 plinths, trampoline, banc, plot en mousse, tapis de gymnastique (4 cm et 2 cm d'épaisseur), papier, ruban adhésif, marqueurs, craies, 2 cordelettes de 1 m, foulards, plots coniques. |

### Situation de mise en disponibilité

Demander aux élèves de se remémorer quelques situations de la séance précédente.
Choisir des exercices en lien avec le déplacement, le gainage et l'équilibre, le renversement, la mobilisation articulaire dans une routine d'échauffement (*cf.* questions du jury ci-après).

### Six ateliers tournants pour 4 actions : se déplacer en équilibre, se renverser, se suspendre, rouler

**Organisation générale**

Rotation toutes les 5 à 6 minutes

Rappeler les consignes de sécurité. Veiller à rassurer chaque élève, à assurer des parades efficaces (saut en arrière depuis la poutre : protéger l'extrémité de la poutre) et à valoriser les réussites. Ne pas forcer un élève qui ne souhaite pas s'engager dans une partie de l'exercice.

**1. Se déplacer sur la poutre**

Simple : en franchissant un obstacle (plot). Moyen : en réalisant un équilibre à mi-parcours. Complexe : en déplaçant un foulard avec les pieds. **Pour favoriser l'engagement** : varier la taille de l'obstacle, le temps de tenue de l'équilibre. Parade avec un cerceau tenu par deux camarades. Possibilité de poutre posée au sol. **Critères de réalisation** : regarder loin (accrocher un miroir ou demander à un élève de tenir un miroir à main), s'équilibrer avec les bras.

Présence bienveillante de l'enseignant.

**2. Se renverser en appuis manuels**

Simple : dans les cerceaux, poser les deux mains puis assembler les pieds (bonds de lapin). Moyen : mains en appui sur un banc, franchir le banc alternativement à gauche et à droite. Complexe : même chose avec régularité et rapidité. **Pour favoriser l'engagement** : compter les bonds, les rythmer. **Critères de réalisation** : tendre les bras, décoller les pieds, monter le bassin. Pour augmenter la vitesse : rester sur la pointe des pieds (ressort).

**3. Se renverser en chandelle, maintenir quelques secondes**

Simple : bras au sol, bassin au-dessus des épaules, jambes pliées en « chaise ». Moyen : bras en appui au bassin, allonger une jambe vers le plafond, l'autre reste pliée. Complexe : bras en appui au bassin, allonger les deux jambes dans l'alignement des épaules et du bassin. **Pour favoriser l'engagement** : se placer face à un mur. Un camarade peut y faire un repère de couleur. **Critères de réalisation** : gainer le corps, utiliser les jambes pour aider à l'alignement épaules-bassin.

**4. Se suspendre à partir d'une barre basse**

Simple : en appui les mains sur la barre, décoller les pieds et aligner épaules, taille, bassin, pieds. Moyen : dans cet alignement, effectuer des oscillations autour de la barre. Complexe : garder l'alignement du haut du corps et osciller les jambes. **Pour favoriser l'engagement** : poser un plot en mousse à renverser au pied de la barre. **Critères de réalisation** : tendre et pousser sur les bras, gainer le corps et les jambes.

**5. Rouler en avant sur un plan incliné**

Simple : arrivée assis. Moyen : arrivée accroupi, mains au sol. Complexe : arrivée accroupi, bras tendus face à soi. **Pour favoriser l'engagement** : garder un tissu coincé entre le menton et la poitrine pendant la roulade. Fixer deux frites en mousse avec du ruban adhésif pour canaliser la roulade. **Critères de réalisation** : enrouler la nuque, le menton sur la poitrine, pousser sur les jambes.

#### 6. Rouler en partant depuis un banc

Simple : arrivée assis. Moyen : arrivée accroupi, mains au sol. Complexe : arrivée accroupi, bras tendus face à soi. **Pour favoriser l'engagement** : gommette sous l'extrémité du banc que l'élève doit regarder. Scotcher sur le tapis deux cordelettes écartées de 20 cm afin que l'élève perçoive le relief de chaque côté de sa colonne vertébrale. **Critères de réalisation** : glisser sur le banc pour engager petit à petit la nuque et le dos, bien enrouler, menton sur la poitrine, pousser sur les bras et les jambes.

### Bilan de séance, retour au calme

Procéder à un inventaire des actions réalisées. Faire exprimer les difficultés. Lister quelques tâches qu'il faudrait améliorer.

### Prolongements en classe

Dans un carnet d'EPS, chaque élève peut représenter ou coder ce qui a été réussi lors de la séance.

## ◆ Questions du jury

***Pourquoi prévoir un rituel d'échauffement et comment l'organiser ?***

Avant le cycle 3, les enfants n'ont pas besoin d'un échauffement musculaire mais il importe qu'ils construisent une habitude de mise en condition du corps et de l'esprit à l'activité sportive. C'est cette « routine » qui, plus tard, leur permettra de penser à s'échauffer.

Comme pour chaque activité, il est indispensable que l'élève se projette dans ce qu'il va faire pour pouvoir pleinement s'engager dans ce qui lui est proposé.

L'échauffement doit donc être en lien avec l'activité, dans le sens où :

- il fait prendre conscience des différentes parties du corps mobilisées ;
- il permet de s'approprier l'espace de pratique (la voix y porte différemment, la température, la vue, le sol, l'espace...y sont différents) ;
- il introduit les règles incontournables de l'activité ;
- il propose de se familiariser avec des sensations propres à l'activité (équilibre, changement d'appuis, dissociation segmentaire, gainage...).

Au cours des premières séances, l'échauffement sera dirigé par l'enseignant puis il s'orientera peu à peu vers l'autonomie : les élèves proposeront à tour de rôle un exercice au reste de la classe pour être capables, en fin de module, de s'échauffer seuls en réalisant des exercices mémorisés. L'enseignant peut proposer plusieurs types de situations :

- des situations de déplacements, par exemple, au signal, changer de type de déplacement : marche, course, sautillés, pas chassés, quadrupédie, déplacement avant en fentes ;
- des situations de mobilisation articulaire :
  - mobilisation de la colonne cervicale : dire « oui, non, peut-être » avec la tête ;
  - hausser les épaules, ensemble ou alternativement ;
  - enrouler les épaules avant et arrière, ensemble ou alternativement.
- des situations de gainage et d'équilibre :
  - la brouette (le porteur tient la « brouette » qui avance sur ses mains au niveau des cuisses) ;
  - en quadrupédie dorsale, lever successivement une jambe puis l'autre.
- des situations de renversement :
  - enrouler la colonne vertébrale, debout jambes tendues (plier les genoux pour remonter) ;

› sur le dos, ramener les genoux entre les bras et arrondir la colonne pour faire comme un culbuto.

***Comment présenter la gymnastique et acculturer les élèves à cette activité ?***
En amont de la séquence, il est nécessaire de présenter l'activité pour qu'elle ait du sens pour les élèves.
*Qu'est-ce qu'on fait quand on fait de la gymnastique ?*
*Que faut-il faire pour progresser et réussir en gymnastique ?*
*Avez-vous déjà vu des championnats de gymnastique ?*
De plus, pour élargir les représentations et inclure les garçons, on peut montrer quelques vidéos de pratique de cette activité dans le cadre de championnats junior.
Encourager un visionnage actif en posant les questions suivantes : *À quel moment retrouve-t-on les verbes rouler, se renverser, voler, tourner, se suspendre, se déplacer ?*
Exemples de vidéos :

- Finale régionale par équipe fédéral B 7-8 ans[1] ;
- Antony Championnat de France 2016 Montbéliard[2].

Ce travail d'acculturation en classe permettra aux élèves de comprendre quelques principes de la gymnastique : des formes inhabituelles (libres ou imposées) avec son corps, des formes enchainées, le gymnaste est vu/jugé (les juges donnent des points selon un code). Le gymnaste ose réaliser des enchainements d'actions au sol ou aux agrès. Il prend des risques maitrisés, il cherche à être original, virtuose, d'où importance de l'entrainement pour être de plus en plus précis et à l'aise dans ce que l'on fait.

***Quelles visualisations peut-on proposer aux élèves pour les aider à s'auto-évaluer ?***
Le retour au calme est le temps de la verbalisation qui permet à l'élève de prendre conscience de comment il peut s'y prendre, de ce qu'il arrive à maitriser et de ce qui lui reste à travailler.
On peut construire avec les élèves de cycle 3 des cartes-ateliers qui présentent les situations avec 3 niveaux de complexité : simple/normal/complexe. Au cycle 2, les cartes sont fournies.
Un exemple est donné sur un document de l'académie de Caen[3].

1. https://www.youtube.com/watch?v=NSxxl7wiNVQ
2. https://www.youtube.com/watch?v=6L6JAq3JGjw
3. https://prim14.ac-normandie.fr/IMG/pdf/doc_gymn-3.pdf

# CHAMP 4 : COLLABORER, COOPÉRER, S'OPPOSER MATERNELLE), CONDUIRE ET MAITRISER UN AFFRONTEMENT COLLECTIF OU INTERINDIVIDUEL (INDIVIDUEL)

Lors de l'épreuve, le candidat doit choisir un champ d'apprentissage et une activité physique support. Si son choix se porte sur ce champ 4, il lui faut être vigilant quant à la formulation, selon que le contexte d'enseignement soit à la maternelle (« collaborer, coopérer, s'opposer ») ou en élémentaire (« conduire et maitriser un affrontement collectif ou interindividuel »). Dans son exposé, le candidat doit clairement dire pourquoi il a retenu ce champ. Un des arguments majeurs est la construction d'un engagement moteur et affectif avec les autres dans le respect de règles définies.

## 1. JEUX TRADITIONNELS (DU CYCLE 1 AU CYCLE 3) ET JEUX SPORTIFS COLLECTIFS (AU CYCLE 3)

### ◆ Les enjeux, les transformations motrices, les savoirs et savoir-être associés

Les jeux traditionnels collectifs font partie du patrimoine de l'école et sont une des dimensions culturelles du monde de l'enfance.
De nombreuses variantes d'un même jeu existent. Les règles de ces jeux n'étant pas figées, leurs évolutions (pouvant être proposées par les élèves) permettent de comprendre le sens de la règle et d'en apprécier les effets. Les élèves sont amenés à réfléchir sur la notion d'équité dans le jeu : sur quelles variables peut-on agir pour favoriser l'attaque ou la défense, qu'est-ce qui rendra cette situation plus ou moins difficile ?
La structure et la symbolique de ces jeux permettent aux enfants d'investir des rôles différents et d'établir des relations de sens entre les différents jeux.
Peu à peu, les élèves sont conduits vers des oppositions moins parallèles et plus simultanées : l'action des uns et des autres est contradictoire et simultanée, dans des espaces d'abord différenciés (« Gendarmes et voleurs ») puis interpénétrés (« La balle au but »).
Au cycle 3, l'enseignant peut engager les élèves dans un jeu collectif sportif codifié. Afin de prendre en compte les ressources des élèves et de favoriser la réussite de tous, on peut aménager le système de contraintes particulier du jeu sportif choisi (football, handball, rugby...) sans pour autant dénaturer l'activité.
Dans le cas du mini-football par exemple, la difficulté réside dans le fait que les jambes ont en charge la conduite de la balle et la locomotion. Il s'agit donc d'apprendre à coordonner ses actions pour récupérer le ballon et le faire progresser en ayant pour but de l'amener dans la zone de marque et de marquer.
D'autre part, extrêmement médiatisé, le football a une image qui peut complexifier sa mise en place à l'école : modèle pour les uns, repoussoir pour les autres, il conviendra de rassembler les élèves autour d'une pratique inclusive (chacun y a sa place quel que soit son niveau de compétence initial), ludique (favoriser des situations qui mettent momentanément de côté la compétition) et réflexive (prendre conscience des compétences en jeu et de la façon de les construire).

| Progressivité en lien avec des jeux collectifs traditionnels | | | | | | |
|---|---|---|---|---|---|---|
| **Programmation sur les cycles 1 et 2** | **Cycle 1** | | | **Cycle 2** | | |
| | **PS** | **MS** | **GS** | **CP** | **CE1** | **CE2** |
| **Type de jeu** | Jeux de poursuite avec conquête d'objet | Jeux de poursuite avec feinte | Jeux de poursuite avec feinte et conquête d'objet | Jeux de poursuite<br>Jeux de ballon | Jeux de ballon | Jeux de ballon |
| **Organisation du terrain : espaces attaque /défense** | Espace simple<br>Orientation du terrain | Espace simple<br>Orientation du terrain | Espace simple<br>Orientation du terrain | Espaces composites | Espaces interpénétrés | Espaces interpénétrés |
| **Réversibilité des rôles attaquant /défenseur** | Rôles distincts avec transfuges | Rôles distincts avec transfuges | Rôles distincts | Rôles distincts | Rôles réversibles | Rôles réversibles |
| **Principales compétences à construire** | | | | | | |
| **En tant qu'attaquant** | Choisir une « proie » et s'y tenir. | Coopérer en attaque.<br>Feinter. | Coopérer en attaque. | Coopérer en attaque.<br>Se démarquer.<br>Faire des passes. | | S'écarter autour du porteur de balle. |
| **En tant que défenseur** | Démarrer, accélérer, décélérer, changer de direction rapidement. | | Coopérer en défense.<br>Feinter. | Coopérer en défense.<br>Marquer.<br>Intercepter la balle. | | |

**Progressivité au cycle 3 en lien avec un jeu sportif collectif comme le football**

| | Séance 1 | Séance 2 | Séance 3 | Séance 4 | Séance 5 | Séance 6 |
|---|---|---|---|---|---|---|
| **Dominante de la séance** | Découvrir les règles de base du football. | Améliorer ses habiletés motrices pour mieux s'insérer dans le jeu. | Interagir avec les autres joueurs pour améliorer son efficacité. | Être de plus en plus précis dans ses actions. | Rechercher davantage le beau et bon jeu que la « gagne ». | Allier équité et efficacité. |
| **Situations proposées** | Jeu en cercle<br>Béret-foot<br>Hors du terrain<br>Mini-match pour introduire les règles de base | Chamboule-tout<br>Par-dessus la rivière<br>Les zones<br>Mini-match pour introduire les règles de base | Le relais<br>La passe à 3 couleurs<br>Joueur-but<br>Mini-match pour introduire les règles de base | Les 3 équipes<br>Zone cible<br>Les numéros<br>Mini-match pour introduire les règles de base | Le nouveau ballon<br>Vers le but<br>L'épervier<br>Match avec les règles de « Football équitable » | Les douaniers<br>Déménageurs-tireurs<br>Les joueurs jokers<br>Match avec les règles de « Football équitable » |

**Transformations des compétences motrices, des savoir-faire et attitudes au cours des 3 cycles**

| | Niveau 1 | Niveau 2 | Niveau 3 |
|---|---|---|---|
| **Enchainement et continuité des actions** | Marche.<br>S'arrête souvent et longtemps.<br>Commence à reconnaitre son statut dans le jeu. | Se déplace de plus en plus avec une intention.<br>Prend en compte la position de l'adversaire, utilise les espaces libres évidents. | Se déplace pour prendre des informations, tout en identifiant les possibilités d'action.<br>Crée et utilise des espaces libres. |
| **Lecture de l'espace** | Court avec un engagement total et a du mal à voir l'espace autour de lui. | Court en relevant la tête, prend quelques informations dans son espace proche. | Court tout en prenant des informations sur l'ensemble du jeu. |

| Transformations des compétences motrices, des savoir-faire et attitudes au cours des 3 cycles | | | |
|---|---|---|---|
| | **Niveau 1** | **Niveau 2** | **Niveau 3** |
| **Stratégies de poursuite, d'évitement** | Change d'avis sur la personne à poursuivre.<br>Court en ligne droite, sans faire attention aux limites du terrain.<br>Communique peu pour établir des stratégies. | Choisit la personne à poursuivre et maintient sa course.<br>Court en changeant de rythme et de direction.<br>Établit quelques stratégies de poursuite. | Choisit la personne à poursuivre en fonction des informations du terrain.<br>Utilise selon les besoins les pas chassés, fait volte-face.<br>Établit des stratégies de poursuite et de défense. |
| **Progression vers la cible** | N'identifie pas ou peu la(les) cible(s), les espaces de jeu, a du mal à identifier les partenaires et adversaires. | Identifie la(les) cible(s), les espaces de jeu, les partenaires et adversaires dans un espace simple. | Identifie la(les) cible(s), les espaces de jeu, les partenaires et adversaires dans des espaces interpénétrés. |
| **Dans le cas des jeux avec ballon, récupération, contrôle individuel, conservation, transmission collective du ballon** | Suit toujours le ballon.<br>Se précipite systématiquement sur le porteur du ballon mais ne se signale pas efficacement.<br>Contrôle peu le ballon à la réception d'une passe.<br>Lorsqu'il reçoit la balle, attend avant de faire une passe.<br>Agit souvent seul, sans stratégie.<br>Fait des passes à l'arrêt. | Se replace en position défensive à la perte du ballon.<br>Se place à distance de passe du porteur de balle.<br>Se signale à ses partenaires.<br>Manipule le ballon correctement.<br>Transmet le ballon à ses partenaires proches.<br>Fait des passes avec une certaine fluidité.<br>Se rapproche de la cible pour augmenter la réussite au tir. | Exerce un marquage individuel sur des adversaires non porteurs de ballon.<br>Se place à distance de passe, en position de réception en anticipant l'action avec la balle.<br>Manipule le ballon avec habileté.<br>Transmet le ballon à des partenaires libres, mieux placés.<br>Se rapproche de la cible.<br>Prend des informations pour tirer. |

| Transformations des compétences motrices, des savoir-faire et attitudes au cours des 3 cycles | | | |
|---|---|---|---|
| | **Niveau 1** | **Niveau 2** | **Niveau 3** |
| **Permutation des rôles** | Occupe un seul rôle à la fois. | Marque un temps d'arrêt ou hésite pour changer de statut.<br>S'investit par intermittence ou s'investit moins sur l'un des rôles. | Réagit immédiatement au changement de statut et adopte le comportement adéquat.<br>S'investit pleinement dans le rôle d'attaquant comme celui de défenseur. |
| **Compréhension des règles, arbitrage** | Peut répéter les règles énoncées.<br>Identifie les erreurs simples. | Explique les règles énoncées avec ses mots.<br>Identifie les erreurs, compte les points. | Justifie les règles.<br>Identifie les erreurs, compte les points. |

Dans le champ « Conduire et maitriser un affrontement collectif ou interindividuel », les jeux sportifs collectifs visent, en fin de cycle 3, à rendre l'enfant capable de :

- coordonner ses actions pour récupérer le ballon ;
- faire progresser le ballon en ayant pour but de l'amener dans la zone de marque et marquer ;
- progresser vers le camp adverse avec ou sans ballon tout en protégeant son camp ;
- augmenter la certitude de ses partenaires et l'incertitude de ses adversaires ;
- s'engager dans un projet collectif de jeu.

## ◆ Règles et cadrage pour la mise en œuvre de l'activité des jeux traditionnels collectifs

L'enseignant prépare un matériel adapté pour faciliter le jeu et sa compréhension par les élèves :

- chasubles, foulards pour identifier les joueurs ;
- plots, plots assiette, cordes, craie pour matérialiser les espaces ;
- chronomètre, sablier pour mesurer le temps.

Prendre le temps de jouer, de reprendre le même jeu plusieurs fois avant d'en faire évoluer les règles afin que chaque élève s'approprie les règles fondamentales du jeu. Pour stabiliser les apprentissages, les élèves ont besoin de temps de pratique suffisamment longs dans chaque séance.

L'enseignant n'hésite pas, d'emblée, à adapter les règles pour en faire un jeu plus simple, accessible à tous les élèves. La complexification viendra en son temps.

Il lui faut gérer rapidement les désaccords et les conflits en permettant à chacun d'exprimer son point de vue afin de modéliser des prises de décision négociées.

Il s'assure que chaque élève passe bien par les différents rôles sociaux : joueur, observateur (au cycle 1) puis aussi arbitre, chronométreur, organisateur, marqueur-évaluateur (à partir du cycle 2).

## ◆ Règles et cadrage du jeu sportif collectif « mini-football »

### Lieu

Le terrain « réglementaire » en club pour les élèves de cet âge (avant 11 ans) mesure 55 x 40 m. Cependant, pour que la répartition des élèves permette à chacun de pratiquer pendant un temps optimum, préférer des terrains plus petits, en groupes restreints. Lors de la séquence, selon les situations, il est proposé un terrain allant de 15 x 20 m au « grand terrain » de 45 x 30 m.

Il est préférable de jouer en extérieur mais certains grands gymnases peuvent accueillir les élèves, particulièrement pendant les mois pluvieux.

### Matériel

- <u>Les ballons</u> utilisés seront convenablement gonflés mais pas trop, sachant qu'un ballon trop gonflé devient très dur et peut sérieusement blesser s'il est reçu sur le visage. La taille préconisée pour cet âge est de 63 à 66 cm de circonférence, c'est-à-dire du « n° 4 ». Si l'école investit dans des ballons, les choisir à couture invisible, plus résistants, et avec un revêtement intérieur en mousse pour plus de confort.
- <u>Les buts</u> peuvent être matérialisés par des plots ou des cônes sur lesquels s'adaptent des barres. Il existe des buts « pop-up » légers qui se déploient rapidement sur le terrain

et se replient tout aussi facilement. Si le jeu se déroule sur un terrain comprenant des buts déjà installés en extérieur, l'enseignant vérifie leur fixation et interdit formellement aux élèves de s'y suspendre.

- L'usage de dossards est très facilitant pour repérer les équipes. Il est très recommandé d'en faire l'acquisition dans des couleurs assorties.
- Le sifflet « poire » est l'idéal car il est manipulé à la main et peut ainsi passer d'une personne à l'autre sans problème d'hygiène.
- La tenue de sport classique (teeshirt et pantalon de survêtement, chaussures de sport) est tout à fait adaptée. Des élèves qui pratiquent le football en club à l'extérieur peuvent être tentés de venir avec des équipements « spéciaux » : maillots, chaussettes et short peuvent être acceptés, mais les chaussures à crampons sont à proscrire.

### Sécurité

Limiter les frappes à la volée et sous-gonfler légèrement les ballons pour qu'ils soient moins durs et moins rapides. L'organisation des terrains doit être pensée en amont avec les élèves pour éviter les dispositions qui exposent les élèves aux ballons tirés à pleine force.

### Place et rôle de l'enseignant

L'enseignant garantit un temps d'activité maximum sur le terrain, par un aménagement d'ateliers en rotation qui permettent à tous les élèves d'être en activité en même temps, en petits groupes.
Il matérialise l'espace pour le rendre lisible par tous les élèves et faciliter les rotations entre ateliers.
Il aide à la constitution des groupes/des équipes pour maintenir la mixité filles/garçons. Dans la séquence, les effectifs des groupes sont indicatifs et correspondent à un effectif moyen de 24 élèves. L'organisation des groupes est ajustée à l'effectif réel de la classe : aucun élève ne peut être mis sur la touche.
L'arbitrage est mené dès que possible par les élèves eux-mêmes. L'enseignant supervise l'arbitrage et tranche si la situation empêche les élèves de jouer.

## ◆ Exemple de séance en jeux traditionnels en Petite Section

L'exemple présente une séance détaillée telle qu'un enseignant pourrait la concevoir. Pour se préparer au concours, il est conseillé au candidat de s'approprier les éléments de cette séance en utilisant une fiche mémo.

| **SÉQUENCE :** Jeux traditionnels en Petite Section<br>**SÉANCE :** 1 ou 5 (en fonction du jeu choisi et de la période de l'année) |
|---|
| **DURÉE :** 30 minutes |
| **OBJECTIF POUR L'ENSEIGNANT :**<br>Construire le mouvement vers la « cible » du jeu. |
| **COMPÉTENCES TRAVAILLÉES :**<br>Ajuster ses déplacements en fonction d'une « cible ».<br>Coordonner des actions de déplacement et de lancer.<br>Reconnaitre et utiliser le terrain d'évolution.<br>Prendre des informations sur les espaces proches.<br>Se repérer et s'orienter dans l'espace.<br>Réaliser des choix pour agir.<br>Connaitre et appliquer des règles.<br>Coordonner ses actions avec celles des autres. |
| **MATÉRIEL :**<br>Plots ou craie pour délimiter le terrain et les zones, une trentaine de ballons mousse de dimensions différentes, 4 grandes caisses (cartons) vastes mais pas trop hautes, des objets de différentes formes (anneaux, sacs de graine, cubes en carton, palets...) de 4 couleurs différentes, dossards de 4 couleurs différentes (les mêmes que pour les objets), sifflet, chronomètre, 30 cerceaux. |

ATTENTION

*Ne choisir qu'un seul jeu sur les trois proposés et le recommencer plusieurs fois en apportant éventuellement des variables. Les autres jeux seront abordés au cours des séances suivantes.*

**1. « Vider/remplir la caisse »**

**Organisation :** Terrain de 10 x 15 m environ matérialisé par des plots. La « cible » est une grande caisse située au centre du terrain. Elle est remplie par autant de ballons de dimensions et textures différentes que d'élèves. Désigner deux élèves qui seront les « videurs ». À l'extérieur du terrain, on a aligné autant de cerceaux que de ballons.

**Consigne aux « videurs » :** Au signal de début de jeu, vider les ballons qui sont dans la caisse.

**Consigne aux autres élèves :** Récupérer les ballons pour les mettre vite dans la caisse. Au signal de fin, « compter » les ballons qui restent sur le terrain en en mettant un par cerceau dans des cerceaux alignés et marquer avec un plot le dernier cerceau atteint. Jouer pendant un temps déterminé.

**Complexifications :** Disposer une zone neutre autour de la caisse pour obliger les élèves qui remplissent la caisse à lancer. Agrandir le terrain. Augmenter le nombre de videurs.

**2. « Les déménageurs »**

**Organisation :** Deux couloirs parallèles de 5 x 15 m environ matérialisé par des plots. À une extrémité de chaque couloir, placer une grande caisse remplie de ballons (même nombre de ballons dans chaque caisse). À l'autre extrémité de chaque couloir, disposer une grande caisse vide. Déterminer deux équipes qui évolueront chacune sur leur terrain.

**Consigne aux équipes :** Transporter le plus rapidement possible les balles d'une caisse à l'autre en restant dans son couloir. Le but est de remplir la caisse vide avant l'autre équipe.
**Variante :** Définir une zone neutre (la rivière) séparant chaque couloir en deux parties. Les deux équipes sont scindées en deux. Au signal, les déménageurs de chaque équipe prennent les balles dans leur caisse et les lancent à leurs coéquipiers au-delà de la zone neutre pour qu'ils remplissent la caisse de l'équipe.
**Complexifications :** Élargir la rivière, placer un joueur de l'équipe adverse dans la rivière pour intercepter les ballons

**3. « La course aux couleurs »**

**Organisation :** Terrain carré de 15 x 15 m environ matérialisé par des plots. Une caisse vide est installée à chaque coin. Chaque caisse correspond à une couleur différente. Sur le terrain, répartir une grande quantité (entre 48 et 60) d'objets divers de quatre couleurs différentes (autant pour chaque couleur). Délimiter à la craie une zone centrale d'où les élèves partiront. Répartir les élèves en quatre équipes identifiées par une couleur.
**Consignes aux équipes :** Au signal, récupérer sur le terrain les objets de la couleur de son équipe et aller les déposer dans sa caisse. Lorsqu'il n'y a plus d'objets, revenir s'assoir dans le cercle. L'équipe gagnante est celle qui est revenue au complet en premier dans le cercle.
**Complexifications :** Zone interdite autour de la caisse qui oblige à lancer les objets. En utilisant des objets mous, possibilité pour des joueurs d'autres équipes de se placer dans la zone interdite.

### Bilan et retour au calme

Ranger le matériel avec les élèves puis les amener peu à peu à ranger eux-mêmes le matériel.

## ◆ Questions du jury

***Quelles différences entre jeux traditionnels collectifs et jeux sportifs collectifs ?***
Les jeux traditionnels n'ont pas de règles arrêtées. Les règles peuvent varier au gré des besoins pédagogiques ce qui en fait des supports intéressants pour construire progressivement les compétences des élèves. Les jeux sportifs comme le football, le basket ou le rugby ont des règles définies ou au moins une cohérence interne qui empêche de tordre certaines règles. Les jeux sportifs sont donc davantage adaptés aux élèves de cycle 3.

***Quels autres jeux traditionnels pourraient être proposés aux élèves du cycle 1 au cycle 3 ?***
On peut classer les jeux traditionnels en différentes catégories :
- les jeux d'évitement avec ballon comme « Accroche-décroche » au cycle 2 ;
- les jeux d'attrape et d'évitement comme « Les sorciers » au cycle 1 ou « Chats par équipe » ou « La queue du diable » au cycle 2 ;
- les jeux de conquête d'objets comme « La maisonnette » au cycle 2 ou « Le drapeau » au cycle 3 ;
- les jeux de ballon comme « Ballon voyageur » au cycle 2 ou « La balle au capitaine » au cycle 3.

Le détail des règles est disponible sur le site de l'USEP[1] (l'Union sportive de l'enseignement du premier degré).

1. http://www.usep44.org/docs/Fiches_Jeux_Trad_formation_2012.pdf

***Qu'est-ce qui peut favoriser l'engagement de tous les élèves ?***

Différents axes peuvent être des leviers pour la motivation des élèves, quel que soit leur âge :

- rendre le jeu accessible : prendre un temps avec les élèves pour réfléchir sur les règles pour faire évoluer le jeu : *Qu'est ce qui rendrait le jeu plus difficile/plus facile ?...* ;
- ne pas oublier de mettre en évidence les progrès de chaque élève au cours des séances ;
- la rencontre sportive est un moteur important d'engagement des élèves. Outre les communes, l'USEP[1] est un partenaire fort dans chaque département pour favoriser l'organisation de telles rencontres.

Sur Lea.fr

***Retrouvez une autre question du jury***

## ◆ Exemple de séance en jeux sportifs collectifs : mini-foot avec une classe de CM1

L'exemple présente une séance détaillée telle qu'un enseignant pourrait la concevoir. Pour se préparer au concours, il est conseillé au candidat de s'approprier les éléments de cette séance en utilisant une fiche mémo.

| **SÉQUENCE :** Mini-foot au CM1<br>**SÉANCE :** 3 |
| --- |
| **DURÉE :** 60 minutes |
| **OBJECTIF DE L'ENSEIGNANT :**<br>Proposer des situations qui obligent les élèves à communiquer et à interagir en situation de jeu. |
| **COMPÉTENCES TRAVAILLÉES :**<br>Conduire le ballon le plus rapidement possible en évitant des obstacles.<br>Récupérer et passer le ballon.<br>Diversifier les destinataires de ses passes.<br>Se placer pour recevoir le ballon.<br>S'orienter par rapport au ballon et à la cible. |
| **MATÉRIEL :**<br>Une cinquantaine de plots pour délimiter les terrains et les zones, 8 lattes, 32 cônes, 1 ballon par élève, 2 chronomètres, 2 sifflets, dossards de 2 couleurs, 4 foulards de chaque couleur : jaune, rouge et bleu. |

1. L'USEP est la fédération du sport scolaire de l'école primaire française. Évoluant au sein de la ligue de l'enseignement, elle est placée sous la tutelle du ministre chargé de l'Éducation.

## Deux situations de mise en disponibilité

### 1. « Le rituel »

**Organisation :** Les élèves suivent un parcours en boucle d'une soixantaine de mètres qui sera toujours le même. Mener le rituel d'échauffement, qui sera ensuite pris en charge par les élèves eux-mêmes. Les élèves se disposent en binômes côte à côte à la queue-leu-leu (comme un cortège) en respectant une distance d'un mètre entre chaque binôme. Le parcours en boucle peut effectuer plusieurs fois de suite :

1. Sauter à pieds joints par-dessus de 8 plots bas espacés de 50 cm.
2. Se déplacer sur 5 m en pas chassés pieds droit avant puis 5 m pied gauche avant.
3. Avancer de 3 pas, piler, reculer de 2 pas, avancer de 3, piler, reculer de 2… sur 4 m.
4. Sauter dans cinq cerceaux décalés en alternant pied droit et pied gauche puis faire de même en reculant et en avançant à nouveau.
5. Se déplacer en montant les genoux sur 10 m puis allonger la foulée sur 10 m.
6. Trottiner en touchant les fesses avec les talons sur 5 m, puis allonger la foulée sur 10 m.
7. Sauter à pieds joints en changeant l'orientation du bassin tout en avançant.

Faire installer le terrain par les élèves à l'aide du plan établi en classe.

### 2. « Le triangle perpétuel »

Faire des groupes de trois joueurs. Délimiter un couloir de 15 x 3 m pour chaque groupe. Le joueur 1 se rend à l'extrémité du couloir ballon au pied. Dès qu'il atteint 5 m, les joueurs 2 et 3 partent sans ballon. Le joueur 2 s'arrête à 5 m où le joueur 1 lui fait une passe depuis les 15 m. Le joueur 3 va jusqu'à 10 m où le joueur 2 lui fait une passe. Le joueur 3 fait une passe au joueur 1 qui renvoie le ballon au joueur 2 qui est revenu à son point de départ. Les joueurs 1 et 3 reviennent à leur tour au point de départ et c'est maintenant le joueur 2 qui part à l'extrémité du couloir avec le ballon au pied…

## Trois situations éducatives

Les situations « La passe à 3 couleurs » et « Joueur-but » sont à pratiquer en rotation.

### 1. « Le relais »

**Organisation :** Constituer 4 équipes de 6 élèves. Travailler en parallèle sur 4 couloirs. Répartir chaque équipe (3 élèves + 3 élèves) de part et d'autre d'un parcours de 30 m. Répartir 8 cônes pour former des obstacles à contourner tout au long du parcours. Donner un ballon par équipe de 6. Matérialiser la ligne de départ sur l'un des côtés du parcours par une latte. Donner le signal du départ au sifflet.
**Consigne :** Au signal, conduire le ballon en contournant les plots par la droite ou par la gauche sans les toucher et le passer au coéquipier d'en face qui démarrera à son tour. Si un plot est touché, recommencer depuis sa marque de départ. Chercher à être l'équipe qui termine la première. <u>Conseil</u> : faire des touches nombreuses du pied sur le ballon pour bien le diriger et avoir un toucher doux. Conduire avec l'intérieur du pied en « rabattant ».
**Complexification :** S'arrêter 3 m avant le partenaire et lui envoyer le ballon. Il le bloque avant de repartir.

### 2. « La passe à 3 couleurs »

**Organisation 1 :** Délimiter deux terrains parallèles de 20 x 15 m de largeur. Jouer à 6 dans chacun des terrains. Chaque équipe est identifiée par un dossard de couleur. Distribuer en plus à chaque équipe 1 ballon et 2 foulards rouges, 2 jaunes et 2 bleus qu'ils porteront en brassard. Donner (ou faire donner) le départ et chronométrer.

**Consigne 1 :** Se passer le ballon en respectant l'ordre « bleu/jaune/rouge » sans faire sortir le ballon des limites du terrain le plus longtemps possible. Compter le nombre maximal de passes en respectant l'algorithme en 2 minutes.
**Organisation 2 :** Réunir les deux terrains.
**Consigne 2 :** Même consigne mais chaque équipe joue sur l'ensemble des deux terrains.
**Organisation 3 :** Donner un seul ballon pour les deux équipes.
**Consigne 3 :** Même consigne avec un seul ballon pour les deux équipes. Compter le nombre maximal de passes pour chaque équipe en respectant l'algorithme en 6 minutes.

### 3. « Joueur-but »

**Organisation :** Délimiter un terrain de 30 x 20 m. La zone de but de part et d'autre du terrain est de 3 m de profondeur et occupe toute la largeur du terrain. Jouer avec un ballon à 6 contre 6 : 5 joueurs sur le terrain et un joueur-but dans les buts. Temps limité à 5 minutes par manche. Prévoir deux manches. Au cours d'une manche, possibilité de changer de joueur-but.
**Consigne :** Marquer en transmettant le ballon au joueur-but qui reste dans sa zone de 3 m. Quand il y a but, le joueur-but redonne le ballon à l'équipe adverse. Si le ballon n'est pas bloqué par le joueur-but, le but n'est pas validé. Conseil au joueur-but : bloquer le ballon avec l'intérieur du pied.
**Complexification :** Ne pas mettre de joueur-but à l'avance. C'est en fonction des besoins qu'un joueur de l'équipe s'installera dans les buts pour recevoir le ballon.

### 4. Mini-match pour introduire les règles

**Organisation :** Déterminer un terrain de 40 x 20 m. Matérialiser des cages par des cônes écartés de 6 m à chaque extrémité du terrain avec une zone interdite de 3 m devant chaque but. Déterminer deux groupes équivalents de 12 élèves. Parmi chaque groupe de 12, désigner un gardien et un arbitre. Parmi les 10 joueurs restants, deux seront remplaçants par tranches de 2 minutes. La partie durant 6 minutes, déterminer avant le début du match quels seront les 2 x 2 autres sortants (potentiels, sauf incident) lorsque les remplaçants rentreront. Si le temps le permet, faire 2 parties de 6 minutes avec changement de terrain des équipes et changement d'arbitres et de gardiens.
**Consignes :** Pour tous : jouer en respectant les règles vues lors des séances 1 et 2 (l'engagement, la touche au pied et coup de pied franc), et deux nouvelles règles :
1. Le renvoi au pied à 6 pas signifié par l'arbitre lorsqu'un joueur de l'équipe attaquante fait sortir le ballon derrière la ligne des cages. Le renvoi au pied s'effectue à 6 pas des cages.
2. Le coup de pied de coin signifié par l'arbitre lorsqu'un joueur de l'équipe qui défend fait sortir le ballon derrière la ligne des cages. Le coup de pied de coin s'effectue dans l'angle du terrain. Pour les arbitres : faire respecter ces règles. Contrôler le temps et siffler la fin de la partie à 6 minutes.

## Bilan et retour au calme

Faire désinstaller le terrain par les élèves.

## Prolongements en classe

On peut mettre en place un carnet d'EPS et proposer de schématiser la situation de match et de rédiger en quelques phrases les deux nouvelles règles (le renvoi au pied à 6 pas et le coup de pied de coin).

### ◆ Questions du jury

***Quels critères de réalisation pourrait-on faire émerger chez les élèves à l'issue de la situation « Le joueur-but » ?***
Pour le joueur-but : ne pas rester derrière un défenseur. Pour le porteur de ballon : avancer s'il n'y a pas d'adversaire devant, donner le ballon à un partenaire seul, arrêter de courir pour transmettre le ballon. Pour le non porteur de ballon : être en avant du porteur de ballon, s'éloigner des défenseurs, être visible par le porteur de ballon.

***Comment sortir des clichés véhiculés par ce sport très médiatisé qu'est le football ?***
Les élèves étant souvent déjà acculturés à ce sport, il est préférable de leur permettre de faire un « pas de côté » par rapport à la vision stéréotypée qu'ils peuvent en avoir en leur faisant découvrir des sportifs moins médiatisés comme, par exemple, les footballeuses de l'Équipe de France. Exemple : un reportage sur la préparation de l'équipe de France féminine de football en 2023[1].

***Comment introduire les règles du jeu qui peuvent être perçues comme complexes ?***
Dans la situation de match, les règles sont introduites progressivement. Dès que possible, la situation de match est également commentée en groupe afin que chaque élève comprenne l'utilité des règles dans le jeu. De retour en classe, les élèves sont invités à créer ou enrichir un carnet d'EPS déjà existant en modélisant (ou en schématisant) les situations d'apprentissage ou les situations de match et en reformulant par écrit les nouvelles règles expérimentées à chaque séance.

---

Sur Lea.fr

*Retrouvez trois autres questions du jury*

---

## 2. JEUX DE RAQUETTE

### ◆ Les enjeux, les transformations motrices, les savoirs et savoir-faire associés

Les jeux de raquettes sont des activités duelles, en interaction avec un ou plusieurs adversaires (simple ou double). Chaque action est guidée par la motivation de gagner le point. Le rôle de chaque joueur varie en permanence d'attaquant à défenseur amenant une double nécessité : défendre sa propre surface de jeu et attaquer celle de l'adversaire. La confrontation est médiée par une balle (tennis) ou un volant (badminton). L'objet ne peut être envoyé ou renvoyé que par une raquette. Les trajectoires varient selon l'objet et la qualité de la frappe. Les joueurs doivent s'adapter en permanence aux conditions changeantes du jeu.
Au cycle 1, on peut proposer une initiation avec des balles en mousse, plus lentes, et des bouteilles en plastique coupées qui permettront avant tout de « capter » la balle. Le jeu avec la paume de la main est aussi une première approche des compétences à construire.

1. https://youtu.be/X35k0KwDa-Q

À partir du cycle 2, les jeux de raquettes visent à rendre l'enfant capable de :

- commencer à passer d'un échange dans la continuité (joueur adverse perçu comme partenaire) à la rupture de l'échange (le partenaire devient adversaire) ;
- anticiper la trajectoire de l'objet ;
- se positionner pour l'intercepter (en vue d'une future défense) ;
- produire des trajectoires variées ;
- chercher à envoyer l'objet dans les endroits « libres » (en vue d'une future attaque).

**Transformations des élèves dans les différentes composantes de l'activité**

| Composantes | Niveau 1 | Niveau 2 | Niveau 3 |
|---|---|---|---|
| **Trajectoires produites** | Directions non contrôlées.<br>N'apprécie pas les trajectoires adverses. | En cloche vers l'avant.<br>Commence à apprécier les trajectoires adverses.<br>Maitrise les trajectoires hautes. | Trajectoires croisées moins hautes.<br>Apprécie la plupart des trajectoires.<br>Maitrise différents types de trajectoires. |
| **Comportement** | Attitude passive : attend que l'objet soit à portée de raquette. | Fixe trop tardivement le choix du geste de renvoi. | Renvois plus assurés : s'organise pour réaliser un renvoi dans de bonnes conditions. |
| **Déplacement** | Reste figé. | Se déplace essentiellement vers l'avant. | Se déplace dans toutes les directions.<br>Commence à se replacer après le renvoi. |
| **Construction du point** | Frappe l'objet comme il peut. | Recherche à maintenir l'échange. | Cherche à ne pas perdre le point, voire à marquer. |

**Progressivité des compétences visées pour les élèves au cours de la séquence d'apprentissage**

| 1 à 3 séances | 1 à 3 séances | 1 à 3 séances | 1 à 3 séances | 1 à 3 séances | 1 à 3 séances |
|---|---|---|---|---|---|
| Gérer l'espace proche. Identifier les différentes trajectoires de la balle et sa vitesse.<br>Envoyer la balle avec sa raquette.<br>Contrôler l'impact de la balle sur la raquette. | Déterminer sa prédominance latérale.<br>Tester avec sa raquette différentes trajectoires de la balle.<br>Lancer la balle.<br>Renvoyer la balle qui arrive dans son camp. | Élargir son répertoire moteur dans l'envoi et le renvoi de balle.<br>Orienter la raquette de différentes façons.<br>Rechercher le maintien des échanges en coopération. | Envoyer la balle loin et droit.<br>Orienter correctement la raquette selon la trajectoire voulue.<br>Distinguer les différents moments dans la trajectoire de la balle. | Envoyer la balle loin et précisément,<br>Lire la trajectoire de la balle,<br>Anticiper son impact sur le terrain,<br>Se déplacer pour renvoyer la balle. | Anticiper l'impact de la balle dans son camp.<br>Se déplacer pour renvoyer la balle.<br>Construire des stratégies de rupture d'échange pour marquer le point. |

## ◆ Règles et cadrage pour la mise en œuvre de l'activité

### Lieu

Il est préférable de pratiquer les jeux de raquette à l'intérieur, dans un gymnase de type C (les plus courants) de 40 x 20 m au minimum. Les espaces de pratique feront en général de 7 x 3 m à 10 x 4,50 m, selon l'âge des élèves.
Installation des terrains : si possible, l'enseignant établit un marquage au sol qui sera la trame de toutes les installations au cours de la séquence. L'ajustement du tracé se fera avec les élèves.

### Matériel

Sont privilégiées les raquettes cordées adaptées à la taille de l'enfant pour correspondre le plus possible aux représentations de l'activité (éviter les « raquettes de plage » en plastique). Le manche doit posséder une section octogonale (car cela aide au repérage de la prise) et être doté d'un « grip » pour le confort de la prise.
Les balles sont choisies en fonction du niveau des élèves : en tout début d'apprentissage, ils peuvent utiliser des ballons paille (ballons légers de 26 cm de diamètre, gonflés à la bouche avec une paille fournie) puis des balles de tennis en mousse qui sont 75 % plus lentes que les balles de tennis standards. Les élèves passeront progressivement aux balles de mini-tennis, légèrement plus rapides (50 % plus lentes que les balles de tennis standards) et qui produisent un son caractéristique de la « vraie balle » à la frappe.
Le filet peut être remplacé par un fil tendu entre deux poteaux, sur lequel est accroché du ruban à baliser pour qu'il soit bien visible. L'intérêt du filet est qu'il détermine une surface infranchissable pour la balle mais pas pour le regard.

### Sécurité

Comme pour toute activité comportant des objets lancés, l'enseignant veille à bien définir les espaces de jeu et les rôles de chacun de façon à ne pas risquer un choc avec une balle ou un coup de raquette.

## ◆ Exemple de séance en mini-tennis avec une classe de CE2

L'exemple présente une séance détaillée telle qu'un enseignant pourrait la concevoir. Pour se préparer au concours, il est conseillé au candidat de s'approprier les éléments de cette séance en utilisant une fiche mémo.

| **SÉQUENCE :** Mini-tennis au CE2<br>**SÉANCE :** 3 |
|---|
| **DURÉE :** 50 minutes |
| **OBJECTIF :**<br>Faire utiliser les deux faces de la raquette et maintenir l'échange en coopération. |
| **COMPÉTENCES TRAVAILLÉES :**<br>Prendre en compte les différentes trajectoires de la balle et sa vitesse.<br>Contrôler l'impact de la balle sur la raquette.<br>Orienter correctement la raquette selon les trajectoires de la balle, lancer la balle.<br>Renvoyer la balle qui arrive dans son camp.<br>Établir des échanges en coopération. |
| **MATÉRIEL :**<br>30 balles mousse, 30 balles mini-tennis, 30 raquettes, fil tendu entre des poteaux à 1,10 m, 30 cerceaux, caisses pour entreposer les balles, craie ou ruban adhésif pour marquage au mur, au sol, plots, chronomètre. |

## Situation de mise en disponibilité

**« Le bon cerceau » :** Dans tout l'espace de la salle, au signal 1, les élèves se déplacent en trottinant. Au signal 2, ils se figent net puis se déplacent en pas chassés pour rejoindre un point défini (cerceau, mur, ligne au sol…).

## Trois situations éducatives individuelles

**Situation 1 : « Jeu de paume seul »**

Lancer à la main la balle sur le mur par le bas, à bras cassé pour faire une trajectoire courbe/une trajectoire tendue avec la main droite/la main gauche. Récupérer la balle après le rebond au sol quand elle redescend, quand elle monte, au sommet du rebond, à deux mains puis à une main. Enchainer lancers et récupérations.

**Complexifications :** 1. Récupérer avant le rebond au sol en anticipant la main de réception.
2. Utiliser une balle plus rapide (balle en mousse → balle mini-tennis).
3. Avancer vers la balle pour la récupérer.
4. Passer de l'utilisation du mur « partenaire » (ayant pour objectif de jouer le plus longtemps) au mur « adversaire » (ayant pour objectif de se mettre en difficulté).

**Situation 2 : « Jeu de paume cibles »**

Lancer à la main la balle sur le mur à bras cassé au-dessus/au-dessous/à droite/à gauche d'une ligne tracée sur le mur. Récupérer la balle après le rebond au sol.

**Complexifications :** Définir des zones de plus en plus précises au mur, s'éloigner du mur (augmenter précision et distance).

**Situation 3 : « Arrêter la balle verticale »**

Lancer à la main la balle vers le haut. L'arrêter quand elle redescend. Amortir la balle qui doit rester sur la raquette sans rebondir.

**Complexifications :** Aller plus haut.

## Deux situations collectives

### Situation 1. « Passe à 5 avec interception »

**Organisation :** Déterminer deux terrains de 9 x 14 m. Partager la classe en deux groupes, chacun sur un terrain. Chaque groupe est partagé en deux équipes (A/B). Tous les joueurs ont une raquette.
**Consignes :** Pour l'équipe A, maintenir la balle mousse en l'air (« garder la balle vivante ») sur au moins cinq passes, chaque joueur ne devant pas avoir la balle 2 fois de suite. Pour l'équipe B, intercepter la balle. Changement des rôles après 2 minutes.
**Complexifications :** 1. Garder la balle vivante sur 10 passes. 2. Chaque joueur de l'équipe A doit avoir eu la balle.

### Situation 2. « Vider son camp »

**Organisation :** Deux équipes face à face, de part et d'autre d'un fil tendu à 1,10 m.
**Consignes :** Envoyer ou renvoyer les balles de son camp dans le camp adverse pendant 3 minutes. Le but est d'avoir le moins de balles possible dans son camp au signal de fin.
**Complexifications :** 1. Augmenter l'espace entre les deux camps en ménageant une zone neutre de 1 à 3 m. 2. Imposer de garder au moins un pied dans un cerceau.

## Deux situations duelles

### 1. « 1, 2, 3 passe »

**Organisation :** Par 2 (envoyeur, E/récupérateur, R), face à face, de part et d'autre d'un fil tendu.
**Consignes :** Pour E : faire rebondir la balle 3 fois de suite sur la raquette puis envoyer à R de l'autre côté du fil. Changer de balle. Pour R : avec un cône, récupérer la balle et la mettre dans une caisse. Changer les rôles une fois que les 3 types de balles ont été essayés.
**Complexifications :** 1. Doser les rebonds sur la raquette : de plus en plus hauts. 2. Après le 3$^{e}$ rebond, laisser la balle rebondir au sol et la frapper par en dessous pour l'envoyer en cloche.

### 2. « La balle vivante avec la ligne »

**Organisation :** Former des binômes. Alternance de binômes joueurs et observateurs. Délimiter des terrains de 7 x 3 m partagés par une ligne au sol (A) et une ligne (B) perpendiculaire à (A) en milieu du terrain. Les joueurs sont face à face pour échanger le plus longtemps possible (coopération). Les observateurs communiquent les contraintes de la feuille de route pour les placements par rapport à (B) et, éventuellement, les complexifications. Changer les rôles après 3 minutes de jeu.
**Complexifications :** 1. Utiliser les deux faces de la raquette : face (coup droit) et dos (revers). 2. Jouer à deux de chaque côté du terrain.

## Retour au calme, synthèse

Rangement du matériel. Revenir sur ce qui était demandé dans la situation « La balle vivante avec la ligne » : *Comment se placer par rapport au terrain, d'où on reçoit, où on renvoie ? Pourquoi ?*

## Prolongements en classe

Mettre en place un carnet du joueur de tennis où chaque élève consignera les situations travaillées, les compétences acquises (« Je suis capable de... ») et des connaissances sur le tennis (comment tenir la raquette, l'histoire de ce sport...).

## ◆ Questions du jury

***Quel type de mise en train privilégier pour les jeux de raquettes ?***

Les jeux de raquettes et le tennis en particulier exigent une grande mobilité, des changements d'appuis fréquents, des accélérations subites suivies d'arrêts nets et de changements de direction. Ainsi, il convient de solliciter assez intensément les élèves lors des premières minutes de la séance afin de les préparer à ce type d'effort.

Cela peut consister en un déplacement collectif sur le terrain avec codage d'arrêt, de reprise, en avant, en arrière, à droite ou à gauche en pas chassés. Par exemple, deux coups de sifflet : on s'arrête de trottiner ; un coup de sifflet court : on reprend en avant ; un coup de sifflet long : on reprend vers l'arrière ; « gauche » : pas chassés vers la gauche ; « droite » : pas chassés vers la droite.

***Sur quoi l'enfant va-t-il s'appuyer pour stabiliser une gestuelle efficace ?***

Particulièrement dans des situations qui utilisent du matériel (ici, la raquette), les élèves ont besoin de se créer des repères proprioceptifs, c'est-à-dire liés aux sensations de leur corps en mouvement. Pour pouvoir agir sur les effets de leur action, il faut déjà que ces effets soient repérés puis stabilisés avant d'être transformés. Ainsi, il est primordial de laisser du temps pour installer les sensations, les repérer.

Il faut aussi faire verbaliser les élèves à propos de la façon dont ils s'y prennent et permettre de comparer les procédures pour distinguer celle qui est la plus efficace.

***Comment maintenir l'intérêt des enfants en dehors des situations de match ?***

L'enfant prend plaisir à répéter à partir du moment où la situation est présentée comme « un jeu avec soi-même » et où les réussites, même modestes, sont valorisées.

D'autre part, l'enseignant doit s'attacher à proposer des complexifications pour chaque situation de façon à relancer l'intérêt du jeu pour les élèves les plus à l'aise.

Par exemple dans le cas du jeu de « la balle vivante avec la ligne » (page précédente), on peut proposer d'autres complexifications comme faire un tour sur soi même avant de récupérer la balle, changer de main à chaque coup, s'organiser pour changer de zone de réception après chaque échange... »

# CHAPITRE 3

# S'entrainer

## UN SUJET 2022 CORRIGÉ - CHAMP D'APPRENTISSAGE 1 - CYCLE 2

### 1. PRÉSENTATION DU SUJET SOUS FORME DE TABLEAU

| Les éléments du sujet explicitement donnés : | |
|---|---|
| Cycle d'enseignement | Cycle 2 |
| Niveau de classe | CE1 |
| Attendu de fin de cycle | Savoir différencier : courir vite et courir longtemps |
| Choix du champ d'apprentissage | |
| Objectif d'acquisition | |
| Constat | Au début d'une séquence « course longue », l'enseignant demande aux élèves de la classe de courir 6 minutes sans s'arrêter ; trois élèves de la classe démarrent très rapidement pour se placer « en tête » du groupe classe ; au bout de 40 secondes environ, ils sont essoufflés et s'immobilisent ou se mettent à marcher. |
| Question | Après avoir identifié le champ d'apprentissage et l'activité physique concernée, proposer une ou plusieurs situations d'apprentissage au sein d'une séance qui permette(nt) à ces trois élèves de résoudre cette difficulté. Vous justifierez vos choix didactiques et pédagogiques. |

## 2. ANALYSE DES TERMES DU SUJET – MISE EN PERSPECTIVE

| | Citation du sujet | Commentaires |
|---|---|---|
| Partie « constat » | En début de séquence | La situation proposée pourrait être une **situation de référence** qui permette aux élèves de **problématiser** la course longue. La situation de référence permet aussi à l'enseignant de voir où en est chaque élève. Pour les élèves, c'est le **constat de ce dont ils sont capables avant la séquence d'apprentissage**. La même situation est reprise en fin de séquence afin de **mesurer les progrès**. |
| | Courir 6 minutes sans s'arrêter | L'enseignant propose un **contrat de temps** et pas de distance. Est-ce que les élèves se représentent bien ce que sont 6 minutes ? Le **temps est difficile à matérialise**r et il faut pourtant que les élèves le conçoivent pour le maitriser. |
| | Trois élèves… | La difficulté qui consiste à **contrôler son rythme** dès le départ de la course n'est pas rencontrée par l'ensemble de la classe : on pourra alors **s'appuyer sur le comportement des autres élèves** pour faire progresser ces trois élèves. |
| | Pour se placer en tête | Ces trois élèves ont probablement une représentation de la course que l'on doit gagner en étant **devant, le premier, le plus rapidement possible**. Il n'y a pas de stratégie construite dans la durée. |
| | Ils sont essoufflés | La prise de conscience des **transformations physiologiques lors de l'effort** est un des leviers pour faire progresser les élèves. Une autre difficulté dans la course longue est de maitriser son souffle sur le long terme et de trouver le bon rythme de l'inspire (court) et de l'expire (long). |
| | S'immobilisent ou se mettent à marcher | Le contrat n'est rompu que pour ceux qui s'arrêtent puisque la consigne spécifie « sans s'arrêter ». La **différence entre marcher et courir** sera à questionner avec les élèves. La marche peut être utilisée pour la « récupération active ». |
| Partie « question » | Champ d'apprentissage et activité physique concernée | Le champ d'apprentissage est le champ 1 en EPS à l'école élémentaire : « **Produire une performance maximale, mesurée à une échéance donnée** ».<br>L'activité physique concernée fait partie des activités athlétiques et plus particulièrement la **course longue** ou course de durée. |
| | Une ou plusieurs situations d'apprentissage au sein d'une séance | La ou les situations devront s'inscrire dans une séance de durée moyenne de 45 à 50 minutes. Toute la séance n'est pas décrite mais seulement cette ou ces situations d'apprentissage. |
| | Résoudre cette difficulté | Elles doivent avoir un **objectif d'apprentissage correspondant à la difficulté** des élèves évoquée dans le sujet. |

## 3. PROPOSITION D'INTRODUCTION À L'EXPOSÉ PORTANT SUR LES ENJEUX EN LIEN AVEC LE SUJET

### Rappels sur l'EPS à l'école

En élémentaire, 3 heures hebdomadaires, annualisées, ce qui représente 108 heures par an. Une programmation équilibrée qui, si possible sur l'année et en tout cas sur le cycle 2, aborde les 4 champs de compétence de l'EPS.

### Reprise des ressources mobilisées en EPS[1]

Particulièrement dans la course longue :

- ressources affectives : motivation et persévérance,
- ressources motrices : ressources énergétiques dans la filière aérobie (de faible puissance mais fonctionnant longtemps),
- ressources cognitives : perception de son propre corps et des repères dans son environnement pour construire une course régulière.

### Enjeux de la course longue

- améliore le système cardiovasculaire et construit les capacités foncières utiles dans d'autres activités sportives,
- contribue à la lutte contre le surpoids → habitus santé,
- demande peu de matériel et se pratique partout facilement → participe à la construction d'une culture sportive commune largement référencée. Par exemple, au marathon 42 km 195 m : record français Morhad Amdouni en 2 h 5 min 22 s (2022) et Christelle Daunay en 2 h 24 min 22 s (2010).

La course longue apprend à gérer l'opposition entre courir le plus rapidement possible et tenir le plus longtemps ou sur la plus longue distance possible → connaitre ses capacités motrices.

Capacités visées :

- construire des repères pour courir régulièrement,
- courir longtemps en aisance respiratoire,
- prendre conscience de ses possibilités et se motiver pour effectuer un effort long et modéré,
- s'engager dans un contrat individuel ou collectif mettant en jeu le temps (en CE1),
- utiliser des outils de mesure simples,
- endosser différents rôles (coureur, chronométreur, observateur).

### Étapes essentielles dans l'amélioration de la performance en course longue[2]

Passer de l'étape du « chien fou » à l'étape du « chien sage ».

## 4. PROPOSITION DE RÉPONSE À LA QUESTION AVEC JUSTIFICATIONS PÉDAGOGIQUES ET DIDACTIQUES

### Deux situations qui se dérouleront dans la cour de l'école avec une classe de CE1 de

1. *Cf.* pages 34 et 35.
2. *Cf.* pages 51 à 53.

24 élèves

**Matériel :** 11 plots, craie, corde ou ficelle de 25 mètres (pour faciliter la mise en place du tracé) sifflet, chronomètre.
**Sécurité et prévention :** Vérifier l'état du sol de la cour (racines, grosses irrégularités), vérification d'éventuels PAI chez les élèves (Projet d'accueil individualisé en cas de problèmes médicaux particuliers), assurer l'accès à l'eau régulièrement (gourde individuelle).
**Aménagement du terrain :** Ne pas hésiter à faire un schéma pour le jury.

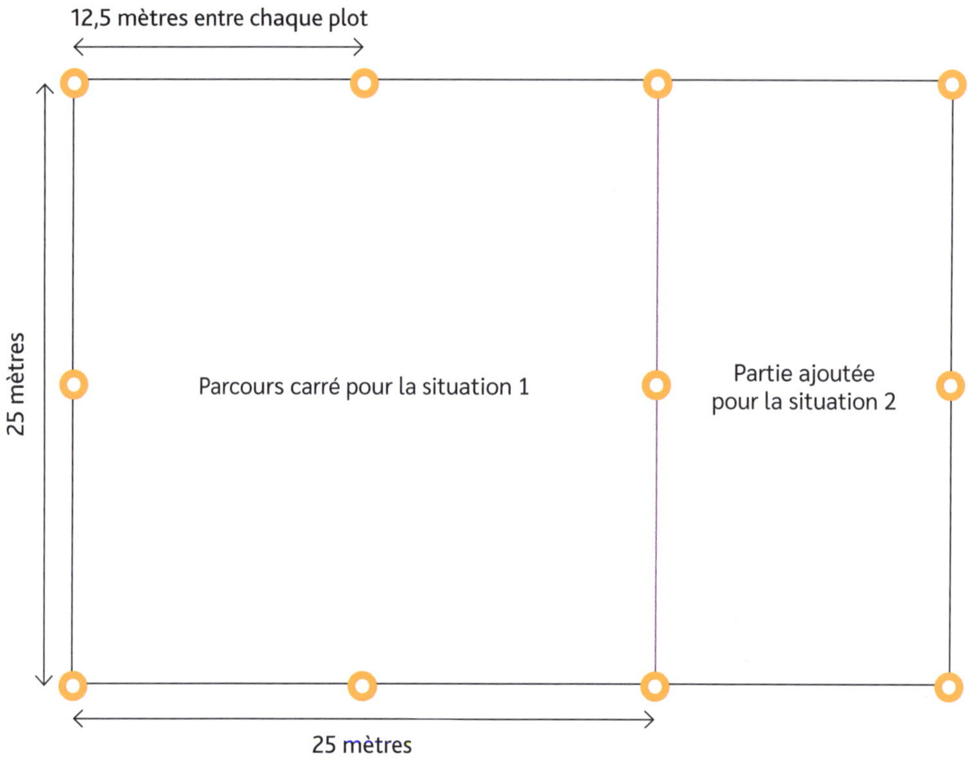


Déterminer un carré de 25 mètres de côté. Le périmètre du carré fera donc 100 mètres. Placer 8 plots régulièrement espacés de 12,5 mètres (*cf.* dessin). Tracer si possible le parcours au sol à la craie (ne pas se contenter des plots).

**Situation 1**
**Objectif :** Prendre conscience seul de la notion « d'allure régulière ».
**Organisation :** Utiliser le parcours carré de 25 mètres de côté dans un sens déterminé. Décider avec les élèves d'une « ritournelle » rythmique de 2 à 3 secondes comme : « Tchou tchou le p'tit train ». Départs répartis tout au long du parcours (3 élèves se positionnent à côté de chaque plot) → ainsi, il n'y a pas de « tête de peloton ». L'enseignant chronomètre le temps.
**Consigne 1 :** Pendant 2 minutes, courir chacun à son rythme en disant la ritournelle sans s'arrêter. Compter (avec ses doigts éventuellement) combien de fois on dit la ritournelle entre deux plots.
**Bilan :** Est-ce que c'était toujours le même nombre de fois ?

**Consigne 2 :** Pendant 2 minutes, courir en disant la ritournelle sans s'arrêter. Essayer d'avoir toujours la même vitesse entre deux plots pour retrouver toujours le même nombre de fois la ritournelle.

**Justifications :** La ritournelle aide à placer le souffle et à trouver son rythme. Le thème du « train » peut être repris lorsqu'il sera proposé de courir en petit groupe : une « locomotive » et deux « wagons ». Proposer un bilan intermédiaire pour s'assurer que les élèves ont bien compris la consigne et pour permettre une régulation.

**Situation 2**

**Objectif :** Conserver une allure régulière en petit groupe.

**Organisation 1 :** Utiliser le parcours carré de 25 mètres de côté. Départs répartis en petits groupes de 3 élèves sur les 8 plots. L'enseignant chronomètre le temps (4 minutes). Les groupes sont mixtes, constitués d'élèves ayant une allure très proche (déterminée lors de la situation 1).

**Consigne 1 :** Pendant 4 minutes, courir sans s'arrêter en restant dans son petit groupe de 3. Vérifier avec la ritournelle si on garde la même vitesse.

**Bilan :** Est-ce que c'était toujours le même nombre de fois ?

**Organisation 2 :** Étendre le premier parcours en ajoutant 12,5 mètres. Créer ainsi un deuxième parcours rectangulaire de 150 mètres de longueur. Ajouter 3 plots (*cf.* dessin). Départs répartis en petits groupes de 3 élèves sur 8 des 11 plots. Déterminer le même sens de rotation sur les deux parcours, le carré et le rectangulaire.

**Consigne 2 :** Pendant 6 minutes, courir sans s'arrêter en restant dans son petit groupe de 3. Utiliser le parcours carré ou le parcours rectangulaire, comme on veut mais en respectant le sens de rotation. Essayer d'avoir toujours la même vitesse entre deux plots pour retrouver le même nombre de fois la ritournelle.

**Justifications :** Augmenter peu à peu le temps de course tout en relançant la situation par de nouvelles modalités. Le petit groupe est à la fois une contrainte et une aide pour la régulation du rythme. Une variable peut être ajoutée : le groupe s'organise en file indienne comme un train et doit opérer un « changement de locomotive » tous les deux plots (la locomotive passe derrière et le premier wagon devient la locomotive).

## 1.PRÉSENTATION DU SUJET SOUS FORME DE TABLEAU

| Les éléments du sujet explicitement donnés : | |
|---|---|
| Cycle d'enseignement | Cycle 1 |
| Niveau de classe | Petite Section |
| Attendu de fin de cycle | Coordonner ses gestes et ses déplacements avec ceux des autres lors de rondes |
| Champ d'apprentissage | Domaine : communiquer avec les autres au travers d'actions à visée artistique. Il est à noter que le sujet précise le champ sans donner l'intitulé du domaine du programme, plus large : « Agir, s'exprimer, comprendre à travers l'activité physique ». |
| Objectif d'acquisition | |
| Constat | Lors de votre première séance de ronde et jeux dansés avec vos petites sections, vous constatez que certains élèves ne donnent pas la main aux autres et n'identifient pas le principe de la ronde. |
| Question | Proposer une ou plusieurs situations d'apprentissage au sein d'une séance qui permette(nt) aux élèves de résoudre cette difficulté. Vous justifierez vos choix didactiques et pédagogiques. |

## 2.ANALYSE DES TERMES DU SUJET – MISE EN PERSPECTIVE

| | Citation du sujet | Commentaires |
|---|---|---|
| **Constat** | Première séance | Une première séance est l'occasion d'observer les élèves pour constater leurs points forts et déterminer les compétences à travailler en priorité. Il est intéressant de proposer en fin de séquence cette même situation (situation de référence) afin de mettre en évidence les progrès. |
| | Rondes et jeux dansés | Il est préconisé d'associer rondes, danse et jeux à la maternelle. Un lien est à faire avec les danses collectives traditionnelles, chantées ou non. En effet, ce patrimoine culturel[1] est porteur pour développer des compétences motrices (sautiller, se balancer, tourner...) mais aussi langagières (phonologiques avec les rimes, les assonances..., lexicales avec des mots nouveaux) et sociales (danser ensemble, accepter de choisir et d'être choisi, d'être touché, dirigé et de diriger, d'être seul...). Ainsi, on parle parfois de rondes et jeux chantés. |

1. Des exemples de rondes traditionnelles dans ce document en ligne : https://meyzieu-decines.circo.ac-lyon.fr/spip/IMG/pdf/RONDES_EN_MATERNELLE_CPD.pdf

| | | |
|---|---|---|
| Constat | Certains élèves | Tous les élèves de la classe ne sont pas concernés. Il s'agit donc de rassurer et d'accompagner les enfants réticents et de s'appuyer sur les enfants les plus à l'aise pour entrainer tout le groupe. En introduction de l'exposé, émettre des hypothèses quant aux freins que peuvent avoir ces élèves (affectifs, moteurs, cognitifs). |
| | Ne donnent pas la main | Les raisons peuvent être diverses : peur d'être entraîné et de tomber, expérience antérieure désagréable (enfant tiré, poussé, bousculé), refus du contact avec un(e) « inconnu(e) » (les enfants de PS ne se connaissent pas d'avant), refus de faire avec et comme un camarade (contrainte). |
| | N'identifient pas le principe de ronde | Deux aspects sont à identifier et comprendre :<br>Faire une ronde, c'est se positionner dans l'espace pour **former un cercle**. Si cette figure est identifiée par les élèves dans le monde qui les entoure, elle est difficile à percevoir dans le plan du déplacement (au sol), d'autant plus que les enfants sont petits. Faire une ronde, c'est aussi **se déplacer tout en gardant la même place** les uns par rapport aux autres et **revenir à son point de départ** après avoir fait un tour complet. **La verbalisation est un élément essentiel** à la prise de conscience des élèves. |
| Question | Une ou plusieurs situations d'apprentissage | Toute la séance n'est pas décrite mais seulement les situations d'apprentissage conçues pour répondre aux difficultés des élèves. Cependant, pour que ces situations fassent sens et soient parlantes pour le jury, il faut tout de même en définir le contexte matériel et organisationnel. D'autre part, il ne faut pas oublier de justifier ses choix. |
| | Résoudre cette difficulté | On a vu dans le constat que les difficultés étaient de plusieurs ordres : il faudra répondre à ces différents niveaux. Il ne faut pas perdre de vue les attendus de fin de cycle : coordonner ses gestes et déplacements à ceux des autres. |

## 3. PROPOSITION D'INTRODUCTION À L'EXPOSÉ PORTANT SUR LES ENJEUX EN LIEN AVEC LE SUJET

### Rappels sur l'EPS et l'apprentissage à la maternelle

Au cycle 1, les séances d'activité physique sont quotidiennes, pendant 30 à 45 minutes (hors contraintes matérielles comme enlever et mettre les chaussures, installer le petit matériel, etc.). Au cours de l'année, il aura été proposé des séquences dans les 4 grands domaines d'activités (voir page 23 l'intitulé des domaines et les activités supports pouvant être proposées pour chacun d'entre eux).

- A la maternelle, quel que soit le domaine d'apprentissage, l'enfant apprend en **jouant** (avec des jeux symboliques, d'exploration, de manipulation, collectifs ou individuels), en **réfléchissant et en résolvant des problèmes** (avec des situations ouvertes qui n'ont pas qu'une seule issue possible), en **s'exerçant** (avec des temps dédiés suffisamment longs pour voir l'effet de ses actions), en se **remémorant** et en **mémorisant** (par le corps mais aussi par la mise en mots, les dessins, photos, affiches...)

L'intitulé du programme de maternelle « Agir, s'exprimer, comprendre à travers l'activité physique » implique chez l'enseignant un certain nombre de gestes professionnels.

Pour amener l'enfant à **agir**, il faudra que l'enseignant veille à :

- Aménager l'espace pour qu'il soit à la fois riche et rassurant,
- Ritualiser les différents temps de la séance pour établir des repères, laisser suffisamment de temps pour explorer chaque nouvelle situation,
- S'investir soi-même dans l'action surtout avec les plus petits qui suivent l'adulte.

Pour amener l'enfant à **s'exprimer**, il faudra que l'enseignant veille à :

- Solliciter y compris par le « faire comme »,
- Valoriser les « trouvailles » et encourager la diversité en demandant « d'autres façons de faire »,
- Féliciter individuellement et collectivement

Pour amener l'enfant à **comprendre**, il faudra que l'enseignant veille à :

- Proposer des situations comportant un but d'action avec des critères clairement définis (ici par exemple « faire une ronde » en montrant une autre classe faisant une ronde),
- Mobiliser le langage avant, pendant et après la séance pour mettre en mots la situation et le ressenti des élèves. Comme il est dit dans la ressource Eduscol en maternelle « Créer un dynamique d'apprentissage »[1], « apprendre à l'école, c'est suspendre l'action pour la penser ».

**Reprise des ressources mobilisées en EPS** (cf p. 34 et 35), particulièrement dans la danse :

- ressources affectives : chaque élève aura plus ou moins de facilité dans ses relations avec les autres (capacité à accepter le contact, à voir et tenir compte autres, à se dissocier des autres pour une production originale) et aura des **représentations** de la danse plus ou moins porteuses (familiarité avec la danse, seul ou avec d'autres, dans un groupe mixte ou non, à destination ou non d'un « public »),
- ressources motrices : la marche à cet âge est stabilisée mais la **dissociation** entre haut et bas du corps est en construction ainsi que la **latéralisation**. Il peut être difficile de marcher en suivant une trajectoire donnée (bassin/pieds en déplacement sur cercle) avec le buste et le regard porté vers le centre de la ronde et/ou son vis-à-vis,
- ressources cognitives : la perception de son propre corps et des repères dans un environnement mouvant puisque tous les élèves se déplacent en même temps. Dans cet environnement instable, il est plus ou moins facile pour l'enfant de prendre des décisions, d'autant moins que son stock de « réponse prêtes » est limité.

**Enjeux de la danse :**

- Contribue à développer un répertoire moteur varié (une gestuelle inhabituelle et contrôlée) et par conséquent, une meilleure assurance corporelle. Ceci participera à la construction d'une image positive du corps et d'une meilleure confiance en soi.
- Développe la mémoire corporelle, visuelle et par la verbalisation
- Contribue à la cohésion du groupe classe par la construction d'une production commune tout en mettant en valeur la contribution de chacun,

1. https://eduscol.education.fr/document/13438/download

- Inscrit chaque élève dans un parcours commun artistique et culturel : dès la maternelle, faire référence à des chorégraphes, danseurs et danseuses par le biais de vidéos et de spectacles vivants adaptés à leur âge.[1]

**Etapes essentielles** dans l'amélioration de la réponse en danse (cf partie 1 - Champ 3 - 1. Danser) au cours de la séquence d'apprentissage :

- Passer d'une réponse corporelle globale à une réponse dissociant les différentes parties du corps (par exemple conserver une trajectoire tout en produisant différents mouvements avec les bras),
- Passer d'une gestuelle ordinaire, non pensée, à des gestes dansés intentionnels en utilisant l'espace (agrandir le mouvement, le situer dans l'espace haut, bas, arrière...) et le temps (ralentir et accélérer, voire stopper le geste),
- Passer de déplacements « dans sa bulle personnelle » à des déplacements tenant compte des autres, en interaction directe avec une ou deux personnes (par exemple en tenant la main) et indirecte avec le groupe classe (par exemple partager le même espace organisé),
- Passer d'actions pour son propre plaisir à une gestuelle à l'intention d'un public, tenant compte de l'effet produit.

**Remarque sur la musique :** selon la progression et l'habileté du groupe, on choisira la musique produite en direct (voix, tambourin...) qui peut être ralentie ou modifiée en fonction des réponses motrices du groupe ou la musique enregistrée qui a un pouvoir d'entrainement plus important. Certaines phases de la séance peuvent se dérouler sans musique ou avec des sons produits par les enfants eux-mêmes.

## 4. PROPOSITION DE RÉPONSE À LA QUESTION AVEC JUSTIFICATIONS PÉDAGOGIQUES ET DIDACTIQUES

Trois situations qui se dérouleront dans le préau de l'école ou une salle de motricité avec une classe de 24 élèves de Petite Section en période 1. A cette période, les élèves de PS ont plus ou moins 3 ans.

**Matériel :** Une ficelle de 5 mètres de long environ, une craie, autant de sacs de graines[2] que d'élèves, un cerceau, une enceinte connectée et une musique téléchargée[3].

**Sécurité et prévention :** faire retirer les chaussures aux élèves s'ils ne sont pas en chaussons. Si le sol risque d'être glissant, préférer mettre les enfants pieds nus. Délimiter clairement un espace d'évolution (avec des plots, des bancs...)

Aménagement de la salle : avec la ficelle et la craie et l'aide de l'Atsem ou d'un élève qui restera immobile en tenant une extrémité de la ficelle, tracer **2 cercles concentriques de 5 mètres et 2,5 mètres de rayon** sous les yeux des élèves. Dire « regardez bien, je vais tracer 2 ronds l'un dans l'autre ».

**Situation 1 :**

**Objectif : s'approprier un espace délimité.**

1. Liens vers plusieurs vidéos qui peuvent être montrées aux enfants ou inspirer l'équipe des enseignants : Extrait d'une chorégraphie créée par Agnès Pelletier : https://www.youtube.com/watch?v=IOFGtAnsTcQ – « C'était bien (au petit bal perdu) » de Philippe Découflé : https://www.youtube.com/watch?v=EJB2GtoP38Y – extraits de la chorégraphie « Boxe boxe » de Mourad Merzouki : https://www.youtube.com/watch?v=EJB2GtoP38Y – « Et de se tenir la main », commentaire par un enfant d'une chorégraphie de Mélanie Perrier : https://www.numeridanse.tv/videotheque-danse/et-de-se-tenir-la-main?s
2. Sac de graines : matériel courant dans les écoles maternelles, le sac de graines a l'avantage de ne pas rouler...Il peut dans le cas de cette séance être remplacé par une chaussette ou un tissu replié autour d'un petit sachet de riz.
3. Exemple de musique : La Petite Fille de la mer de Vangelis : https://www.youtube.com/watch?v=8x_ZsK7Cx7A

**Organisation :** Déposer au sol au moins autant de sacs de graines que d'enfants en les répartissant également sur toute la surface du disque de 5 m. de rayon (c'est-à-dire 10 mètres de diamètre). Musique La Petite Fille de la mer de Vangélis.
**Consigne 1 :** « Avec la musique, déplacez-vous comme vous voulez entre les sacs, sans les toucher, en restant à l'intérieur du grand rond que j'ai tracé ». Le faire avec les élèves avec une gestuelle neutre si les élèves produisent des propositions originales. Sans proposition diversifiées de leur part, proposer des déplacements à différentes hauteurs (au sol, en s'étirant vers le haut, en arrière…).
À refaire plusieurs fois en arrêtant la musique à 1 minute et en attirant l'attention sur différents types de déplacements proposés par les élèves (« Regardez comme untel a bougé les bras » ou « comme unetelle a tourné sur elle-même »… « Vous pouvez essayer de faire la même chose ou un autre mouvement ».
**Consigne 2 :** « Imaginez maintenant que les sacs de graines sont de petites tortues. Déplacez-vous comme vous voulez entre les tortues, en utilisant ce que vous avez déjà fait/vu. Quand j'arrêterai la musique, allez vous assoir près d'une tortue et dites-lui bonjour sans parler, avec des gestes. À refaire plusieurs fois en mettant en évidence différentes façons de dire bonjour.
**Justifications :** les sacs au sol jalonnent l'espace, aident les élèves à fluidifier leur déplacement et évitent les agglutinements. La musique lente ralenti les gestes et évite courses et risque de percussion entre élèves. Le sac de graine est un inducteur qui amène l'enfant à se décentrer.
**Situation 2 :**
**Objectif : interagir avec les autres élèves de la classe.**
**Organisation :** Dans l'espace circulaire déjà délimité. Chaque enfant a un sac de graines. Même musique.
**Consigne 1 :** « Imaginez que le sac de graines est un petit cadeau. Sans musique, déplacez-vous comme vous voulez, en utilisant ce que vous avez déjà fait/vu. Quand la musique commence, échanger votre cadeau avec les camarades que vous croisez. L'échange doit se faire au sol ». À refaire plusieurs fois en mettant en évidence différentes façons d'échanger le cadeau (le poser au sol, le faire glisser, le déposer sur une partie du corps…).
**Consigne 2 :** « Avec la musique, déplacez-vous et échanger le cadeau plusieurs fois, en utilisant ce que vous avez déjà fait et vu. Quand la musique s'arrête, allez rejoindre le petit cercle tracé au sol et choisissez une façon de déposer votre cadeau sur le trait du cercle ». À refaire plusieurs fois en veillant à ce que chaque enfant ait fait au moins un échange. Si besoin, se mettre soi-même en scène avec un enfant.
Justifications : les déplacements autour, à l'intérieur et sur les cercles amènent les enfants à se familiariser avec ces formes. Le sac de graines est un objet transitionnel qui permet des interactions indirectes entre enfants. L'image du « cadeau » est parlante pour les enfants. Le consigne « déposer » amène les élèves à explorer différentes hauteurs de l'espace, y compris le sol.
**Situation 3 :**
**Objectif : interagir en cercle avec les autres élèves de la classe.**
**Organisation :** Les élèves commencent en étant placés sur le petit cercle (qu'ils ont rejoint lors de la situation 2). Les sacs de graines sont réunis au centre du cercle, dans un cerceau. Même musique.
**Consigne 1 :** Avec musique - « Chacun son tour, allez chercher un sac dans le cerceau, revenir à sa place et déplacer le sac autour de soi en restant sur le cercle ». Refaire plusieurs fois en engageant les élèves à être attentifs aux autres. Proposer des variantes en fonction

de la réactivité des élèves : 2 enfants en vis à vis partent en même temps, imposer un type de déplacement au retour vers le cercle (comme une petite souris, un serpent, un oiseau...). Mettre en évidence les différentes façons de continuer le mouvement en déplaçant le sac autour de soi une fois de retour sur le cercle.

**Consigne 2 :** Les sacs sont posés aux pieds des élèves. D'abord sans musique. « Prendre son sac, le faire voyager autour de soi et l'offrir à son voisin qui le déposera à ses pieds et fera pareil avec son sac de graines ». Donner la consigne en montrant soi-même la proposition. Selon la fluidité des réponses, proposer de commencer à plusieurs points du cercle.

*Justifications : la situation permet aux élèves de visualiser et de « vivre le cercle » pour percevoir que ce qui se déroule sur le cercle revient au point de départ, que chacun a un vis-à-vis sur le cercle, que la distance au cerceau central est toujours la même. Les interactions se font pour le moment par le biais su sac de graines mais on pourra ensuite proposer de se transmettre un geste en se touchant la main ou une autre partie du corps. Dans un second temps, après ces trois situations, le déplacement en ronde sera grandement facilité.*

*Des images peuvent aider les élèves à percevoir la disposition en cercle : les perles d'un collier, les pétales d'une fleur (pour les petites rondes), la disposition autour d'une table ronde.*

*À la suite de la séance, il est essentiel d'y revenir par le biais de photos prises en situations : ce sera l'occasion de verbaliser et faire verbaliser les enfants sur ce qu'ils ont vécu et compris.*

## 1. PRÉSENTATION DU SUJET SOUS FORME DE TABLEAU

| Les éléments du sujet explicitement donnés : | |
|---|---|
| Cycle d'enseignement | Cycle 3 |
| Niveau de classe | CM2 |
| Attendu de fin de cycle | S'organiser tactiquement pour gagner le duel ou le match en identifiant les situations favorables de marque. |
| Champ d'apprentissage | Domaine : conduire et maîtriser un affrontement collectif ou interindividuel. |
| Objectif d'acquisition | |
| Constat | Lors de la mise en œuvre d'un cycle d'ultimate et tout particulièrement en situation de match, certains élèves se démotivent car leur équipe n'arrive pas à faire progresser le disque vers la zone d'en-but et à l'issue des matchs, l'équipe est très souvent perdante. |
| Question | Proposer une ou plusieurs situations d'apprentissage au sein d'une séance qui permette(nt) aux élèves de résoudre cette difficulté. Vous justifierez vos choix didactiques et pédagogiques. |

## 2. ANALYSE DES TERMES DU SUJET – MISE EN PERSPECTIVE

| | Citation du sujet | Commentaires |
|---|---|---|
| **Constat** | Cycle d'ultimate | L'ultimate est une discipline qui se joue avec deux équipes de cinq à sept joueurs chacune et un disque (frisbee). Les joueurs se font des passes pour progresser sur le terrain et aller réceptionner le disque dans l'en-but adverse.<br>Le jeu se déroule sur un terrain de handball. À l'intérieur, la zone d'en-but est de 6 mètres (18 m à l'extérieur).<br>Il n'y a pas de durée imposée pour l'ultimate. On peut fixer une durée maximum (souvent 40 minutes) et/ou un nombre de points à atteindre (en général 13 ou 17 points), pour déterminer la fin d'un match.<br>En compétition, c'est un sport mixte, se jouant sans arbitre. Les joueurs eux-mêmes veillent au bon déroulement du jeu. Les contacts physiques sont interdits. |

| | | |
|---|---|---|
| **Constat** | En situation de match | Lors d'un cycle de jeu ou sport collectif, il est indispensable de mettre en œuvre au cours de chaque séance :<br>• des situations de match (éventuellement aménagées en début de cycle lorsque toutes les règles ne sont pas encore introduites) pour faire comprendre les règles et leur intérêt, expérimenter des stratégies en attaque et en défense et motiver collectivement les élèves,<br>• des situations dites « éducatives » (souvent en plus petits groupes) qui visent à rendre tous les élèves suffisamment adroits dans les différentes composantes du jeu pour entrer sereinement dans une situation de match. |
| | Se démotivent | Dans le cas de l'ultimate, un élève qui ne maîtrise pas du tout le lancer ou la réception du disque risque de se délégitimer et de se mettre à l'écart en situation de match. Il perdra rapidement toute motivation.<br>Généralement, la motivation repose sur :<br>• la sensation de compétence minimum acquise pour jouer et la perspective de progrès dans un temps proche (progrès atteignables et mesurables),<br>• la sensation d'une certaine compétence et de reconnaissance au sein de son équipe,<br>• la visibilité de ses progrès,<br>• la possibilité de gagner (l'incertitude de l'issue du jeu doit être maintenue : la motivation diminue d'autant qu'augmente la certitude de perdre… mais aussi de gagner de façon trop évidente – quel intérêt de gagner contre une équipe sans aucune compétence ?)<br>Ainsi, il s'agit de veiller à équilibrer les équipes (équipes hétérogènes en leur sein, homogènes entre elles). |
| | Faire progresser le disque vers la zone d'en but | Pour réussir à faire progresser le disque, il faut être capable de :<br>• pour le porteur de disque : s'orienter sur le terrain, repérer ses équipiers, se démarquer, maîtriser le lancer du disque, sa trajectoire et sa direction,<br>• Pour celui qui va recevoir le disque : se démarquer, anticiper la trajectoire du disque, courir vite, maîtriser la récupération du disque (à différentes hauteurs) et le relancer dans un même geste, avant l'intervention des défenseurs. |

| | | |
|---|---|---|
| Constat | Très souvent perdante | Pour permettre à chaque équipe d'avoir des adversaires à sa mesure, il est possible de mettre en place un système qui préserve l'équité lors des rencontres (système d'aménagement des règles pour rétablir les chances quand deux équipes très inégales s'affrontent)[1].<br>Il est aussi possible de faire des matchs selon une organisation « montante descendante »[2] : 3 équipes A, B et C rencontrent trois équipes D, E, F. À l'issue des matchs A/D, B/E et C/F, une équipe gagnante affronte une autre équipe gagnante et une équipe perdante affronte une autre équipe perdante. En procédant ainsi plusieurs fois de suite, les équipes qui s'affrontent finissent par être d'un niveau assez proche. |
| Question | Une ou plusieurs situations d'apprentissage au sein d'une séance | La séance ne sera pas décrite dans sa totalité mais les quatre situations proposées doivent quand même être situées dans un contexte : aménagement de l'espace (ne pas hésiter à faire un croquis pour expliquer au jury), répartition des phases de la séance (mise en train en amont, temps d'application dans un mini-match, bilan avec verbalisation des élèves) et prolongements prévus en classe (carnet d'EPS). |
| | Résoudre cette difficulté | Le mot difficulté est au singulier. Or, une première analyse du constat montre que c'est un ensemble de facteurs qui va mettre une équipe en difficulté. Si on veut problématiser, on pourrait dire : « Comment éviter qu'un groupe d'élèves soit pris dans la spirale négative : manque de technique, échec, démotivation ? » |

## 3. PROPOSITION D'INTRODUCTION À L'EXPOSÉ PORTANT SUR LES ENJEUX EN LIEN AVEC LE SUJET

### Rappels sur l'EPS

En élémentaire, les programmes demandent la pratique de 3 heures d'EPS par semaine. Ces trois heures sont à distinguer de l'activité physique quotidienne (APQ) qui est proposée à hauteur de 30 minutes par jour, idéalement en lien avec toutes les disciplines. En effet, il est préconisé d'engager le corps dans les apprentissages, sous forme d'activités qui représenteront 30 minutes par jour, en fractionné. Ceci afin d'éviter la sédentarité, d'améliorer l'oxygénation du cerveau et de permettre une meilleure concentration.
La programmation annuelle de l'EPS tendra à aborder les 4 champs d'apprentissage[3].
**Reprise des ressources mobilisées en EPS**[4] particulièrement en jeux collectifs et en ultimate :

- ressources affectives : motivation et relations,
- ressources motrices : aptitudes musculaires et énergétiques dans la filière anaérobie alactique (de forte puissance mais pendant peu de temps — 10 secondes —, ce qui sera utile lors de la course pour se démarquer ou récupérer le frisbee),

1. Lien vers les outils d'un dispositif qui permet d'équilibrer le jeu entre deux équipes de niveau inégal : https://www.revue-eps.com/fic_bdd/biblio_ouvrages_fichiers_fr_fichier/352_1_3_footcoop_bonus_revue_13805529310.pdf
2. https://www.jeux-animations-sports.com/organisation-tournoi-montante-descendante/
3. Cf. p. 24.
4. Cf. p. 34 à 36.

- ressources cognitives : perception de l'espace et de repères pour interagir avec les coéquipiers et les adversaires, sélection des informations utiles à la passe, prise de décision appropriée à la situation, régulation du mouvement au cours de l'action.

**Enjeux de l'ultimate :**

L'ultimate est un sport collectif particulier car il n'y a pas de ballon mais un frisbee qu'on doit lancer pour qu'il puisse planer. Le fait que ce sport soit peu pratiqué **met tous les élèves, sur le même niveau d'expérience**. Cette discipline est **mixte**, même en compétition. Ainsi, elle ne renvoie pas à une image favorisant un sexe ou l'autre. Le fait que l'on ne puisse pas marcher avec le disque en main **oblige à la coopération** : le jeu ne peut pas reposer sur un seul joueur de l'équipe.

Il n'y a pas de juge ou d'arbitre en ultimate : l'auto-arbitrage rend les élèves **responsables du bon déroulement des matchs**. Le jeu interdit tout contact : le **respect de l'autre** est une valeur fondamentale de l'ultimate. Du fait de la rapidité du vol du frisbee, le jeu sollicite le système cardiovasculaire et est assez énergivore : il **contribue efficacement à la lutte contre le surpoids**.

Le matériel est peu onéreux et le jeu ne nécessite pas d'infrastructures spécifiques. Il peut donc être pratiqué et repris facilement, ce qui peut **favoriser une pratique de loisirs conviviale** et un habitus santé.

**Étapes essentielles** dans l'amélioration de la performance en ultimate au cours de la séquence d'apprentissage :

Les élèves doivent d'abord percevoir l'orientation du terrain et le fait que l'on peut revêtir simultanément le rôle d'attaquant et de défenseur en fonction du porteur du frisbee.

En outre, des progrès dans les quatre domaines suivants donneront un véritable avantage aux joueurs : les passes, l'interception du disque, le démarquage et la défense.

- **Les passes :**
  - Le revers est d'abord utilisé. Il s'agit de passer d'un corps de face lors du lancer à un corps de profil durant tout le lancer, de la préparation au lâcher,
  - Le coup droit, plus complexe à maitriser, est peu à peu mis en place : lancer avec le poignet et pas tout le bras avec un rapide retournement du poignet juste avant le lâcher,
  - Utilisation du pied pivot pour se défaire du défenseur.
- **L'interception du disque :**
  - Passage d'un rattrapage de passes courtes avec peu de vitesse à un rattrapage de passes courtes ou longues plus rapides,
  - Passage d'un rattrapage à deux mains (« mâchoire de crocodile ») à un rattrapage à une main (pouce en opposition des quatre autres doigts, type « coin-coin »),
  - Passage d'un rattrapage qui oblige à s'arrêter à une attrape lance d'une main, dans le même geste, sans pour autant faire de « marcher ».
- **Le démarquage :**
  - Passage d'une attitude passive, en attente d'une passe en restant immobile et proche du porteur de disque à des déplacements qui tiennent compte à la fois des espaces libres et des possibilités de passe du porteur de disque,
  - Utilisation de plus en plus fréquente du pied pivot pour se démarquer.
- **La défense :**
  - Est d'abord souvent en retard pour presser son adversaire puis anticipe pour être présent et enfin se place à la bonne distance et au bon endroit pour provoquer une retenue du disque de 10 secondes chez l'adversaire,
  - Intercepte d'abord le disque par hasard puis intercepte mais sans relancer et enfin intercepte avec relance avant que les adversaires ne se soient replacés,

## 4. PROPOSITION DE RÉPONSE À LA QUESTION AVEC JUSTIFICATIONS PÉDAGOGIQUES ET DIDACTIQUES

**Objectif général pour ces quatre situations contenues dans une même séance :** rendre les élèves plus à l'aise dans la manipulation du frisbee (lancer, recevoir, intercepter) afin de les rendre plus disponibles à des actions stratégiques et de leur redonner confiance en eux. Les trois situations se dérouleront dans la cour de l'école ou dans un gymnase avec une classe de 24 élèves. On suivra les tracés du terrain de handball, en particulier pour repérer la zone d'en-but à 6 mètres.

**Matériel :** 12 frisbees, plots pour déterminer des sous-espaces de jeu.

**Sécurité et prévention :** le contact est interdit mais il est nécessaire de jouer dans un espace suffisamment vaste pour éviter les chocs par inadvertance, soit entre élèves, soit avec le frisbee. Les déplacements étant rapides, il faut vérifier l'état du terrain, surtout en extérieur afin d'éviter les glissades et les obstacles.

**Situation 1 :** « faire circuler le frisbee ».

**Compétences visées :** lancer, réceptionner, courir.

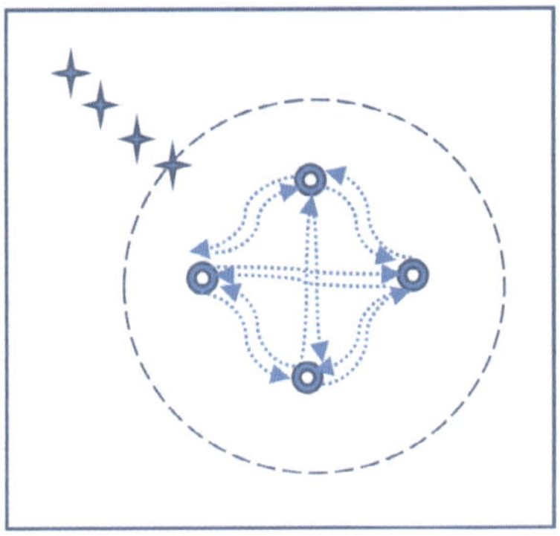

**Organisation et matériel :** 3 fois 2 équipes de 4 élèves ; chaque équipe est hétérogène (niveaux mélangés). 3 frisbees. Répartir dans l'espace disponible 3 dispositifs de ce type : 4 lanceurs disposés aux sommets d'un carré de 5 m de côté et 4 coureurs qui effectueront un parcours circulaire (de 10 m de diamètre environ) autour de ce carré. Pendant que les lanceurs devront se faire 12 passes (avec chaque lanceur sollicité 3 fois)

**Consigne :** pour les lanceurs : se faire 12 passes (avec 3 lancers effectués par chacun) en un temps minimum. Si le frisbee tombe, le lancer est annulé et il revient au lanceur précédant. Pour les coureurs : effectuer le plus de tours possible sur le cercle autour des lanceurs. Chaque coureur court à son tour.

**Situation 2 : « Progresser à deux ».**

**Compétences visées :** lancer, réceptionner, courir.

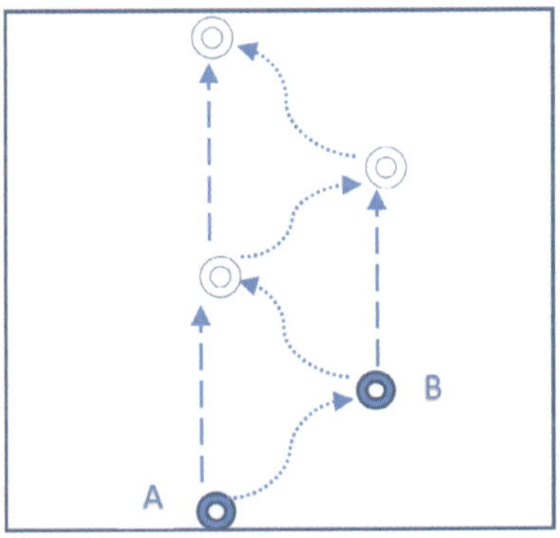


**Organisation et matériel :** Constituer 12 binômes avec chacun un frisbee (soit 12 frisbees). Répartir les binômes en 12 couloirs de 3,50 m de large et 22 m de longueur sur l'ensemble du terrain de handball (44 m X 22 m hors tracés).

**Consigne :** Dans le binôme, le joueur A envoie le frisbee au joueur B puis se déplace dans le couloir. Le joueur B envoie alors le frisbee au joueur A puis se déplace dans le couloir. Les échanges continuent ainsi dans le couloir de passes jusqu'à son extrémité puis les joueurs progressent par passes successives en sens inverse.

***Justifications :*** *Ces deux situations visent à rendre les joueurs plus à l'aise lors des passes. La situation 2 complexifie la tâche puisque le lanceur est amené à se déplacer tout de suite après avoir lancé.*

**Situation 3 : « Les lignes ».**

**Compétences visées :** lancer, réceptionner, intercepter.

**Organisation et matériel :** toute la classe est répartie en deux équipes. Chaque équipe est scindée en deux lignes face à face et débute avec un frisbee. Il faut donc prévoir 2 frisbees.

Consigne : pour chaque équipe, effectuer des passes par-dessus le joueur de l'équipe adverse pour faire progresser le frisbee latéralement dans un sens puis dans l'autre.

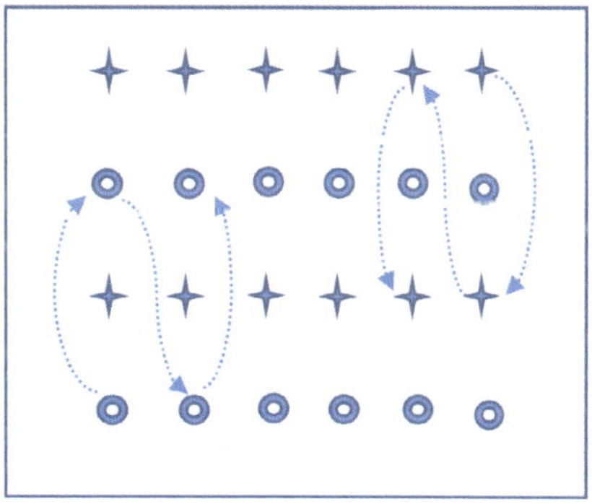

**Complexification :** chercher à faire des passes moins hautes pour progresser plus rapidement. Permettre l'interception de la part de l'équipe adverse.

***Justifications :*** *cette situation introduit l'interpénétration des équipes et la prise en compte, lors du lancer, de la possibilité d'interception. Il se crée alors un dilemme entre progression sûre et progression rapide. Pour autant, il n'y a pas de déplacement significatif ni des équipiers ni des adversaires ce qui confère à la situation un certain confort. On peut envisager dans un second temps de ne donner qu'un seul frisbee et de permettre à ceux qui ne l'ont pas de se déplacer pour tenter l'interception (introduction de l'action de la défense).*

**Évaluation :** il est important que les élèves puissent chacun s'auto-évaluer lors des situations éducatives et évaluer l'efficacité de l'équipe lors des mini-matchs. On pourra proposer des grilles personnelles d'évaluation avant (pour en prendre connaissance) et après (pour les remplir) la séance. Pour l'équipe, proposer des grilles d'observation des actions.[1]

1. Voir pages 30 et 31 de ce document de l'USEP (Union Sportive de l'Enseignement du Premier degré) : https://usep.laligue10.org/wp-content/uploads/2019/03/ULTIMATE-C2-C3-1.pdf

# PARTIE 2

# Projection dans le métier d'enseignant

# Introduction

Plusieurs arrêtés fixent les modalités d'organisation du concours comme celui du 22 septembre 2023[1] permettant d'accéder au métier d'enseignant dans le 1er et le 2nd degrés. Ces arrêtés sont accompagnés de leurs annexes fixant notamment les conditions de passation.

## UN ENTRETIEN SUR LA PROJECTION DANS LE MÉTIER D'ENSEIGNANT

Chaque arrêté indique ainsi que l'entretien ou une partie de l'entretien d'admission se déroule en deux temps portant sur :
« la motivation du candidat et son aptitude à se projeter dans le métier de professeur au sein du service public de l'éducation. Depuis la session de 2022, l'une des épreuves d'admission des concours de recrutement de professeurs des écoles (CRPE) consiste en un entretien avec le jury.
Cet entretien comporte une première partie d'une durée de 15 minutes débutant par une présentation par le candidat, d'une durée de 5 minutes maximum, des éléments de son parcours et des expériences qui l'ont conduit à se présenter au concours en valorisant notamment ses travaux de recherche, les enseignements suivis, les stages, l'engagement associatif ou les périodes de formation à l'étranger. Cette présentation donne lieu à un échange avec le jury.
La seconde partie, d'une durée de 20 minutes, doit permettre au jury, au travers de 2 mises en situation professionnelle, l'une d'enseignement, la seconde en lien avec la vie scolaire, d'apprécier l'aptitude du candidat à :
– s'approprier les valeurs de la République, dont la laïcité, et les exigences du service public (droits et obligations du fonctionnaire dont la neutralité, la lutte contre les discriminations et stéréotypes, la promotion de l'égalité, notamment entre les filles et les garçons, etc.) ;
– faire connaitre et faire partager ces valeurs et exigences. »
L'arrêté précise ensuite les conditions de notation (barème, coefficient) et rappelle sa durée : 35 minutes. Les conditions peuvent être synthétisées ainsi :

**Modalités de l'entretien en deux parties**

| | Durée | Notation | Coefficient | Note éliminatoire si... |
|---|---|---|---|---|
| CRPE<br>Externe,<br>Second concours interne, interne spécial,<br>3e concours | 35 min | 10 points sur 20 | 2 | 0 /10 à cet entretien |
| Externe spécial (doctorat) | 35 min | 7 points sur 20 | 3 | 0/20 à l'ensemble de l'épreuve d'admission |

1 https://www.devenirenseignant.gouv.fr/pourquoi-devenir-enseignant-en-2024-1326

## L'ÉPREUVE DE L'ENTRETIEN EN QUESTIONS...

L'entretien décomposé en deux parties sensiblement homogènes, 15 minutes dédiées au parcours et à l'expérience vécue du candidat, suivies de 20 minutes d'échanges élargis à partir de deux mises en situation professionnelle, est très rapide. Cette rapidité pour le candidat comme pour le jury laisse peu de place au doute et à l'erreur, exige une préparation rigoureuse notamment sur l'objectif général. Celui-ci vise à évaluer « sa motivation et son aptitude à se projeter dans le métier de professeur au sein du service public de l'éducation ».

Si cet entretien ne dure que 35 minutes, on peut imaginer que cette durée est suffisante pour un jury expert sur ce type d'entretien et lui suffit pour décrypter les éléments de réflexion du candidat. Une deuxième lecture et la suite de l'arrêté viennent apporter des éléments bien plus objectifs qui nécessitent des connaissances, des savoir-faire et des savoir-être avérés. Le mot « motivation » implique par exemple de savoir témoigner de cette motivation, ce qui nécessite à la fois des compétences d'expression orale et de s'être interrogé sur les motifs qui amènent le candidat à devenir professeur.

*Pourquoi vouloir devenir professeur ?* Si la réponse est personnelle, voire intime, tous les motifs sont-ils légitimes et dicibles auprès d'un jury de concours ? Par ailleurs, ces questions supposent d'avoir construit en amont une connaissance du « métier de professeur », un métier fidèle à la réalité d'aujourd'hui et non à celle communiquée par les médias ou celle forgée tout au long d'une expérience individuelle modelée de souvenirs d'enfance, d'adolescence, et d'adulte ou à partir d'une vision de parent par exemple. La question à se poser devient alors : *Pourquoi vouloir devenir professeur aujourd'hui, dans un contexte réglementaire bien particulier ?*

L'arrêté donne plusieurs pistes de réponses qui seront explorées dans le cadre de l'entretien. Le candidat a la main durant les 5 premières minutes au travers de sa présentation pour exposer ses motifs et sa projection, les 30 minutes suivantes sont l'occasion pour les membres du jury d'évaluer ses déclarations d'intention préliminaires grâce à deux mises en situation professionnelle imprévisibles pour le candidat, l'une d'enseignement et l'autre en lien avec la vie scolaire. Si ces deux études de cas ne sont pas prévisibles et font appel aux capacités réflexives du candidat pour proposer des pistes d'action, des savoir-être et savoir-faire, le cadre de ces actions est circonscrit à deux enjeux fondés sur l'aptitude du candidat à :
- s'approprier et décliner en action les valeurs de la République, dont la laïcité, et les exigences du service public (droits et obligations du fonctionnaire dont la neutralité, lutte contre les discriminations et stéréotypes, promotion de l'égalité, notamment entre les filles et les garçons, etc.) ;
- faire connaitre et faire partager ces valeurs et exigences.

Les deux enjeux sont imbriqués l'un dans l'autre. On ne peut faire connaitre et faire partager des valeurs et exigences que si on les maitrise totalement. *Quelles sont les valeurs de la République évoquées dans le cadre de l'activité professionnelle ? Quelles sont les exigences du service public à respecter par le professeur ? Quels sont les droits et obligations du fonctionnaire ? Une fois ces valeurs identifiées et acquises, comment les faire connaitre et les faire partager dans le cadre de l'enseignement propre à chaque spécialité de concours et dans le cadre de la vie scolaire ? Quelle réglementation est en vigueur ? Sur quelle équipe l'enseignant peut-il éventuellement s'appuyer pour faire partager ces exigences et valeurs ?*

On comprend dès lors que les 30 minutes durant lesquelles le jury pourra interagir avec le candidat peuvent paraitre terriblement longues pour celui-ci s'il ne maitrise pas les valeurs et principes évoqués, des connaissances fondamentales, et ce, même avec des membres de jury les plus bienveillants du monde. Le métier d'enseignant suppose une conversion de posture mais également une adhésion à des valeurs et principes que le professeur doit non seulement connaitre mais pouvoir et savoir transmettre. Cet entretien spécifique nécessite bien une préparation importante et ne pourra souffrir d'une banale improvisation de surface. À l'heure de débats politiques et sociaux récurrents sur les discriminations, le harcèlement, le principe de laïcité, le respect des valeurs de la République, de détournements d'informations et infox sur les réseaux sociaux, auxquelles ont accès de plus en plus tôt les jeunes, il parait fondamental que chaque acteur du monde éducatif en maitrise les contenus. Les exigences sont fortes, dès le recrutement des professeurs.

## GARDER LE CAP... DE LA PROJECTION !

Une fois le cadre réglementaire des arrêtés fixé et compris, une fois le calendrier et la gestion du temps organisés, tout le travail d'apprentissage des contenus et de structuration de cet entretien sur la projection dans le métier d'enseignant reste à construire.

Cet ouvrage cherche à aider les candidats à s'interroger sur les raisons qui les ont poussés à présenter ce concours, à en interroger les fondements, pour s'emparer de valeurs et principes qui guident l'enseignant au quotidien dans ses missions, dans un cadre réglementaire précis qui lui permet de se forger une identité professionnelle qui lui est propre, sur un chemin de développement professionnel qui lui est unique. Le candidat doit garder le cap sur un exercice de projection dans le métier en s'appuyant sur un cadre réglementaire et ses capacités réflexives et ne pas se tromper sur les objectifs de cet entretien et des concours : il ne s'agit pas de montrer qu'on est enseignant mais qu'on a le potentiel et les connaissances fondamentales attendues pour le devenir.

# CHAPITRE 1

# Préparer l'entretien oral

## A - S'ORGANISER AVANT LE CONCOURS

### 1. DURANT L'ANNÉE PRÉCÉDANT LE CONCOURS

- Comment anticiper la préparation de l'épreuve d'admission ?
- Comment connaitre la date de l'épreuve ?
- Pourquoi ne pas attendre les résultats de l'admissibilité pour préparer l'épreuve ?
- Comment programmer la préparation ?
- Est-il nécessaire de se préparer physiquement ?
- La préparation mentale est-elle utile ?

### 2. DANS LES MOIS PRÉCÉDANT L'ÉPREUVE

- Comment se préparer au niveau matériel ?
- Pourquoi anticiper le choix de la tenue vestimentaire ?

### 3. PENDANT LES JOURS PRÉCÉDANT L'ENTRETIEN : SE PRÉPARER SEREINEMENT

## B - PRÉPARER LA PRÉSENTATION ORALE POUR ÊTRE IRRÉPROCHABLE SUR LA FORME

### 1. RÉPÉTER POUR SE PRÉPARER

- Comment trouver sa voix ?

### 2. LE « SUPPORT » DE LA PRÉSENTATION

- Faut-il se présenter avec ou sans notes, apprendre par cœur ou non ?

## C - PRÉPARER LA FICHE DE RENSEIGNEMENT

- Qu'est-ce que la fiche de renseignement ?
- Comment compléter la fiche de renseignement ?

## D - LE JOUR J : LES CODES ET RITUELS D'UNE PRÉSENTATION DEVANT UN JURY

- Comment se présenter au jury ?
- Quelle posture adopter pendant l'entretien ?
- Comment utiliser le regard ?
- Faut-il sourire au jury ?
- Comment poser sa voix ?
- Comment s'exprimer devant le jury ? Débit de parole, lapsus et modes langagières

Passer un entretien oral dans le cadre d'un concours est toujours le fruit d'une rencontre dans un environnement spécifique avec ses codes, ses rituels, mais aussi et surtout avec les aléas inhérents aux relations humaines et aux sujets qui seront abordés ce jour-là. Sont réunis dans un même lieu, pour une durée très courte en définitive, trois, voire quatre personnes selon les concours, avec des profils, des parcours et des rôles différents. Le cadre de l'entretien est suffisamment large pour que le candidat soit interrogé sous de multiples angles en termes de contenus. Le fond de l'entretien et sa forme feront de cette rencontre un moment unique réussi, en demi-teinte, voire un moment douloureux intellectuellement pour le candidat comme pour le jury en cas de préparation insuffisante de la part du candidat. Néanmoins, rappelons-le, l'objectif d'un concours de recrutement est de recruter ! Cette tautologie est là pour rappeler que la posture du jury est certes exigeante mais positive. L'objectif visé est la réussite, pour le candidat comme pour le jury. Les membres de jury ont des attendus, sont neutres, seules la différence de préparation du candidat et sa capacité à être en pleine conscience le jour J joueront en sa faveur.

## A - S'ORGANISER AVANT LE CONCOURS

La préparation pour le concours s'approche de la méthodologie apprise dans l'environnement scolaire. Chacun a normalement appris que cela soit pendant la durée de la scolarisation obligatoire ou lors de formations, de la préparation de certifications, de diplômes que l'anticipation est la clé de la réussite. L'objectif est d'éviter ce que chaque candidat entendra peut-être dans la bouche d'autres candidats : des « impasses ».

### 1. DURANT L'ANNÉE PRÉCÉDANT LE CONCOURS

#### ◆ Comment anticiper la préparation de l'épreuve d'admission ?

La préparation au concours ne peut s'improviser au dernier moment. Les connaissances réglementaires sont importantes et imposent une anticipation sur l'année. Le candidat doit donc programmer des temps spécifiques. Si l'étudiant en master métiers de l'enseignement, de l'éducation et de la formation (MEEF) est engagé dans une dynamique qui va l'aider à s'impliquer quotidiennement dans la projection du concours, le candidat déjà en possession d'un Master, en reconversion professionnelle, va devoir se remobiliser dans une nouvelle activité de préparation de concours. Dans les deux cas, la volonté est la clé, les contraintes incontournables.

Selon la situation de vie du candidat, célibataire, en couple, en colocation, père ou mère de famille, celui-ci va devoir organiser sa vie privée pour ménager du temps pour soi et pour les autres, expliciter ses contraintes à l'entourage. La réalisation d'un emploi du temps partagé est une des pistes possibles pour anticiper la gestion du quotidien et de possibles crises à venir. Cette proposition parait anodine, elle conditionne pourtant la qualité de la préparation et sa régularité. Plus le rythme d'apprentissage est régulier, même avec des temps courts, plus son efficacité augmente.

Ces temps pourront être consacrés à :

– des lectures réglementaires (code de l'éducation, *Journal officiel*, nouvelles lois, droits et devoirs du fonctionnaire, référentiels de compétences, etc.) ;

– des lectures de veille éducative (débats et enjeux d'actualité, politique éducative) ;

– des temps d'apprentissage et de mémorisation des textes réglementaires ;

– des lectures en lien avec la didactique de la discipline concernée ;
– de la rédaction concernant la présentation de 5 minutes ;
– des temps d'expression orale concernant la présentation et l'exposition de mises en situation professionnelle liées aux valeurs et principes de la République ;
– des temps de réflexion et d'essai sur la présentation vestimentaire ;
– des temps d'échange avec des professeurs, personnels éducatifs en activité ou cessation d'activité récente (en prise directe avec les dernières réformes mises en œuvre) ;
– des temps de lecture de textes inspirants appartenant à l'histoire de l'éducation, à l'histoire de l'école de la République ;
– des temps de relaxation, de retour sur soi réguliers tout au long de l'année, et continus quelques jours avant l'épreuve d'admission.

## ◆ Comment connaitre la date de l'épreuve orale ?

Ces temps seront construits et ajustés anté-chronologiquement aux dates des épreuves des différents concours organisés à l'échelle académique pour le CRPE (rectorats et vice-rectorats dans les territoires ultramarins).
Le nombre et la répartition des postes offerts sont fixés par des arrêtés publiés au *Journal officiel* pour chaque session annuelle de recrutement : par académie pour les concours du premier degré de l'enseignement public. Pour chaque session annuelle de recrutement, des arrêtés publiés au *Journal officiel* de la République française autorisent l'ouverture des concours et fixent le nombre et la répartition des postes offerts : par académie ou par département pour les concours déconcentrés et pour les concours du premier degré de l'enseignement public. De nombreuses informations à destination des candidats (programmes des épreuves, conditions requises d'inscription, nature des épreuves, sujets, rapports des jurys, etc.) sont consultables en ligne[1]. Pour le CRPE, chaque rectorat dispose de son site Internet de publication. Pour des raisons logistiques liées à l'organisation des jurys, à la correction des épreuves écrites, à l'occupation des locaux, à la variété des concours, au traitement des résultats des épreuves, les calendriers des concours des premier et second degrés sont organisés sur des périodes décalées.

## ◆ Pourquoi ne pas attendre les résultats de l'admissibilité pour préparer l'épreuve ?

Quel que soit le concours, la règle d'or est : ne pas attendre les résultats de l'admissibilité pour travailler l'épreuve d'admission, ni la publication des calendriers d'inscription et de passation des concours. Chaque année, des candidats se retrouvent en difficulté en ne préparant la seconde phase qu'après les résultats de l'admissibilité pensant en termes d'économie d'énergie, d'« impasses », ou aimant travailler dans l'urgence. L'argumentaire surprend quand on sait que le classement final joue ensuite sur l'affectation. Si la méthodologie des épreuves d'admissibilité et d'admission, à l'écrit ou à l'oral, est différente, les contenus, notamment ceux relatifs aux valeurs et principes de la République sont transversaux et doivent nourrir la réflexion de l'épreuve d'admissibilité. La répartition des temps de préparation doit donc prendre place dans un calendrier général de préparation intégrant les deux phases du concours et débutant avant la phase d'inscription. Une année pleine et non scolaire est conseillée. Commencer à travailler au travers de lectures sur les valeurs de la République à l'année N-1 de l'admission donne, c'est certain, du sens au projet et offre un cadre bien plus rassurant.

1. https://www.devenirenseignant.gouv.fr/

### ◆ Comment programmer la préparation ?

Dans un premier temps, le candidat doit effectuer un diagnostic sur ses compétences actuelles. À la lumière des attendus du concours de cet entretien oral et de la répartition de ses compétences, il cloisonne les contenus à travailler en fonction de deux critères : les sujets abordés au concours et l'état de ses compétences actuelles. Plus cet écart est grand, plus le candidat doit prévoir un temps de préparation important.
Attention, programmer des journées sans fin d'apprentissage sur un même thème est un leurre. Les dernières recherches en neuroéducation ont montré que l'itération des apprentissages sur des moments courts mais réguliers sur plusieurs jours, avec des voies différentes, répétées, a plus d'efficacité qu'un modèle densifié sur une journée unique. Il est donc conseillé de définir un calendrier de travail raisonné et acceptable, réitéré, qui sera respecté plutôt que des temps ramassés sur la dernière période de préparation du concours. Six heures de travail par jour est un temps maximum pour laisser au candidat des respirations et du temps de maturation. Faire un plan de travail et s'y tenir permet d'éloigner le stress, d'aborder tous les sujets attendus et d'en approfondir certains.

**CITATION**

« La vie est assez longue et largement octroyée pour permettre d'achever les plus grandes entreprises, à condition qu'elle soit tout entière placée à bon escient [...] celui qui consacre tout son temps à son usage personnel, qui organise toutes ses journées comme une vie entière, ne désire ni ne redoute le lendemain ». En outre, « la plus grande perte pour la vie, c'est l'ajournement [...] ; il dérobe le présent en promettant l'avenir ».

Sénèque, *De la brièveté de la vie*.

### ◆ Est-il nécessaire de se préparer physiquement ?

Le candidat ne doit pas négliger l'aspect de la préparation physique. Si le concours nécessite de développer des compétences intellectuelles, celles-ci sont largement entravées dès lors que du stress ou de la fatigue s'installe. S'aérer le corps et l'esprit au travers d'activités physiques et sportives, d'activités culturelles, de moments de partage, de vie sociale entre amis ou en famille, aide le candidat à se décentrer et à y voir plus clair tout au long de sa préparation. Si le programme est composé de 6 heures de travail par jour, trois pauses de 20 minutes toutes les deux heures pour un café, un thé, un exercice de relaxation, une écoute musicale, sont conseillées. En pratiquant une heure par jour de la marche, du sport, de la natation, du yoga, le candidat se garantit la possibilité de décrocher des temps de concentration intenses.
Par ailleurs, la préparation physique et intellectuelle du concours, selon la situation familiale du candidat, peut avoir un impact sur la vie de l'entourage dans l'organisation de la vie quotidienne. Prévenir l'entourage de l'existence de cet emploi du temps et des contraintes qu'elles engendreront est un préalable. Rappeler que l'état physique a une incidence sur l'état mental et inversement, que cet aspect mérite autant de temps que celui de la mémorisation des contenus. Il en va de l'efficacité de cette préparation et de l'équilibre du candidat.
L'Organisation mondiale de la Santé définit la santé comme « un état de complet bien-être physique, mental et social, [qui] ne consiste pas seulement en une absence de maladie ou d'infirmité »[1].

1. Préambule à la Constitution de l'Organisation mondiale de la Santé entrée en vigueur le 7 avril 1948.

### ◆ La préparation mentale est-elle utile ?

L'estime de soi se travaille ! La préparation d'un calendrier de travail permet également de se préparer mentalement. Se retourner régulièrement sur ce qui a été appris renforce la confiance en soi en prenant conscience des progrès réalisés et du chemin d'apprentissage parcouru. Le candidat doit exclure tout pessimisme et défaitisme de la préparation du type : *Je n'y arriverai jamais, il y a très peu de place au concours, si on m'interroge sur cela, c'est terminé !* Deux possibilités : soit c'est juste et cela ne peut que nourrir ce déficit de préparation, l'entretenir au lieu de dynamiser la riposte et de déclencher une nouvelle organisation de travail, soit c'est totalement erroné et le candidat « raisonne mal » par manque de confiance en soi, par appréhension face à l'épreuve qui approche, la peur de l'inconnu, ou par manque de recul sur son travail.

**JE M'ORGANISE**

Pour me préparer dans les meilleures conditions :
- j'échange sur le sujet avec d'autres candidats en préparation grâce à des communautés d'apprentissage sur les réseaux sociaux ;
- j'en parle à des proches pour faciliter la réflexivité et l'objectivation du présent vécu ;
- j'explique le chemin parcouru, mes attendus, mes doutes ;
- je ne renonce pas ;
- je crois en ma réussite et en mon potentiel sur la base d'une préparation ajustée à mes compétences.

## 2. DANS LES MOIS PRÉCÉDANT L'ÉPREUVE

### ◆ Comment se préparer au niveau matériel ?

La préparation matérielle participe à la construction de la confiance en soi. En travaillant cet aspect, le candidat libère une charge mentale plus importante qu'il n'y parait car souvent génératrice de stress face à l'inconnu. Prendre du temps pour cela, c'est libérer un temps diffus qui monopolise l'esprit bien souvent sur de longues durées pour celui ou celle qui attend en procrastinant les derniers jours avant l'épreuve pour s'en occuper. C'est pourtant la partie la plus concrète et la plus facile à opérationnaliser.
La convocation et la pièce d'identité, pièces administratives incontournables pour se présenter à l'entretien, doivent être rangées précieusement. Une pochette transparente, un porte-documents avec vues, un dossier spécifique « concours » reste le moyen le plus sûr de les conserver. Le porte-documents rassemblera l'ensemble des documents officiels, billets de transport, réservation de la chambre, fiches et notes pour l'entretien.
À la réception de la convocation, qui indique le centre d'examen, le candidat habitant un département lointain doit s'informer rapidement sur les moyens d'accès et d'hébergement à proximité. Il lui est conseillé de réserver une chambre dès connaissance du lieu de passation. Les plateformes d'hébergement en ligne (Booking, AirBnb, Le Bon Coin...) offrent des alternatives pour tous les budgets en sus des chaines hôtelières, avec possibilité

d'annulation. Prendre une nuit de plus avant l'épreuve, ne pas arriver le jour même afin d'éviter toute mauvaise surprise qui engendrerait des retards et de pouvoir prendre le temps de découvrir les lieux. Le jour J, interroger si possible plusieurs candidats étant déjà passés afin de se projeter dans l'environnement physique de l'entretien. Les interroger sur les contenus n'a que peu d'intérêt puisque les questions relatives au parcours du candidat et à ses connaissances sont différentes d'un candidat à l'autre.

**JE M'ORGANISE**

Je fais une liste du matériel nécessaire pour les jours précédents et le jour J et j'ajoute ce que je ne dois surtout pas oublier.

- ☐ La convocation et la pièce d'identité
- ☐ Les notes sur la présentation
- ☐ Les éventuelles fiches de mémorisation des contenus
- ☐ La réservation de la chambre
- ☐ La tenue portée le jour d'avant si j'arrive une nuit avant à proximité du centre d'examen
- ☐ La tenue du jour J
- ☐ Les billets de transport, l'essence dans la voiture ou le deux-roues
- ☐ Les mouchoirs
- ☐ La gourde ou la bouteille d'eau
- ☐ La montre ou le chronomètre
- ☐ Le parapluie
- ☐ Les lunettes ou les lentilles
- ☐ ……………………………………

## ◆ Pourquoi anticiper le choix de la tenue vestimentaire ?

La tenue vestimentaire le jour d'un entretien oral a une importance relative. Premier message de communication envoyé par le candidat qui entre dans la salle, elle traduit néanmoins un sentiment d'appartenance ou de réalisation (son opposé). Il n'existe pas de code vestimentaire type pour l'enseignant. En revanche, la question doit nécessairement se poser et longtemps à l'avance. Selon les candidats, en reconversion professionnelle comme étudiants, la réflexion sur les vêtements peut aider à s'engager dans une transition professionnelle, à incarner un nouveau statut. L'action du professeur modélisant doit pouvoir être lisible le jour de cet entretien oral qui porte spécifiquement sur les valeurs de la République et sur des problématiques de vie scolaire qui exigent une exemplarité. Un candidat avec une tenue vestimentaire négligée, sale, ou totalement décalée, voire ostentatoire, mise en valeur de façon excessive pour se démarquer (vêtements de style très marqué, teeshirts à messages humoristique ou politique, excentricités de tous ordres…) témoignerait d'une incompréhension des enjeux liés à l'instruction d'écoliers. La neutralité exigée dans le cadre des métiers du professorat est exigée implicitement dès cet entretien oral durant lequel les membres de jury doivent pouvoir percevoir la projection du candidat dans le potentiel professeur qu'il sera. La tenue en fait partie. Vêtements, coiffure, chaussures, maquillage : ces éléments donnent une première impression aux membres de jury. La tenue vestimentaire doit refléter le ou la futur(e) professeur(e) tel qu'il ou elle sera en classe avec les élèves ou dans l'établissement. Tout comme les excès vestimentaires et les abus d'accessoires peuvent faire l'objet de réflexions désobligeantes et de jugements sévères au sein d'une école ou d'un établissement, une tenue inadaptée ou en décalage avec l'exercice des missions ne manquera pas de retenir l'attention du jury, aux dépens du candidat. Une tenue simple et correcte, discrète et de bon aloi est suffisante et témoigne des capacités d'adaptation du candidat à de nouvelles missions. Ne pas négliger la dimension pratique des vêtements : un pantalon trop serré ou des talons très hauts ne permettront peut-être pas au candidat ou à la candidate de se sentir à l'aise dans la situation de l'entretien, qui peut être source de stress. Prendre le temps d'essayer différentes tenues avant le jour J est fortement conseillé. Le ressenti et l'expression orale de la présentation peuvent en être modifiés.

### 3. PENDANT LES JOURS PRÉCÉDANT L'ENTRETIEN : SE PRÉPARER SEREINEMENT

Le jour de l'échéance approchant, le réflexe naturel serait de reprendre l'ensemble de ses fiches de travail ou de concentrer ses derniers efforts sur les sujets non maitrisés ou les fameuses « impasses ». Une semaine avant l'épreuve, l'apprentissage peut encore être efficace. 48 à 72 heures avant, il est probable que celui-ci soit parasité par les questions d'ordre matériel. Une dépense d'énergie peu efficace en somme pour des résultats de mémorisation aléatoires. C'est à l'inverse le moment de se recentrer sur soi pour récupérer d'un état de fatigue, se détendre et rencontrer des amis en ne veillant pas trop tard. Récupérer une hygiène de vie adaptée à la hauteur des exigences du concours. Ne pas refouler l'échéance : elle aura lieu ! L'objectif de ces quelques jours est plutôt d'arriver sereinement à l'épreuve en s'y projetant que d'essayer de l'oublier. Y penser est normal. Être sujet à une forme de stress ou d'excitation l'est aussi. Ces émotions participent de l'événement et accroissent la concentration pour certains, la motivation pour d'autres candidats qui ont envie de convaincre le jury et d'en découdre ! Penser à soi quelques jours avant est indispensable pour arriver concentré le jour J.

## B - PRÉPARER LA PRÉSENTATION ORALE POUR ÊTRE IRRÉPROCHABLE SUR LA FORME

Un entretien oral dans le cadre d'un concours est un exercice à part entière que l'on ne pratique que très rarement, ce qui accroit les doutes, des questionnements légitimes, parfois de l'anxiété, voire de l'inquiétude. Ce mal-être peut être causé et renforcé par une maitrise insuffisante des contenus et par un manque de confiance en soi lié à un caractère introverti ou une inexpérience dans l'expression orale d'une pensée personnelle, la capacité à argumenter et à relier les savoirs, l'engagement dans la parole, la force de conviction. Plus les contenus sont maitrisés et appropriés, plus il est aisé de les reformuler et de les expliciter clairement, de les transmettre à l'interlocuteur, que celui-ci soit membre du jury ou non. Néanmoins, l'exercice ne s'arrête pas à la simple verbalisation de savoirs. La posture, ce qui relève de la communication dite non verbale, le regard, les sourires, la façon de se tenir sur la chaise, la gestuelle communiquent des émotions, des codes culturels acquis ou non en phase avec le métier sollicité. Dans le cas des métiers du professorat où l'exemplarité est fondamentale et l'art oratoire fortement sollicité, quelques incontournables sont attendus.

## 1. RÉPÉTER POUR SE PRÉPARER

### ◆ Comment trouver sa voix ?

Une fois le calendrier de préparation du concours réalisé pour l'année, réserver durant le dernier mois des plages horaires dédiées à la répétition de l'entretien oral comportant à la fois la présentation et des mises en situation professionnelle imaginaires autour de problématiques de vie scolaire.
Dans un premier temps, le candidat peut travailler seul dans un lieu à l'abri des regards en s'enregistrant à haute voix. Ce travail de répétition et d'écoute de l'enregistrement doit permettre d'ajuster le contenu de la présentation, le niveau sonore de la voix, le ton, le rythme, le registre de langue utilisé et le temps consacré à chaque partie. Varier la forme et le fond. Chronométrer chaque prestation afin d'en percevoir progressivement la temporalité sans avoir le nez sur le chronomètre. La qualité de la dimension sonore du dire a des impacts différents sur l'auditeur. En s'amusant à varier la qualité du discours, en répétant, en procédant par erreurs, tâtonnements et approximations, le candidat permettra à son discours de gagner en qualité et de s'ajuster progressivement à ce qui s'apparente le plus à sa personnalité et à ce professeur auquel il souhaite ressembler. Cette théâtralisation du dire, ce travail sur la forme révélera en creux les absences et les manques de connaissance sur le fond. On ne peut parler pour ne rien dire, notamment dans le cadre d'un concours qui s'appuie sur des contenus parfaitement délimités. L'expression, la description, l'explication, la formulation d'une idée, quels que soient la syntaxe utilisée et les mots choisis, ne peuvent exister que sur la base de savoirs. Quand Boileau exprime dans son *Art poétique* : « Ce qui se conçoit bien s'énonce clairement, et les mots pour le dire arrivent aisément », cela suppose en premier lieu d'avoir des concepts, des réflexions déjà avancées sur un certain nombre de thématiques, que cela soit en lien avec la partie de l'épreuve consacrée au parcours du candidat ou aux deux mises en situation professionnelle. Ce travail de répétition à l'oral ne peut donc advenir qu'après ce temps d'appropriation des connaissances.

Dans un deuxième temps, le travail se ciblera sur les aspects rhétoriques de la présentation.

La Bruyère notait pour sa part la complexité du dire et du choix des mots dans *Les Caractères*. « Entre toutes les différentes expressions qui peuvent rendre une seule de nos pensées, il n'y en a qu'une qui soit la bonne. On ne la rencontre pas toujours en parlant ou en écrivant ; il est vrai néanmoins qu'elle existe, que tout ce qui ne l'est point est faible, et ne satisfait point un homme d'esprit qui veut se faire entendre. »

La qualité de la présentation orale viendra de ces répétitions. Le candidat gagnera en clarté et en confiance dans ses propos, mémorisera plus facilement sa présentation en sachant la défendre, l'expliquer tout en en saisissant la temporalité, trouvera des automatismes. Ce travail d'imprégnation est donc fondamental.
Par la suite, ce travail de répétition se réalisera en présence d'une ou plusieurs personnes qui pourront jouer les rôles de jurés en pointant, après l'entretien, les points positifs et ceux qui posent question et mériteraient d'être retravaillés. La seule présence d'une personne peut déstabiliser la présentation. Cette appréhension devant l'inconnu, accepter le regard de l'autre se travaillent également. Attention, ces amis critiques[1] ne donnent qu'un avis

1. « Un ami critique peut être défini comme une personne de confiance qui pose des questions provocantes, fournit des données à examiner sous un autre angle et offre des critiques sur le travail d'une personne en tant qu'ami. Un ami critique prend le temps de bien comprendre le contexte du travail présenté et les résultats vers lesquels la personne ou le groupe travaille. L'ami est un défenseur du succès de ce travail. » Arthur Costa, Bena Kallick, *Through the Lens of a Critical Friend*, Educational Leadership, vol. 51, n° 2, 1993.

sur une prestation donnée à un instant T. La complexité de l'exercice et les multiples facteurs qui interagissent sur la communication et la qualité d'un entretien en situation de concours doivent pondérer toute prétention à l'énonciation de vérités générales lors de ces répétitions. Une personne de confiance, un ami critique, n'est pas un juré, a toujours une position spécifique qui induira sur son niveau de réception des messages émis par le candidat. Ces avis ne sont que consultatifs. Seul le candidat a la responsabilité de modifier ou non sa présentation quels que soient les avis donnés. En termes de contenus, la répétition de l'exercice avec des personnes exerçant ou ayant exercé récemment en école est un atout évident pour éclairer les mises en situation professionnelle et corriger les erreurs commises sur les connaissances du système éducatif. Il est néanmoins conseillé de varier les répétitions en présence de jurés fictifs ou amis critiques de nature différente. La multiplicité des avis de ces jurés blancs donnera au candidat des points de convergence vers des points forts ou points faibles à ajuster dans le discours.

## 2. LE « SUPPORT » DE LA PRÉSENTATION

### ◆ Faut-il se présenter avec ou sans notes, apprendre par cœur ou non ?

Actuellement, aucune interdiction concernant la présence de notes le jour d'un entretien oral concernant la partie de cinq minutes n'est indiquée. Elle est néanmoins conditionnée à l'appréciation du jury. Il est donc très fortement conseillé de demander l'autorisation d'avoir ces notes au jury avant le début de l'épreuve.

La présence de notes lors d'une présentation orale offre plusieurs avantages :

- rassurer le candidat d'une éventuelle perte de mémoire à cause de la pression engendrée par les circonstances ;
- permettre au candidat d'être naturel en n'apprenant pas par cœur la présentation, en ne prenant appui que sur quelques notes ;
- éviter au candidat de se laisser envahir par les émotions ;
- rebondir en cas de perte de ses moyens ;
- assurer la structuration d'un argumentaire durant un temps important ;
- montrer indirectement au jury que le candidat a préparé en amont la présentation.

Mais la présence de notes offre aussi quelques écueils :

- tenter le candidat de ne s'appuyer que sur ses notes et de ne plus faire d'efforts de structuration du langage et de réflexion en optant pour un langage très scriptural et au final peu naturel ;
- empêcher le candidat d'établir les premiers contacts visuels avec les jurés en déviant le regard du candidat destiné initialement au jury vers l'exclusive prise de notes ;
- donner un caractère mécanique à la présentation du candidat qui s'appuierait trop sur ses notes ;
- entretenir l'introversion naturelle d'un candidat peu enclin à l'ouverture en le poussant au repli sur soi ;
- donner une impression au jury de manque de confiance en soi ou d'impréparation ;
- générer l'effet inverse recherché en accrochant l'attention du candidat sur ses notes de peur d'en oublier ;
- créer un sentiment de panique chez le candidat si le jury refuse la présence de notes pendant la présentation.

L'absence de prise de notes a des avantages :

- elle témoigne d'une préparation en amont maitrisée ;
- elle indique une certaine maitrise de soi et une confiance en soi.

Elle offre quelques inconvénients :
– elle ne s'appuie que sur le travail d'imprégnation et de mémorisation réalisés antérieurement, elle nécessite donc un travail préliminaire plus important sur les notes et sur la gestion de la pression ;
– en cas d'apprentissage par cœur, le caractère mécanique de la présentation risque de dénaturer sa forme ;
– sur une longue présentation, le candidat prend le risque de se perdre dans son argumentaire et de perdre le fil conducteur de ses idées.
Ici, l'entretien ne dure que 5 minutes. En mettant dans la balance les avantages et les inconvénients de chaque technique de présentation, la durée de l'exercice, il est aisé de comprendre que l'absence de prise de notes peut présenter des avantages décisifs par rapport à un candidat qui s'appuierait sur ses notes, surtout durant une si courte durée. Un équilibre est à trouver entre l'apprentissage par cœur de la totalité du discours et la présence physique de ces notes. Il se situe certainement dans la mémorisation complète d'idées fortes et de leur organisation, de leur cohérence, et non dans la mémorisation de phrases ou d'un texte qui sera récité.
Il est donc fortement conseillé de se passer de notes le jour de la présentation. Cela ne doit pas empêcher le candidat de les consulter éventuellement la veille ou le matin même, si l'horaire le permet et que cela lui permet de mieux gérer son stress, de faire redescendre la pression.
Si le candidat ne parvient pas à maitriser son anxiété, la présence de notes sur une fiche cartonnée – et non une feuille de papier qui ne permet pas de gestuelle – est conseillée. L'entretien avec une prise de notes, sous réserve de l'autorisation du jury, est préférable à un entretien durant lequel le candidat perd tous ses moyens et ne parvient pas à exprimer sa pensée.

## C - PRÉPARER LA FICHE DE RENSEIGNEMENT

### ◆ Qu'est-ce que la fiche de renseignement ?

La fiche de renseignement doit être complétée et transmise au jury préalablement à l'épreuve. Elle prend la forme suivante :

## MODÈLE DE FICHE INDIVIDUELLE DE RENSEIGNEMENT

ENTRETIEN AVEC LE JURY
(CET ENTRETIEN INTERVIENT PENDANT LES ÉPREUVES D'ADMISSION)

SESSION 2023

IDENTIFICATION DU CANDIDAT

Nom de famille |_|_|_|_|_|_|_|_|_|_|_|_|_|_|_|_|_|_|_|_|_|_|

Nom d'usage |_|_|_|_|_|_|_|_|_|_|_|_|_|_|_|_|_|_|_|_|_|_|

Prénom(s) |_|_|_|_|_|_|_|_|_|_|_|_|_|_|_|_|_|_|_|_|_|_|

Numéro de candidature |_|_|_|_|_|_|_|_|_|_|_|_|_|_|_|_|_|_|_|

Concours présenté .................................................................... I00 I I I I I00 I I I I I

ÉTUDES ET FORMATION INITIALE

| Diplômes/titres/qualifications | Date d'obtention |
|---|---|
| | |
| | |
| | |

FORMATIONS – STAGES – EXPÉRIENCES PROFESSIONNELLES

| Intitulé/organisme/activité | Durée |
|---|---|
| | |
| | |
| | |

| CADRE RÉSERVÉ AUX TITULAIRES D'UN DOCTORAT CANDIDATS AU CONCOURS EXTERNE SPÉCIAL | | |
|---|---|---|
| Intitulé du doctorat | Date d'obtention | Section du conseil national des universités |
| | | |
| | | |

**Notice explicative**

L'épreuve d'entretien débute par une présentation de votre parcours. Le jury dispose de cette fiche de renseignement qui n'est pas notée.

IDENTIFICATION DU CANDIDAT

Les éléments permettant de renseigner cette rubrique seront transmis aux candidats lors de leur inscription.

ÉTUDES ET FORMATION INITIALE

Indiquer les diplômes, titres ou qualifications dont vous êtes titulaires. FORMATIONS – STAGES – EXPÉRIENCES PROFESSIONNELLES

Indiquer les stages effectués dans le cadre d'un cursus d'études et/ou les formations suivies dans un cadre professionnel/personnel et/ou votre expérience professionnelle (emploi salarié, emploi étudiant, bénévolat, service civique, emploi saisonnier...).
CADRE RÉSERVÉ AUX TITULAIRES D'UN DOCTORAT CANDIDATS AU CONCOURS EXTERNE SPÉCIAL
Le candidat titulaire d'un doctorat présente dans cette rubrique les travaux réalisés ou ceux auxquels il a pris part dans le cadre de sa formation à la recherche et par la recherche sanctionnée par la délivrance du doctorat (Arial 10, maximum 400 mots).

## ◆ Comment compléter la fiche de renseignement ?

La fiche comporte deux types d'**informations** :
– **obligatoires** : elles ne peuvent être modifiées (identification du candidat, partie réservée au candidat ayant un doctorat) ;
– **complémentaires** : elles servent d'appui à l'entretien et reflètent une partie du parcours du candidat jusqu'à la présentation au concours de recrutement (études et formation initiale, formations, stages, expériences professionnelles, cadre réservé aux titulaires d'un doctorat candidats au concours externe spéciale).

Pour les diplômes, titres et qualifications, les formations, stages et expériences professionnelles, selon la richesse du parcours du candidat, il est pertinent de choisir ceux qui sont le plus en adéquation avec le métier d'enseignant visé et les attentes de l'épreuve. La note explicative l'incite fortement en ouvrant le champ de l'expérience professionnelle à de multiples environnements et types de contractualisation (bénévolat, stage, service civique...) : « Indiquer les stages effectués dans le cadre d'un cursus d'études et/ou les formations suivies dans un cadre professionnel/personnel et/ou votre expérience professionnelle (emploi salarié, emploi étudiant, bénévolat, service civique, emploi saisonnier...). »

CITATION

« Dans ses écrits un sage Italien
Dit que le mieux est l'ennemi du bien ;
Non qu'on ne puisse augmenter en prudence.
En bonté d'âme, en talents, en science ;
Cherchons le mieux sur ces chapitres-là :
Partout ailleurs évitons la chimère. »
Voltaire, « La Bégueule », in *Contes en vers*

L'exhaustivité n'est pas recherchée. Cela suppose donc de choisir les éléments ciblés du parcours qui viendront éclairer la présentation de 5 minutes au regard du concours présenté. Si le parcours est riche, la fiche de renseignement peut être construite en creux en laissant de côté, pour la présentation orale, quelques éléments complémentaires du parcours.

L'ensemble, présentation orale et fiche complémentaire, doit en revanche donner une vision complète, une cohérence de parcours qui vient justifier la présence du candidat au concours. Une expérience de service civique est directement en lien avec l'épreuve et la connaissance des valeurs de la République. Une expérience de bénévolat au sein de la Croix Rouge ou des Restos du cœur témoigne d'un engagement citoyen qui véhicule des valeurs de fraternité qui pourront tout autant être valorisées.

Le premier objectif est donc de lister l'ensemble de l'expérience professionnelle vécue afin d'y voir plus clair et de la présenter sous forme de compétences acquises. Ces compétences serviront de point d'appui pour la construction de la présentation de 5 minutes et l'échange qui suivra. Pour compléter les compétences acquises, s'aider du référentiel de compétences du métier du professorat (voir chapitre 2, § D - Un professorat qui partage des valeurs et des compétences communes).

**JE M'ORGANISE**

Je liste la totalité de mes diplômes, titres, qualifications obtenues et expériences professionnelles.

| **Diplômes, titres et qualifications** | **À écrire dans la fiche de renseignement** | **À évoquer dans la présentation** |
|---|---|---|
| 1 .................................................. | ☐ | ☐ |
| Compétences acquises : ..............................<br>.................................................. | | ☐ |
| 2 .................................................. | ☐ | ☐ |
| Compétences acquises : ..............................<br>.................................................. | | ☐ |
| 3 .................................................. | ☐ | ☐ |
| Compétences acquises : ..............................<br>.................................................. | | ☐ |
| **Formations – stages – expériences professionnelles (Intitulé – organisme – activité)** | | |
| 1 .................................................. | ☐ | ☐ |
| Compétences acquises : ..............................<br>.................................................. | | ☐ |

Cette liste complétée sert de base pour construire la présentation de 5 minutes qui inaugurera la première partie de l'entretien.

## D - LE JOUR J : LES CODES ET RITUELS D'UNE PRÉSENTATION DEVANT UN JURY

### ◆ Comment se présenter au jury ?

En premier lieu, le candidat n'entre dans la salle du jury que lorsqu'il y est invité. Il est toujours malvenu d'entrer dans la salle alors que le jury n'est pas totalement prêt à recevoir le candidat. Il importe d'attendre d'être invité à entrer, soit par le jury, soit par une personne dédiée appartenant à l'organisation du centre d'examen. Le cadre est celui d'un entretien officiel, professionnalisant. Le futur lauréat n'entrera pas dans le bureau fermé de la direction d'école ou du chef d'établissement ou dans la classe d'un collègue sans frapper… Le candidat doit ainsi dire *Bonjour* en entrant. Cela peut se compléter d'un *Bonjour Madame, Bonjour Monsieur*, ou d'un *Bonjour Messieurs* ou d'un *Bonjour Mesdames* après avoir vérifié qu'il ne s'agit pas d'un jury mixte ! Il ne serre pas la main des membres du jury. Si la cordialité est requise, la familiarité doit en être totalement exclue. Le langage de l'espace est clair et symboliquement représenté. Le jury est assis derrière une table qui vient marquer une limite institutionnelle. Le jury appartient aux personnels du ministère de l'Éducation nationale avec une assise assumée et garante d'un cadre réglementaire. Vient de l'extérieur un candidat qui vient présenter un concours, qui attend qu'on l'invite à entrer et à faire ses preuves pour être admis et pourquoi pas un jour à rejoindre les bancs des membres du jury. Rien ne serait plus incongru que de venir remettre en cause ce cadre le jour du concours en entrant sans y être invité, en serrant la main aux membres de jury – en entrant en contact familier avec les membres de jury et en passant par-dessus cette frontière symbolique – et en s'asseyant sans demander à y être invité. La posture du candidat doit privilégier l'humilité, la neutralité, sans la confondre avec l'introversion.

Les membres du jury, une fois le candidat entré, demandent la convocation et la pièce d'identité afin de vérifier l'identité du candidat. Un candidat ayant préparé ces documents en amont rendra le premier contact plus fluide qu'un candidat découvrant la situation, cherchant sa pièce d'identité dans son sac, puis dans ses vêtements ou son portefeuille, ou sortant sa convocation froissée pliée en quatre d'une poche de son blouson ! Au travers de cette courte situation qui prête à sourire, on mesure l'écart important dans les messages non verbaux envoyés entre un candidat qui a préparé ces pièces administratives et un autre agité, passant pour étourdi, négligent, qui risque d'amuser les membres du jury, de les surprendre, voire de les agacer. Si cela ne préfigure en rien de la suite de l'épreuve, il reste que ces courts instants donnent une première impression de légèreté peu favorable au candidat. Ranger ensuite ces pièces administratives et attendre d'être invité à s'assoir.

De la même manière, attendre que le jury ait clos l'entretien avant de se lever. Dire *Au revoir* aux membres du jury, même si l'entretien a été houleux, laborieux, voire catastrophique en termes de contenus. Bouder le jury qui aurait été trop sévère a peu de sens et témoignerait d'une forme d'immaturité. Si l'entretien semble s'être déroulé parfaitement, ne pas tomber non plus dans l'excès de joie ou dans une assurance qui paraitrait présomptueuse voire familière. *Merci à vous, bon courage pour la suite ! Cela ne doit pas être facile toute la journée ! Je peux me permettre de vous demander combien vous en voyez ?* Si le temps réglementaire de l'entretien est terminé, que le candidat n'est plus en situation d'évaluation, ce moment de réussite ressentie ne doit pas céder la place à un relâchement, que cela soit dans la posture ou le registre de langue utilisé. Enfin, ce ressenti n'est que celui du candidat. Rester le plus neutre possible jusqu'à la sortie de la salle est le plus raisonnable.

### ◆ Quelle posture adopter pendant l'entretien ?

L'organisation spatiale de l'entretien oral introduit un biais émotionnel intimidant qui peut nuire à la présentation du candidat ou à la construction de ses réponses si celui-ci part du principe qu'il entre dans un face-à-face avec le jury. Il n'en est rien. Le face à face existe par l'asymétrie qui existe spatialement. En revanche, cet entretien n'est en rien un duel. L'attitude du candidat sur la chaise peut amplifier ce phénomène ou le neutraliser pour favoriser ensuite un dialogue constructif et convaincant. L'objectif est donc de témoigner d'un esprit d'ouverture et non de communiquer de la défiance face à un jury identifié comme ennemi par le candidat. Pour que ce dialogue se construise à égale dignité, au moins sur la forme, camper ses deux pieds au sol est une première étape à accomplir une fois assis. Les deux pieds sont écartés d'une distance sensiblement équivalente à la largeur des épaules ou serrés (en cas de port d'une jupe). S'installer sur la moitié avant de la chaise. Se tenir le dos bien droit, en évitant au maximum toute attitude avachie, courbée, traduisant une familiarité, un manque de tonicité et de dynamisme. Se tenir droit, tête haute et plutôt en avant, une attitude qui cherchera à convaincre les auditeurs. Ne pas immobiliser les avant-bras sur la table, ceux-ci pourront être sollicités ensuite pour la gestuelle et exprimer des idées. Éviter de croiser les bras, les doigts, les mains ou les jambes. Si la situation se tend durant l'entretien, ces croisements risquent de favoriser le repli sur soi et des tensions supplémentaires qui déconcentreront le candidat et traduiront un malaise. L'attitude décrite ici est en général adoptée par l'ensemble des candidats dès le début de l'entretien puis se délite progressivement avec le temps et la nature des questions posées. Veiller à la maintenir durant toute la durée de l'épreuve en s'entrainant lors de la préparation en amont. Un candidat qui s'agite sans arrêt sur sa chaise sur un temps aussi court, en décroisant ou en étendant ses jambes, en manipulant d'éventuels accessoires tels que le stylo qui a servi à émarger la liste de présence ou avec la montre chronomètre peut donner l'impression d'avoir des difficultés de concentration, de gestion du stress ou d'être en proie à une certaine forme d'instabilité. Dans le cadre d'un métier qui nécessite une maitrise de soi et des capacités de concentration importantes, le candidat doit pouvoir dépasser ces moments de doute pour aller de l'avant et être proactif sans se décourager en cas de réponse partielle ou imparfaite.

### ◆ Comment utiliser le regard ?

Dès l'entrée dans la salle du jury, le candidat rentre en contact par le regard avec les jurés, même si ce contact ne s'établira concrètement et de manière durable qu'une fois le candidat assis, lors de la présentation et des échanges successifs. Il lui faut s'obliger à regarder tous les membres du jury, sans crainte, même en cas de timidité ou de personnalité introvertie. Vaincre cette première appréhension l'aidera à gérer la pression. Un regard fuyant entretiendrait cette peur inutile et ne permettrait pas d'établir une communication directe et simple. Elle questionnerait le jury sur la capacité ultérieure du candidat à coopérer entre adultes au sein de l'école ou de l'établissement ou avec les familles des élèves. Le regard est un élément de conviction et de considération qui renforce le discours et l'argumentation. Lorsque la communication est établie ou le dialogue installé avec le jury, ne pas lâcher le regard. Si le jury est composé de plusieurs membres, penser à regarder régulièrement chacun des membres en commençant par celui ou celle qui a posé la question. Ce conseil est fondamental lorsque ce jury est mixte. Ne regarder que l'homme ou la femme pourrait laisser penser que le candidat exprime implicitement une différence et une préférence de genre entre les deux interlocuteurs ! Une contradiction parfaite avec le contenu de l'épreuve sur le sujet des discriminations.

Regarder les membres du jury ne les gêne pas, bien au contraire, c'est une marque de considération. Exclure évidemment tout regard familier, séduisant, tout clin d'œil cherchant à établir une complicité ou tout regard défiant, surplombant ou arrogant exprimant un *Mais qu'est-ce qu'il me raconte celui-là ? Pourquoi tu me poses cette question ?* Le regard dans le cadre de l'entretien peut bien entendu être interrogatif, manifester la surprise selon les questions posées. Il ne s'agit en aucun cas de feindre ou de masquer un ressenti, certaines situations de vie scolaire citées ou vécues par les membres du jury pourront à dessein choquer le candidat pour évaluer sa réaction et les réponses apportées face à ces situations.

## ◆ Faut-il sourire au jury ?

L'attitude du candidat détermine en grande partie la forme de l'entretien face à un jury exercé à une posture de neutralité.
Plus le candidat apportera de la gravité à l'instant, par la forme de stress qu'il véhicule, par son appréhension ou par le choix d'une austérité assumée, par un rôle surjoué d'autoritarisme, plus le jury recevra ces signaux avec froideur et une dureté sans doute excessive au regard de la forme de l'exercice attendu qui recherche au contraire une posture d'ouverture, de réflexion, d'examen critique des questions et réponses données.
Il est donc préférable, sans endosser un sourire forcé « à l'américaine », d'entrer dans la salle du jury avec un visage détendu et le sourire. Prendre une bonne respiration quelques minutes avant d'entrer dans la salle pour se raisonner, retrouver un calme intérieur et faire redescendre le stress légitime induit par l'épreuve.
Le sourire non crispé doit idéalement traduire une motivation sincère, une envie de convaincre, de partager ce moment de pensées avec le jury. Il n'y a en définitive aucune raison externe de ne pas sourire avant le début de l'épreuve lorsque le candidat a préparé cet entretien. Tout au long de l'épreuve, ce sourire pourra ensuite changer de coloration selon les propos tenus, accueillant au début de l'épreuve, bienveillant sur des mises en situation professionnelle, de satisfaction ou de soulagement à la fin de l'épreuve ou disparaitre si la situation ne s'y prête pas. Le sourire traduit une forme d'empathie mais devient artificiel et déplacé quand la gravité d'un fait évoqué par le jury implique une forme de dignité et de responsabilité sur la résolution de la situation.

## ◆ Comment poser sa voix ?

La voix est fortement sollicitée durant un entretien oral. Cette voix doit donc être adaptée à la fois au contexte spatial de l'épreuve mais également au contenu véhiculé par les mots que le candidat utilisera. Elle peut cependant être parasitée par un état émotionnel non maitrisé de la part du candidat. Il serait dommage d'avoir un contenu préparé rigoureusement par celui-ci et de voir ce contenu gâché par une voix non assurée, tremblante voire chevrotante.
La respiration est l'une des clés pour résoudre cette problématique. C'est la maitrise de cette respiration, du débit d'air, qui permettra au candidat de se recentrer sur sa préparation et l'objectif visé. En prenant conscience de ses mouvements respiratoires, le candidat revient à soi et parvient à faire abstraction de l'environnement proche. La maitrise donnera ensuite la possibilité au candidat de réguler le débat d'air et l'articulation de son propos.
Une fois ce stress redescendu avant l'épreuve, le candidat devra penser à adapter la puissance de sa voix à la distance le séparant du jury. Partir du principe qu'il vaut mieux être sur un registre sonore supérieur qu'inférieur. Rien de plus désagréable pour un jury

que d'être obligé de faire répéter les phrases du candidat ou de tendre l'oreille pour comprendre ce qui est dit. Dans certains centres d'examens, les boxes des différents jurys sont parfois les uns à côté des autres. Pour peu que l'isolation phonique soit exécrable, un brouhaha de fond peut rapidement exister et parasiter les échanges.

**CONSEIL**

Utiliser la respiration abdominale, comme le font les comédiens ou les chanteurs avant de travailler avec leur voix, car respirer différemment agit sur l'ensemble du corps. Il suffit pour cela de compter jusqu'à 5 en inspirant et jusqu'à 10 en expirant pour ralentir considérablement le rythme respiratoire et diminuer ainsi le stress.
Cet exercice peut être répété régulièrement durant la préparation comme un rituel avant de se lancer dans l'exercice oral.

Parler fort offre un autre avantage, celui de pousser le candidat hors de sa zone de confort, de renforcer sa confiance en lui-même, de chasser le stress et de dynamiser son discours. La voix sera un outil quotidien du professeur. Pour un candidat, montrer qu'il sait l'utiliser en variant le ton, le volume, le rythme, est un atout.

### ◆ Comment s'exprimer devant le jury ? Débit de parole, lapsus et modes langagières

Donner de la voix ne doit cependant pas pousser le candidat à accélérer son expression orale. Le candidat qui a préparé consciencieusement sa présentation la connait en général parfaitement. Cette mémorisation donne à la restitution un caractère mécanique et artificiel. Cette mécanisation du discours entraine souvent une accélération amplifiée parfois par un stress non maitrisé. Ra-len-tir ! Penser à introduire des silences. Les silences aèrent le discours et laissent le temps de construire son argumentaire, de choisir les mots précis adaptés à ses idées. Articuler les syllabes. Pour les futurs professeurs des écoles, ce point est fondamental. C'est l'articulation du langage oral qui par la suite aidera les élèves de maternelle à comprendre les mots, à les segmenter pour ensuite rentrer progressivement dans l'écrit et l'apprentissage de l'orthographe grammaticale à l'école élémentaire.
Cette maitrise de la langue orale et la capacité à adapter son discours au public élève est une des compétences attendues du référentiel de compétences des métiers du professorat. Avoir la maitrise de l'expression de cette langue, en avoir conscience et l'utiliser avec exigence comme un outil d'appropriation du savoir et de partage des idées est déjà un geste professionnel. Ne pas sous-estimer ce point qui sera assurément relevé par le jury.

L'accélération du discours expose à un autre danger : les lapsus, les logorrhées, les incorrections et autres tics de langage. Le lapsus arrive en général lorsque la concentration surinvestie en début d'entretien ou de discours se relâche. L'étourderie survient, un mot pour un autre, une référence erronée à un texte, un oubli. Le candidat exprime autre chose que ce qu'il avait prévu d'exprimer. Cette « glissade[1] » non contrôlée offre alors deux possibilités : poursuivre en feignant de ne pas l'avoir vue et continuer à glisser en allant probablement droit dans un mur, ou revenir en arrière et exprimer son droit à l'erreur en rétablissant la vérité, en exprimant un oubli, un doute ou une méconnaissance. Il vaut mieux clairement exprimer ce questionnement, ce doute, en argumentant une vérification ultérieure que de passer sous silence une absurdité relevée par l'ensemble des

1. « Lapsus » vient du nom latin *lapsus* qui signifie glissade.

personnes présentes dont le jury. Ne pas revenir en arrière reviendrait à reconnaitre le peu d'importance accordé à la recherche de la vérité, à la rigueur et à la précision des idées, éléments pourtant fondamentaux pour un professeur des écoles. La remarque est la même lorsque le candidat se lance avec énergie dans une démonstration ou un argumentaire qui l'éloigne de la question ou de la problématique posée au point que celui-ci arrive essoufflé en fin de discours à demander au jury d'en reformuler la question !

Les incises sont déconseillées. Privilégier des phrases courtes et correctement structurées. Dans la deuxième partie de l'entretien, lorsque le jury pose des questions, reprendre les termes ou reformuler la question pour se l'approprier est le meilleur moyen de garantir une réponse qui ne soit pas en dehors du sujet.
Enfin, se méfier des modes langagières et autres snobismes que le candidat pourra trouver ici ou là sur les réseaux sociaux ou dans les médias. N'utiliser des mots ou des références théoriques que si le candidat les connait, les comprend et sait les expliciter. Ne faire référence à un auteur que si le candidat est capable de parler de cet auteur et de son œuvre. Si le candidat utilise un jargon pédagogique, c'est qu'il le maitrise. Éviter d'utiliser des termes pompeux et difficiles à comprendre. En traduisant en mots savants des idées courantes, le candidat donne inévitablement l'occasion au jury de le questionner sur le fond et le sens des termes utilisés. Le risque est de voir s'installer un face-à-face entre le candidat et le jury sur la connaissance des termes utilisés, auteurs et théories citées. À ce petit jeu, le candidat sort rarement gagnant : sur le fond, les personnels membres de jury ont une expertise professionnelle supérieure à celle du candidat, sur la forme, le rapport asymétrique de la situation donne la main d'une manière ou d'une autre au jury par le jeu du questionnement.

Les modes langagières, la préciosité dans le langage, la citation d'un courant pédagogique non connu, le jargon inutile, ou à l'inverse un langage terre à terre et familier, doivent céder la place à une pensée personnelle, simple et correctement structurée. Est-il besoin de rappeler que les incorrections sont à bannir ? Le verbe « acquérir » au passé composé, les accords de participe passé font encore beaucoup de dégâts...

# CHAPITRE 2

# Premier temps de l'entretien

## A - PRÉPARER LA PRÉSENTATION DE 5 MINUTES

1. STRUCTURE DE LA PRÉSENTATION
   - Comment construire la présentation ?
2. PRÉPARATION DE L'ENTRETIEN
   - De quelle façon préparer l'échange avec le jury portant sur la présentation ?

## B - LES MOTIVATIONS DE L'ÉTUDIANT POUR DEVENIR ENSEIGNANT

1. LES BESOINS
   - À quels besoins la candidature du candidat répond-elle ?
2. LES REPRÉSENTATIONS MENTALES
   - Quelles peuvent être les représentations initiales du métier d'enseignant ?

## C - LA CONNAISSANCE DE LA FONCTION DE L'ENSEIGNANT

1. UN MÉTIER DE LIBERTÉS ?
   - Quels sont les textes réglementaires à connaitre ?
   - Comment mesurer l'écart entre le prescrit attendu et le réel de la classe ?
   - Quelles sont les contraintes qui s'exercent sur le métier d'enseignant ?
2. UN FONCTIONNAIRE DE L'ÉTAT
   - À quelle fonction publique l'enseignant appartient-il ?
   - Quelle réglementation s'y applique ?
   - Existe-t-il des statuts particuliers selon le corps d'enseignant ?
   - Quels sont les droits des enseignants ?
   - Quelles sont les obligations des enseignants ?
3. UNE FONCTION PUBLIQUE D'ÉTAT EN PLEINE TRANSFORMATION
   - Qu'est-ce que la Loi de transformation de la fonction publique ?
   - Quels engagements ont été pris lors du Grenelle de l'Éducation ?
   - Le renforcement du respect des principes de la République
4. LE SERVICE PUBLIC
   - Quel est le cadre juridique du service public ?
   - Qu'est-ce que le service public d'éducation ?
   - À quoi la liberté d'enseignement correspond-elle ?
   - Qu'est-ce que l'obligation d'instruction ?
   - En quoi le référentiel peut-il être utile pour le candidat ?
   - Quelles sont les compétences communes pour tous les professeurs ?
   - Comment utiliser ces compétences pour préparer l'oral ?

## D - UN PROFESSORAT QUI PARTAGE DES VALEURS ET DES COMPÉTENCES COMMUNES

Le premier temps de l'oral est consacré à « Un premier entretien avec le jury portant sur la motivation du candidat et son aptitude à se projeter dans le métier de professeur au sein du service public de l'éducation. Cet entretien comporte une première partie d'une durée de quinze minutes débutant par une présentation, d'une durée de cinq minutes maximum, par le candidat des éléments de son parcours et des expériences qui l'ont conduit à se présenter au concours en valorisant notamment ses travaux de recherche, les enseignements suivis, les stages, l'engagement associatif ou les périodes de formation à l'étranger. Cette présentation donne lieu à un échange avec le jury. »

## A - PRÉPARER LA PRÉSENTATION DE 5 MINUTES

La première partie de 5 minutes donne la main au candidat. Elle n'est que la phase introductive de la seconde partie durant laquelle le jury reviendra sur ce que le candidat a énoncé durant la première, à l'appui de la fiche de renseignement fournie en annexe pour les candidats.

### 1. STRUCTURE DE LA PRÉSENTATION

#### ◆ Comment construire la présentation ?

Quatre étapes sont nécessaires pour construire la présentation :
- trouver les idées ;
- les ordonner ;
- les mettre sous forme oratoire en s'aidant d'un écrit ;
- mémoriser le discours à l'aide de répétitions, d'enregistrements audio, de notes écrites.

Cinq minutes passent très vite, notamment quand il s'agit d'évoquer des motivations, des compétences et sa projection dans le métier d'enseignant. La difficulté va consister à choisir les idées à évoquer durant ce temps.

La première étape consiste à regrouper les idées. Pour cela, le candidat peut s'aider des exemples de fiches et du référentiel des compétences professionnelles (voir § D « Un professorat qui partage des valeurs et des compétences communes »).

En croisant les différents outils de l'ouvrage, le candidat devrait se voir dessiner un autoportrait de ce qu'il est aujourd'hui, de ses aspirations et de ce qu'il pourrait être demain en tant que professeur. C'est cette coloration unique qui devrait aider le candidat à sortir d'un discours convenu, identique à celui du candidat précédent et du suivant.
En somme, cette présentation doit :
- mettre en valeur de manière explicite quelques compétences acquises lors du parcours antérieur du candidat ;
- relier les activités et l'expérience professionnelle aux exigences du professorat ;
- mettre les acquis en perspective avec les exigences des fonctions sollicitées ;
- montrer au jury que la candidature est dans une démarche dynamique ;
- témoigner d'une réelle authenticité et sincérité ;
- adopter un ton positif.

L'introduction passe par une présentation rapide de l'identité et du point de parcours qui semble le plus important pour justifier la présence à cet entretien.

Les 5 minutes laissent peu de place pour présenter un développement important, seules quelques idées fortes liées à des compétences pourront être évoquées. Le développement de 3 à 4 minutes ciblera quelques compétences ou projets, activités qui méritent un éclairage particulier et sur lesquelles le candidat est prêt à revenir de manière plus approfondie durant la suite de l'échange avec le jury en lien avec les attendus de l'épreuve. Au regard de la fiche de renseignement complétée, le candidat pourra avoir la désagréable impression qu'il n'existe aucune cohérence dans le parcours, notamment dans le cadre d'une reconversion professionnelle ou d'études universitaires éloignées de l'actuel Master MEEF qui regroupe de nombreux postulants. Que cela n'entame pas la confiance du candidat ! Le développement sera l'occasion de convaincre le jury et de montrer qu'il existe bien un fil rouge de compétences acquises ou missions réalisées en lien avec le métier d'enseignant et son référentiel.
La dernière minute sera consacrée à une courte conclusion évoquant au choix :
- des engagements extraprofessionnels qui ne seraient pas apparus ni dans le développement ni dans la fiche de renseignement ;
- le projet professionnel, les motivations ;
- une reprise des points forts ;
- l'évolution de carrière (dans le cas d'une reconversion, d'une contractualisation antérieure dans l'enseignement cherchant à aboutir sur une titularisation).

### JE M'ORGANISE

Je repère si le vocabulaire utilisé pendant la présentation est bien approprié pour parler des missions, des actions menées, des initiatives, de bilans...

| Missions | Actions menées | Choix – initiatives | Bilans |
|---|---|---|---|
| Exercer<br>Rejoindre<br>Intégrer<br>... | Élaborer (élaboration)<br>Participer (participation)<br>Collaborer (collaboration)<br>Réaliser (réalisation)<br>Organiser (organisation)<br>Planifier (planification)<br>Construire (construction)<br>Concevoir (conception)<br>Sélectionner (sélection)<br>Coordonner (coordination)<br>Mettre à jour (mise à jour)<br>Rédiger (rédaction)<br>Traiter (traitement)<br>Saisir (saisie)<br>Mettre au point (mise au point)<br>Conduire<br>Assurer<br>Encadrer<br>Accompagner<br>Former<br>... | Demander<br>Souhaiter<br>Postuler<br>Décider<br>Proposer<br>Créer<br>... | Faire preuve<br>Démontrer<br>Acquérir<br>Consolider<br>Enrichir<br>Développer<br>Mettre à profit<br>Utiliser<br>Mettre au service de<br>Permettre<br>Améliorer<br>... |

Veiller à ce que l'ensemble de la présentation ne prenne pas la forme d'une chronologie ou d'un récit narratif mais plutôt la forme d'un texte argumentatif fondé sur l'analyse d'un parcours et de compétences ou de missions.
Lors d'une courte présentation, les mots des différentes parties doivent être choisis avec soin, le vocabulaire doit être précis et varié, technique et professionnel. Les phrases sont courtes afin d'en rythmer le propos. Selon les compétences évoquées, les verbes d'action utilisés ne véhiculent pas la même idée. L'objectif n'est pas d'enjoliver une action pour la rendre plus présentable aux yeux du jury qui n'est pas dupe, mais bien de choisir le mot juste pour l'action réalisée ou la compétence acquise. Enrichir par la précision plus qu'embellir par l'illusion. Plus le vocabulaire choisi témoigne d'une volonté de professionnalisme, de précision, plus le candidat s'approche de l'exigence de sincérité et d'authenticité attendue. Le jury doit voir en quelques minutes que le candidat est apte à remplir la fonction pour laquelle il postule.

## 2. PRÉPARATION DE L'ENTRETIEN

### ◆ De quelle façon préparer l'échange avec le jury portant sur la présentation ?

Comme l'indique l'arrêté : « Cette présentation donne lieu à un échange avec le jury pendant dix minutes ». Les jurés pourront :
- revenir sur les éléments cités durant la présentation ;
- revenir sur la fiche de renseignement fournie par le candidat ;
- élargir le questionnement sur d'autres enjeux, plus abstraits, à partir d'un élément de la présentation ou de la fiche de renseignement.

Le questionnement du jury est inconnu et peut problématiser des sujets à différents degrés. Néanmoins l'objet du questionnement lié au parcours du candidat lui appartient, tout comme sa motivation et son aptitude à se projeter dans le métier d'enseignant. Il est donc possible de préparer cette partie. C'est l'occasion de se repencher sur l'ensemble des idées trouvées pour la première partie d'entretien qui n'ont pas été utilisées dans le cadre de la présentation. Les ordonner sur des fiches en reliant ce qui relève des motivations à ce qui relève de la projection dans le métier. Cette liste de compétences, d'activités, de missions pourrait bien servir au candidat, durant cette deuxième partie, pour illustrer et élargir à son tour les réponses aux questions posées par le jury.

**Exemples de fiches sous forme de prises de notes**

◆ J'ai exercé le métier d'enseignant contractuel :
→ découverte du métier, confirmation des représentations initiales ;
→ acquisition partielle de quelques compétences du référentiel de compétences du professorat : ................................. ;
→ découverte des instructions officielles, de vademecum, de guides sur Eduscol : ................................. ;
→ renforcement de la motivation ;
→ exemple de projection dans le métier : je cite un exemple d'activité déjà exercée, motivante que je souhaite approfondir et développer .................................

◆ J'ai exercé le métier de cuisinier :
→ j'ai développé pendant ces années telles et telles compétences dans le cadre de telles activités ;
→ j'ai eu à encadrer des stagiaires, j'ai eu l'occasion d'être formateur dans telle école ;
→ dans le cadre des conventions et des visites de stages par les professeurs PLP, j'ai pu échanger avec eux sur les référentiels des différents champs professionnels et le référentiel de compétences de professeur ;
→ des partenariats ont été créés avec plusieurs lycées professionnels ;
→ cette expérience a renforcé ma motivation ;
→ exemple de projection dans le métier en atelier professionnel au sein d'un lycée : je cite un exemple d'activité dans laquelle je peux facilement transférer un certain nombre de compétences.

**Exemple de fiche sous forme de gabarit**

| **Fiche emploi/activités : . . . . . . . . . . . . . . . . . . . . . . . . .** | |
|---|---|
| Principales activités, principaux travaux réalisés | Compétences acquises et explicitations au regard du métier d'enseignant |
| . . . . . . . . . . . . . . . . . . . . . . . . | . . . . . . . . . . . . . . . . . . . . . . . . . . . . . . . . . . . . . . . . . . . . . . . .<br>. . . . . . . . . . . . . . . . . . . . . . . . . . . . . . . . . . . . . . . . . . . . . . . . |
| . . . . . . . . . . . . . . . . . . . . . . . . | . . . . . . . . . . . . . . . . . . . . . . . . . . . . . . . . . . . . . . . . . . . . . . . .<br>. . . . . . . . . . . . . . . . . . . . . . . . . . . . . . . . . . . . . . . . . . . . . . . . |
| . . . . . . . . . . . . . . . . . . . . . . . . | . . . . . . . . . . . . . . . . . . . . . . . . . . . . . . . . . . . . . . . . . . . . . . . .<br>. . . . . . . . . . . . . . . . . . . . . . . . . . . . . . . . . . . . . . . . . . . . . . . . |
| Facteurs de motivation en lien avec le métier d'enseignant : reconnaissance, bien-être, autonomie, intérêt des missions, des valeurs, évolution de carrière, rémunération, travail en équipe, relation éducative et pédagogique, lien avec la recherche ou une certaine expertise... | . . . . . . . . . . . . . . . . . . . . . . . . . . . . . . . . . . . . . . . . . . . . . . . .<br>. . . . . . . . . . . . . . . . . . . . . . . . . . . . . . . . . . . . . . . . . . . . . . . .<br>. . . . . . . . . . . . . . . . . . . . . . . . . . . . . . . . . . . . . . . . . . . . . . . .<br>. . . . . . . . . . . . . . . . . . . . . . . . . . . . . . . . . . . . . . . . . . . . . . . .<br>. . . . . . . . . . . . . . . . . . . . . . . . . . . . . . . . . . . . . . . . . . . . . . . .<br>. . . . . . . . . . . . . . . . . . . . . . . . . . . . . . . . . . . . . . . . . . . . . . . .<br>. . . . . . . . . . . . . . . . . . . . . . . . . . . . . . . . . . . . . . . . . . . . . . . . |
| Littérature grise, références réglementaires, instructions officielles connues en lien avec la motivation et la projection. | . . . . . . . . . . . . . . . . . . . . . . . . . . . . . . . . . . . . . . . . . . . . . . . .<br>. . . . . . . . . . . . . . . . . . . . . . . . . . . . . . . . . . . . . . . . . . . . . . . .<br>. . . . . . . . . . . . . . . . . . . . . . . . . . . . . . . . . . . . . . . . . . . . . . . . |

Ce travail d'approfondissement, en lien avec le parcours du candidat, au regard du métier d'enseignant, est une préparation indispensable pour éviter l'improvisation incontrôlée le jour de l'entretien.

CITATION

« Un discours improvisé a été réécrit trois fois. »
Winston Churchill

Une fois ces éléments identifiés, le candidat peut s'interroger sur ses motivations.

## B – LES MOTIVATIONS DE L'ÉTUDIANT POUR DEVENIR ENSEIGNANT

### 1. LES BESOINS

#### ◆ À quels besoins la candidature de l'étudiant répond-elle ?

Les motivations du candidat sont corrélées à des besoins en lien avec son parcours de vie et ses aspirations. En analysant la nature des motifs ci-dessous, au travers de la pyramide de Maslow, on comprend que les représentations initiales et les projections imaginaires dans le métier d'enseignant répondent à une classification de besoins différents sans qu'ils soient hiérarchisés comme dans le modèle de Maslow et conditionnés à des besoins plus ou moins fondamentaux.

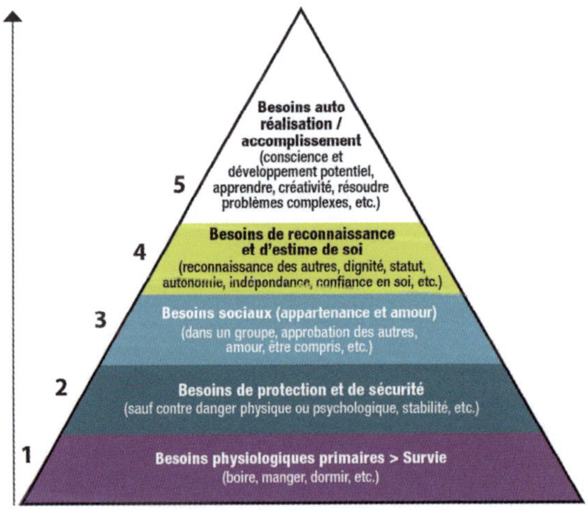


Maslow place le besoin d'accomplissement de soi au sommet de sa pyramide, le hiérarchise. Ce besoin ne serait atteint que si les besoins des niveaux inférieurs sont comblés. Ce modèle est aujourd'hui remis en cause par d'autres chercheurs. Ici, c'est davantage la nature des catégorisations du modèle théorique de Maslow qui nous intéresse que sa hiérarchisation. Dans le contexte actuel de crise sanitaire et économique, pour des étudiants, avoir la garantie d'une rémunération dans la fonction publique après le Master peut permettre de répondre aux besoins fondamentaux physiologiques.
Dans le cadre d'une reconversion professionnelle, avec un candidat déjà salarié et ayant une expérience professionnelle affirmée, le projet pourra répondre au besoin d'accomplissement de soi et de sécurité (motif n°5) ; pour le candidat issu d'une famille d'enseignants avec

une culture d'imprégnation forte sur le monde de l'éducation, le besoin d'appartenance et d'estime (motif n°4), un des moteurs probables. Chaque candidat peut ainsi, au regard de cette catégorisation, s'interroger et identifier à quels besoins répond son engagement dans ce projet professionnel, prioriser ses motivations et se projeter sur les autres besoins possibles.

Dans le cadre de la passation du concours et de son obtention, les besoins d'appartenance, les besoins d'estime et surtout d'accomplissement de soi sont fortement sollicités : besoin ou envie d'appartenance aux agents du service public d'éducation, au corps des professeurs, à une équipe enseignante au sein d'une école ou d'un établissement, besoin d'estime, de respect, de reconnaissance dans ces fonctions, d'accomplissement de soi dans son désir de professionnalité. C'est ce même accomplissement qui permettra au professeur de progresser et d'évoluer ensuite au sein du système éducatif. Chaque candidat est ainsi invité à trouver un équilibre entre le premier niveau de réponses aux besoins physiologiques comme source de motivation et le dernier qui serait le « nirvana » du métier. Ces besoins évolueront ensuite dans le temps en fonction de l'évolution du vécu professionnel et amèneront le lauréat à aller vers de nouvelles missions au sein du ministère de l'Éducation nationale, de la Jeunesse et des Sports.

Se projeter dans le métier d'enseignant, c'est aussi avoir conscience qu'en cas de vulnérabilité accrue pour des raisons endogènes ou exogènes à l'acte d'enseignement, et comme dans tout métier, le bien-être au travail est une donnée relative. Les facteurs cognitifs, organisationnels, psychologiques, relationnels peuvent remettre en cause un équilibre entre forces et vulnérabilités et réinterroger les besoins fondamentaux physiologiques de chacun. Le salaire – traitement – du fonctionnaire de l'État, le droit aux vacances, ne peuvent évidemment suffire à combler des besoins et à être source de motivation. Le métier d'enseignant au sein du service public d'éducation repose sur une réglementation qui évolue régulièrement, qui requiert des facultés d'adaptation importantes. Entre la passation du concours et la fin de service d'un enseignant partant en retraite, les professeurs connaitront chaque année des mutations parfois sensibles, parfois importantes, qui pourront impacter leurs représentations initiales et certains aspects de leur engagement initial. C'est ainsi que l'on voit chaque année des personnels nouvellement lauréats démissionner : l'écart entre la projection et la réalité était trop important.

## 2. LES REPRÉSENTATIONS MENTALES

### ◆ Quelles peuvent être les représentations initiales du métier d'enseignant ?

Se projeter dans le métier de professeur au sein du service public d'éducation nécessite une étape de déconstruction et de reconstruction de l'image que le candidat peut avoir du métier d'enseignant. Plusieurs biais peuvent intervenir dans les représentations du candidat selon son parcours si ses représentations s'appuient sur :
– Le tribunal médiatique et populaire : de nombreuses informations circulent dans les médias et sur les réseaux sociaux sur le « dur » métier d'enseignant et notamment quand celui-ci travaille dans les banlieues des grandes métropoles, que cela soit dans les quartiers nord de Marseille ou en Seine-Saint-Denis, dans le fameux « neuf trois ». Quand on est lauréat du CRPE, le purgatoire serait alors de tomber en SEGPA (Section d'enseignement général et professionnel adapté) dès la première année ou pire en ITEP (Institut thérapeutique éducatif et pédagogique) ! À la course des clichés et des idées reçues, le monde des médias est souvent en première ligne de la communication et le monde de l'éducation et quelques professeurs parfois en seconde, détournant cet héritage qui a fait pourtant la fierté des grands mouvements d'éducation populaire et notamment du service public d'éducation

**JE M'ORGANISE**

Je coche la ou les cases correspondant à ma raison de me présenter au concours.
Je veux être professeur(e) au sein du service public d'éducation :

☐ Parce que j'ai grandi dans cet univers. Mes parents travaillent dans l'Éducation nationale.
☐ Parce que des professeurs m'ont marqué et je souhaiterais avoir le même rôle qu'eux auprès des jeunes.
☐ Parce que je veux le faire depuis que je suis tout(e) petit(e), c'est une vocation. Mes parents m'ont dit que je jouais au maitre ou à la maitresse avec mes peluches.
☐ Pour ma vie de famille, les horaires sont moins importants que dans le secteur privé.
☐ Pour avoir un salaire de complément. J'ai une autre activité en parallèle.
☐ Pour bénéficier de temps libres et des vacances scolaires.
☐ Pour bénéficier du statut de fonctionnaire de l'État.
☐ Pour donner du sens à mon métier. Je n'en peux plus de travailler dans une entreprise privée. C'est stressant. Je me sens en insécurité. Cela n'a plus de sens pour moi. Je veux me sentir utile.
☐ Pour enseigner auprès des élèves. Je faisais du soutien scolaire et je me suis rendu(e) compte que cela me plaisait.
☐ Durant le confinement, j'ai pris un réel plaisir à transmettre des contenus à mon enfant.
☐ Pour travailler avec les enfants, c'est très gratifiant, affectivement, de les voir progresser et apprendre.
☐ Pour transmettre des savoirs et des valeurs, faire de nos élèves des citoyens lucides et éclairés.
☐ Pour le salaire et les avantages indemnitaires de la fonction publique.
☐ Parce que le ministère de l'Éducation nationale offre ensuite de multiples possibilités d'évolution.
☐ Pour enseigner auprès des élèves les plus en difficulté, dans les quartiers les plus difficiles.
☐ Pour devenir enseignant-chercheur dans le cadre de mes recherches.
☐ Parce que je pense avoir les compétences attendues pour transmettre des apprentissages et impulser des projets. J'ai travaillé dans l'animation et je suis plutôt leader.
☐ Pour être libre dans ma classe. Une fois la porte fermée, il parait qu'on est tranquille avec ses élèves. Je n'aime pas les rapports d'autorité au quotidien.
☐ Un peu par défaut. Le projet professionnel auquel je me destinais n'a pas abouti.
☐ Sans savoir pourquoi. Par un enchainement successif d'actes, de petits gestes et d'études. Pas de déclic ou de plan prévu.
☐ Autres motifs.
☐ Pour faire comme *Zazie dans le métro* (voir citation).

et des professeurs qui y travaillent. À écouter les médias, plus personne ne souhaiterait devenir enseignant. La réalité est évidemment et heureusement beaucoup plus contrastée. Le défaut d'attractivité ne tient pas aux missions, à sa dureté, à quelques stéréotypes : de jeunes professeurs se retrouvent en difficulté dans des établissements au climat scolaire apaisé avec des élèves issus de milieux sociaux favorisés, et de jeunes professeurs affectés dès leur première année en SEGPA finissent par demander à renouveler leurs missions chaque année pour se lancer ensuite dans la passation du CAPPEI et devenir enseignants spécialisés.

- Les souvenirs passés d'enseignants rencontrés tout au long du parcours d'élève.
- Les rencontres avec des enseignants formateurs ou tuteurs lors de stages.
- Les rencontres dans le cadre informel avec des amis ou des parents professeurs.

– Des films de fictions, des séries TV, des documentaires.
– La lecture de textes inspirants en lien avec l'éducation.

Ces représentations inspirantes à un moment donné de la vie du candidat ont débouché sur la formalisation d'un projet professionnel. Reste à questionner les motivations du candidat. À ce petit jeu, on pourrait présenter des exemples de motifs non exhaustifs auxquels les formateurs sont régulièrement confrontés lorsqu'ils posent la question à des candidats sur les motifs de cet engagement. L'encadré ci-contre permettra au candidat de s'interroger sur sa raison de se présenter au concours

Cette liste peut encore être longue et un candidat cocher une ou de nombreuses cases pour motiver son engagement. Rares sont en définitive les candidats qui ont un parcours uniforme et logique répondant à une vocation construite dans l'enfance ou le milieu familial, fondée sur une image déterminée, symboliquement et socialement clairement définie. Rares sont les candidats qui ont une vision complète du métier avec ses points de force et ses contraintes. La prudence doit donc rester le maitre-mot : chaque enseignant est unique et ce n'est que face aux élèves que le candidat se découvrira fidèle ou non à sa représentation et à ses motivations initiales. Les écarts ne se mesureront que dans la réalité de la pratique.

**CITATION**

*Zazie, fillette d'une dizaine d'années, est en vacances à Paris chez son oncle Gabriel et sa tante Marceline.*

« – Moi, déclara Zazie, je veux aller à l'école jusqu'à soixante-cinq ans.
– Jusqu'à soixante-cinq ans ? répéta Gabriel un chouia surpris.
– Oui, dit Zazie, je veux être institutrice.
– Ce n'est pas un mauvais métier, dit doucement Marceline. Y a la retraite.
Elle ajouta ça automatiquement parce qu'elle connaissait bien la langue française.
– Retraite mon cul, dit Zazie. Moi, c'est pas pour la retraite que je veux être institutrice.
– Non bien sûr, dit Gabriel, on s'en doute.
– Alors c'est pourquoi ? demanda Zazie.
– Tu vas nous expliquer ça.
– Tu trouverais pas tout seul, hein ?
– Elle est quand même fortiche la jeunesse d'aujourd'hui, dit Gabriel à Marceline.
Et à Zazie :
– Alors ? pourquoi que tu veux l'être, institutrice ?
– Pour faire chier les mômes, répondit Zazie. Ceux qu'auront mon âge dans dix ans, dans vingt ans, dans cent ans, dans deux cent ans, dans mille ans, toujours des gosses à emmerder.
– Eh bien, dit Gabriel.
– Je serai vache comme tout avec elles. Je leur ferai lécher le parquet. Je leur ferai manger l'éponge du tableau noir. Je leur enfoncerai des compas dans le derrière. Je leur botterai les fesses. Parce que je porterai des bottes. En hiver. Hautes comme ça (geste). Avec des grands éperons pour leur larder la chair du derche.
– Tu sais, dit Gabriel avec calme, d'après ce que disent les journaux, c'est pas du tout dans ce sens là que s'oriente l'éducation moderne. C'est même tout le contraire. On va vers la douceur, la compréhension, la gentillesse. »

Raymond Queneau, *Zazie dans le métro*, © Éditions Gallimard, 1959.

# C - LA CONNAISSANCE DE LA FONCTION DE L'ENSEIGNANT

Pour se préparer à la fonction d'enseignant, le candidat se doit de connaitre le mieux possible le cadre dans lequel s'exercent ce métier et ses spécificités.

## 1. UN MÉTIER DE LIBERTÉS ?

### ◆ Quels sont les textes réglementaires à connaitre ?

L'exercice des fonctionnaires de l'État et donc des enseignants est régi par des textes réglementaires inscrits dans le Code de l'éducation. Toute nouvelle norme est publiée au *Journal officiel* (JO) de la République française. Les textes importants, ces normes, sont ensuite rappelés aux agents et rendus accessibles *via* le *Bulletin officiel* (BO) du ministère de l'Éducation et de la Jeunesse sous forme de lettre hebdomadaire contenant décrets, arrêtés, notes de service. Ce *Bulletin officiel* est une référence à connaitre et à suivre dans l'exercice de ses fonctions. Ce n'est pas une spécificité au monde de l'éducation, il existe quasiment autant de bulletins officiels que de ministères : le ministère du Budget publie son *Bulletin officiel des Impôts*, le ministère de la Justice, son *Bulletin officiel du ministère de la Justice*, et ainsi de suite. Professeurs, directeurs d'école, chefs d'établissement, CPE, infirmières de l'Éducation nationale, psychologues de l'Éducation nationale, inspecteurs s'y réfèrent, structurent leur pratique au regard de ce prescrit réglementaire qui contient les programmes d'enseignement comme la quotité de décharge des directions d'école, le cadre de fonctionnement d'une ULIS, ou la liste des associations agréées par le ministère de l'Éducation nationale. Il est donc fortement conseillé de s'y abonner sur Internet. Une lettre d'information est envoyée ensuite tous les jeudis dans la boite de messagerie de l'agent. Ce conseil est valable pour le futur candidat qui doit avoir une vision réaliste et éclairée des dernières évolutions du métier pour lequel il se destine.
La lecture du *Bulletin officiel* nécessite néanmoins quelques connaissances incontournables afin d'en maitriser la temporalité de mise en œuvre. Les textes réglementaires sont hiérarchisés par niveau dans ce qu'on appelle une hiérarchie des normes.

| Hiérarchie des textes réglementaires | | | |
|---|---|---|---|
| 1 | Bloc constitutionnel | Constitution | Constitution de la Ve République (1958) |
| 2 | Bloc conventionnel | Traité, convention internationale, droit européen | Convention internationale des droits des enfants (1948)<br>Convention relative aux droits des personnes handicapées (2006) |
| 3 | Bloc législatif | Lois organiques, ordinaires, ordonnances | Loi du 8 juillet 2013 dite Loi d'orientation et de programmation pour la refondation de l'École de la République<br>Loi pour une école de la confiance du 26 juillet 2019<br>Loi du 24 aout 2021 confortant le respect des principes de la République<br>Loi du 21 décembre 2021 créant la fonction de directrice ou de directeur d'école |
| 4 | Principes généraux du droit | Règles non écrites de portée générale | |

| | | | |
|---|---|---|---|
| 5 | Blocs réglementaires | Décrets, arrêtés, circulaires, directives | Décret n° 2019-824 du 2-8-2019 Mesures tirant les conséquences de l'extension de l'instruction obligatoire aux plus jeunes<br>Circulaire du 2-4-2021, décharges de service des directeurs d'école |

Toute norme inférieure respecte par principe la norme de niveau supérieur en la détaillant. Il n'y a pas nécessité de produire des arrêtés ou des circulaires dès lors que le niveau de détail est suffisant dans une loi. L'article 3 de la Loi pour l'école de la confiance indique : « L'emblème national de la République française, le drapeau tricolore, bleu, blanc, rouge, le drapeau européen, la devise de la République et les paroles de l'hymne national sont affichés dans chacune des salles de classe des établissements du premier et du second degrés, publics ou privés sous contrat. » Le niveau de détail est suffisant pour son application. Une circulaire de mise en œuvre est inutile. À l'inverse, entre la publication de la loi et la publication d'une circulaire qui en décline un point d'articulation sur le terrain, il peut s'écouler plusieurs mois.

### ◆ Comment mesurer l'écart entre le prescrit attendu et le réel de la classe ?

Tout le métier de l'enseignant va alors consister à mesurer l'écart entre le prescrit attendu et le réel vécu au sein de la classe auprès des élèves. C'est ici que l'expertise est requise. Pour y parvenir, c'est l'ensemble du système qui se met en action. C'est grâce à l'analyse en situation des niveaux d'apprentissage des élèves au regard par exemple des attendus de fin de cycle ou des repères de fin d'année que l'enseignant va devoir construire, au regard du prescrit, des gestes didactiques adaptés au contexte d'enseignement afin d'atteindre pédagogiquement l'objectif visé par la Nation.
Les conseillers pédagogiques, les maitres formateurs, les inspecteurs, notamment par la formation et l'évaluation des besoins, sont là pour aider les enseignants à atteindre ces objectifs. Les personnels de direction, les inspecteurs, les directeurs d'école, les personnels en charge d'impulser et du donner du sens à ce prescrit pour sa mise en œuvre le répètent : « les changements de pratique ne se décrètent pas ». Il faut comprendre que la seule publication d'un texte officiel, d'une norme diffusée à l'ensemble des agents, même avec les moyens technologiques les plus avancés, ne peut suffire à son application. La norme donne une direction, une feuille de route, un but, atteint avec plus ou moins d'efficience selon le contenu qui s'y rattache.
Si l'affichage de *La Marseillaise* ou de la Charte de la laïcité peut s'opérationnaliser de façon rapide, s'emparer de cette affiche pour transmettre son contenu, ses valeurs et principes aux élèves, modifier des gestes professionnels pour l'intégrer à sa pratique, va prendre un temps inscrit dans une formalisation plus complexe liée à des choix individuels professionnels formatifs. Passer du pourquoi au comment nécessite du temps : celui du développement professionnel de l'enseignant.

### ◆ Quelles sont les contraintes qui s'exercent sur le métier d'enseignant ?

La liberté de l'enseignant, comme celle de tous les fonctionnaires de l'État, est « encadrée » par des textes législatifs et réglementaires réguliers qui ont un réel impact sur sa pratique. Quand le ministère de l'Éducation nationale met en place des évaluations nationales, un protocole sanitaire, de nouvelles conditions de passation des concours, le dédoublement de classes en éducation prioritaire, une rentrée en musique, des ajustements de programme, les progressions, les contenus d'enseignement sont nécessairement ajustés par l'enseignant. L'enseignant est dès lors soumis à un ensemble de contraintes endogènes et exogènes.

**Contraintes s'exerçant sur le métier d'enseignant**

2. Bloc de contraintes liées à **l'environnement professionnel local** (mobilité professionnelle, affinités professionnelles, répartition des services, des projets au sein de la communauté éducative, des heures supplémentaires, de l'emploi du temps dans le 2nd degré).

1. Bloc de contraintes liées aux **évolutions des normes nationales** (constitution, traités, conventions internationales, loi, arrêtés, circulaires).

**Enseignant**

3. Bloc de contraintes liées aux **élèves dans la classe** (besoins éducatifs particuliers, relation avec les familles, partenariats, périscolaires).

4. Bloc de **contraintes personnelles liées au fonctionnement didactique** et pédagogique du métier (correction des cahiers/copies dans la journée, préparation des contenus, programmations, relation avec les familles…).

Ce jeu de contraintes émanant du niveau national et décliné jusque dans la classe garantit la pluralité d'un métier multifacettes sans cesse renouvelé. L'enseignant prend en compte une multitude de paramètres pour exercer et exprimer sa liberté pédagogique mais le Code de l'éducation le rappelle : « La liberté pédagogique de l'enseignant s'exerce dans le respect des programmes et des instructions du ministre chargé de l'Éducation nationale et dans le cadre du projet d'école ou d'établissement avec le conseil et sous le contrôle des membres des corps d'inspection. »[1]
La temporalité de mise en œuvre d'une nouvelle norme implique nécessairement un calendrier d'application qui peut aller au-delà de l'année n + 1, ce qui est notamment le cas pour l'organisation des concours, examens et certifications, pour des raisons liées à leurs préparations.

## 2. UN FONCTIONNAIRE DE L'ÉTAT

Se présenter au concours de professeur dans le service public d'éducation nécessite une réflexion préalable. En tant que candidat, est-on capable de définir ce qu'est un « service public d'éducation », de se situer au sein de ce service, et plus largement de ce système éducatif spécifique ? Quelles valeurs sont portées et défendues par ce service public d'éducation ? Cela suppose-t-il en creux que l'on adhère infiniment à ces valeurs ? Si oui, est-on en capacité de justifier ce cheminement et ce choix ? Si non, quel examen de conscience suppose-t-il ? D'autres environnements professionnels existent. Le candidat pourrait tout autant choisir de passer un concours pour enseigner ensuite dans une école privée sous contrat et de dépendre par exemple d'un diocèse, ou bénéficier d'un contrat à durée déterminée dans ce même type d'école, voire dans une école hors contrat. Aujourd'hui, si toutes les écoles

1. Article L. 912-1-1 du Code de l'éducation, loi n° 2005-380 du 23 avril 2005.

doivent s'inscrire dans le cadre républicain, il existe bien des métiers de professeurs avec des statuts et des réglementations très différentes. Témoigner de sa motivation pour être professeur au sein du service public d'éducation correspond bien à un choix raisonné et assumé. Comment transmettre cette idée au jury et emporter son adhésion ?
Les motivations doivent être claires pour le candidat, ce qui nécessite un minimum d'informations au préalable sur la réglementation en vigueur. Il est toujours étonnant de découvrir une minorité de jeunes fonctionnaires stagiaires s'étonnant d'avoir des droits et obligations liés à l'exercice de leur métier. Le paradoxe est tel qu'ils déclarent avoir toujours lu leur contrat de travail et veiller précisément aux contenus des différents articles dudit contrat lorsqu'ils travaillaient étudiants dans le secteur privé. Tout se passe comme si la passation du concours suffisait à « valider » une adhésion implicite à un certain nombre de droits et obligations, sans forcément que ceux-ci soient connus et maitrisés par le préparationnaire.

### ◆ À quelle fonction publique l'enseignant appartient-il ?

Il existe en France trois fonctions publiques :
– la **fonction publique de l'État** qui regroupe des agents exerçant dans les administrations centrales comme les ministères, les services déconcentrés (préfectures, rectorats, directions régionales et départementales), les établissements publics de recherche ;
– la **fonction publique territoriale** qui regroupe des agents travaillant dans les collectivités territoriales : régions, départements, communes, établissements publics de coopération intercommunale (EPCI) ;
– la **fonction publique hospitalière** qui regroupe des personnels exerçant dans les établissements hospitaliers et du secteur médico-social.
La fonction publique de l'État regroupe tous les personnels fonctionnaires des différents ministères, soit environ 50 % de la fonction publique. Dans cette fonction publique d'État, le ministère de l'Éducation nationale, de la Jeunesse et des Sports est celui qui rassemble le plus d'agents, suivi de ceux de l'Intérieur et de la Défense. La fonction publique territoriale regroupe environ 30 % des agents de la fonction publique, la fonction publique hospitalière en réunit environ 20 %. Si tous exercent dans des environnements professionnels très variés, tous sont régis par une réglementation avec des valeurs et principes communs.

### ◆ Quelle réglementation s'y applique ?

Le premier statut général des fonctionnaires de l'État a été édicté par la loi du 19 octobre 1946. Mais c'est la loi du 13 juillet 1983 dite Loi Le Pors[1] qui fixe le statut général (titre premier) commun aux trois fonctions publiques (État, territoriale et hospitalière), elle régit notamment les droits et obligations des fonctionnaires d'aujourd'hui :
– Les conditions d'accessibilité à la fonction publique sont précises. « Nul ne peut avoir la qualité de fonctionnaire s'il ne possède pas la nationalité française. » Cette condition fixée dès 1946 a depuis été modifiée – loi de juillet 1991 – pour ouvrir le corps de la fonction publique aux ressortissants des États membres de l'Union européenne et de l'Espace économique européen. Certains emplois sont toutefois accessibles par concours à tout candidat sans condition de nationalité. Il s'agit notamment des emplois de professeur d'universités et maitre de conférences, médecin des établissements hospitaliers. La condition de nationalité doit être remplie au plus tard à la date de la première épreuve du concours.

1. Loi n° 83-634 du 13 juillet 1983 portant sur les droits et obligations des fonctionnaires.

– Le fonctionnaire doit disposer de ses droits civiques – avoir le droit de vote et pouvoir se présenter à une élection en France ou dans le pays d'origine – et n'avoir fait l'objet d'aucune condamnation inscrite sur le bulletin n° 2 du casier judiciaire incompatible avec l'exercice des fonctions.
– Le fonctionnaire doit être en position régulière au regard du code du service national, avoir été présent à la Journée d'appel de préparation à la défense (JAPD), avoir fait le service national ou militaire s'il est obligatoire dans son pays d'origine.
– Le fonctionnaire doit avoir une bonne aptitude physique, être apte à exercer les fonctions visées. Pour les personnes en situation de handicap, il existe des emplois « réservés ». Personne ne peut être écarté, en raison d'un handicap, d'un concours ou emploi, sauf si le handicap a été déclaré incompatible avec la fonction postulée à la suite de l'examen médical d'aptitude.

## ◆ À quoi correspondent les catégories, les corps, les grades et les échelons ?

Les agents de la fonction publique exercent leurs missions dans un cadre d'emploi réglementairement défini par la loi. Ce cadre d'emploi est appelé « un corps ». Ces corps sont hiérarchisés par catégorie. On parle ainsi d'agent de catégorie A, B ou C selon le niveau de recrutement. Le passage d'une catégorie à l'autre par l'agent est possible par promotion interne ou passage de concours.

**Niveau de recrutement des agents de la fonction publique**

| **Catégories** | **Niveaux de recrutement** |
|---|---|
| A | Bac + 2 |
| B | Bac |
| C | Diplôme de niveau V ou V bis (CAP, BEP, brevet des collèges) ou sans diplôme |

Une catégorie peut contenir plusieurs cadre d'emplois ou corps. Les corps des professeurs des écoles, des psychologues de l'Éducation nationale et des conseillers principaux d'éducation sont des agents de catégorie A.
Dans chaque corps, les fonctionnaires sont soumis au même statut. Chaque corps est composé de grades hiérarchisés. Pour les professeurs, il existe trois grades : classe normale, hors classe, classe exceptionnelle, composés eux-mêmes d'échelons. Le passage d'un échelon à l'autre se fait après un certain nombre d'années de service. C'est cet échelon qui détermine la rémunération principale du fonctionnaire.

**Grades pour les professeurs des écoles**

| | |
|---|---|
| Catégories | A |
| Corps | Professeurs des écoles |
| Grade de recrutement | Professeur des écoles hors classe : 7 échelons |
| 1er grade d'avancement | Professeur des écoles de classe normale : 11 échelons |
| 2e grade d'avancement | Professeur des écoles de classe exceptionnelle : 5 échelons |

## ◆ Existe-t-il des statuts particuliers selon le corps d'enseignant ?

Pour chaque corps d'enseignant, des statuts réglementent les modalités de recrutement, d'accompagnement, les modalités d'évaluation en tant que stagiaire puis en tant que titulaire, la progression dans les grades et échelons. Ces décrets sont modifiés dès qu'une nouvelle réglementation entre en vigueur. La lecture de ces statuts est fortement conseillée. Elle donne une très bonne visibilité du cadre statutaire de fonctionnement du corps d'enseignement visé.

| | |
|---|---|
| **Corps des professeurs des écoles** | Décret du 1er aout 1990 modifié |
| **Corps des professeurs certifiés** | Décret du 4 juillet 1972 modifié |
| **Corps des professeurs agrégés** | Décret du 4 juillet 1972 modifié |
| **Corps des professeurs d'éducation physique et sportive** | Décret du 4 aout 1980 modifié |
| **Corps des professeurs de lycée professionnel** | Décret du 6 novembre 1992 modifié |

Chaque corps appartient à un grade et à un échelon, évolutifs en fonction de l'ancienneté de service et des évaluations successives réalisées lors de rendez-vous de carrière qui s'appuient sur la loi dite Le Pors. Contrairement à d'autres agents fonctionnaires de l'État, les dispositions du décret n° 2010-888 du 28 juillet 2010 relatif aux conditions générales de l'appréciation de la valeur professionnelle des fonctionnaires de l'État ne sont pas applicables aux professeurs. La valeur professionnelle est évaluée mais selon des critères spécifiques au métier d'enseignant.

Pour les autres agents, cette valeur professionnelle se décline sous la forme d'un entretien professionnel qui « porte principalement sur :

1° Les résultats professionnels obtenus par le fonctionnaire eu égard aux objectifs qui lui ont été assignés et aux conditions d'organisation et de fonctionnement du service dont il relève.

2° Les objectifs assignés au fonctionnaire pour l'année à venir et les perspectives d'amélioration de ses résultats professionnels, compte tenu, le cas échéant, des perspectives d'évolution des conditions d'organisation et de fonctionnement du service.

3° La manière de servir du fonctionnaire.

4° Les acquis de son expérience professionnelle.

5° Le cas échéant, la manière dont il exerce les fonctions d'encadrement qui lui ont été confiées.

6° Les besoins de formation du fonctionnaire eu égard, notamment, aux missions qui lui sont imparties, aux compétences qu'il doit acquérir et à son projet professionnel.

7° Ses perspectives d'évolution professionnelle en termes de carrière et de mobilité. »[1]

Cette « valeur professionnelle et manière de servir » peut se décliner sous la forme de compétences professionnelles et de technicité (maitrise technique ou expertise scientifique du domaine d'activité, connaissance de l'environnement professionnel et capacité à s'y situer, qualité d'expression écrite, qualité d'expression orale...) ; de contribution à l'activité du service (capacité à partager l'information, à transférer les connaissances et à

1. Décret n° 2014-1526 du 16 décembre 2014 relatif à l'appréciation de la valeur professionnelle des fonctionnaires territoriaux.

rendre compte, capacité à s'investir dans des projets, sens du service public et conscience professionnelle, capacité à respecter l'organisation collective du travail...) ; de capacités professionnelles et relationnelles (autonomie, discernement et sens des initiatives dans l'exercice de ses attributions, capacité d'adaptation, capacité à travailler en équipe...) ; le cas échéant, de l'aptitude à l'encadrement et/ou à la conduite de projets (capacité d'organisation et de pilotage, aptitude à la conduite de projets, capacité à déléguer, aptitude au dialogue, à la communication et à la négociation...).
Ce cadre réglementaire témoigne d'un socle d'attendus pour l'ensemble des agents publics. Si ces agents sont classés en agents de catégories A, B ou C, ces compétences adaptées à l'environnement professionnel démontrent une volonté d'atteindre un niveau d'exigence minimum pour l'ensemble des personnels. Cet entretien professionnel exigeant à plusieurs égards pour les agents est valable pour tous, et *a fortiori* pour les enseignants fonctionnaires titulaires agents de catégorie A qui incarnent et transmettent des savoirs et des valeurs propres à l'État français et la Ve République à des élèves, futurs citoyens. Comment ne pas exiger, par exemple, un minimum de qualité dans l'expression écrite et orale, quelle que soit la spécialité enseignée ? Au-delà de ces compétences, pour tous les agents, il existe un certain nombre de droits et d'obligations liés au statut général des fonctionnaires qui vont se traduire de manière différente selon l'environnement professionnel.

## ◆ Quels sont les droits des enseignants ?

Les principaux droits à connaitre par le candidat sont :
– **Une rémunération après service fait et pension de retraite.**
– **Le droit de grève** existe pour les enseignants, mais pas pour tous les agents de la fonction publique. Les policiers, militaires, magistrats judiciaires en sont privés, les contrôleurs aériens en ont un droit limité en raison de leur fonction.
– **Le droit syndical**, reconnu depuis 1946, figure à l'article 8 de la loi du 13 juillet 1983. Les fonctionnaires peuvent librement créer des syndicats, y adhérer et y exercer des mandats. Le fonctionnaire syndiqué bénéficie d'autorisations spéciales d'absence, de congés pour formation syndicale et de décharges d'activité de service ; plusieurs syndicats proposent régulièrement des réunions d'information syndicales (RIS) et des stages de formation en lien par exemple avec l'entrée dans le métier des directeurs d'école.
– **Le droit à la formation professionnelle**. Des plans de formation de circonscription et départementaux (ASH, Numérique, Maternelle, EPS, Éducation artistique) sont proposés aux professeurs des écoles. Ces plans de formation ne sont pas exhaustifs. Selon la spécialité de l'enseignant, celui-ci peut s'il est spécialisé participer à des modules d'initiative nationale de formation ASH). De nombreuses possibilités de formation sont possibles. Le CPF (compte personnel de formation) concerne également les enseignants dans le cadre d'un projet d'évolution professionnelle.
– **Le droit de participation aux structures de consultation.** Les professeurs sont électeurs et éligibles au Conseil d'administration de l'établissement, peuvent élire leur représentant être élus aux CAPD (commissions administratives paritaires départementales), académique (CAPA) et nationales (CAPN). Des représentants élus siègent également au CHSCTD (comité d'hygiène, de sécurité et des conditions de travail départemental). Selon la nature des conseils, comités, commissions et leur fonction, ces instances travailleront sur l'avancement, la notation, des questions relatives aux parcours des enseignants, à leurs conditions de travail).
– **Le droit à la protection** (voir la circulaire BO n° 2158 du 5 mai 2008 relative à la

protection fonctionnelle des agents publics de l'État) : « Les fonctionnaires et les agents non titulaires ont droit à une protection et le cas échéant à une réparation lorsqu'ils ont fait l'objet, à l'occasion de leurs fonctions, de menaces, d'outrages, de voies de fait, d'injures ou de diffamations. »[1] Un enseignant mis en cause pour des faits liés à l'exercice de ses fonctions ou victime d'attaques en raison de ses fonctions ou en sa qualité de fonctionnaire (menaces, injures, violences, harcèlement, diffamations, etc.), peut bénéficier de la protection de l'administration (frais d'avocat, de procédure...). En cas d'agression caractérisée, d'atteinte à ses biens, l'enseignant porte plainte lui-même, selon la situation, l'administration peut s'associer à cette plainte. Une demande de protection fonctionnelle au Recteur peut alors être demandée par l'enseignant par voie hiérarchique, en sollicitant l'IEN de circonscription.

– **La liberté d'opinion.** Attention, la liberté d'opinion fonde son existence sur le principe de non-discrimination de l'accès à la fonction publique. Nul ne peut être écarté de l'accès à la fonction publique en raison de ses opinions politiques, syndicales, philosophiques, religieuses ou de son orientation sexuelle. L'expression de son opinion politique, religieuse, pour un enseignant dans le cadre de son service est une faute, du prosélytisme. Les enseignants ne peuvent pas manifester leurs opinions et leurs croyances. Cela irait à l'encontre du principe de laïcité. Les libertés d'opinion et d'expression sont donc à concilier avec le devoir de loyauté vis-à-vis des institutions républicaines, l'obligation de neutralité et du droit de réserve du fonctionnaire.

– **Le droit à la protection du « lanceur d'alerte ».** Depuis une circulaire de 2018[2] relative aux agents de la fonction publique, un agent public (fonctionnaire ou contractuel) qui a personnellement connaissance de certains faits ou actes répréhensibles peut effectuer un signalement. L'acte ou le fait visé doit concerner l'organisme qui l'emploie et des infractions telles que des crimes, des délits, des conflits d'intérêts, des menaces ou préjudices graves pour l'intérêt général (par exemple, en matière de santé publique, d'environnement, de sécurité des biens et des personnes), d'une violation grave et manifeste d'un engagement international ratifié ou approuvé par la France ou d'une loi ou d'un décret.

– D'autres droits implicites : le droit d'accès à son dossier individuel. Chaque enseignant peut demander à consulter son dossier administratif afin de prendre connaissance de pièces administratives liées à sa carrière (évaluations, appréciations, arrêtés d'affectation...). L'enseignant a le droit d'exercer une activité à temps partiel, il a le droit au détachement, à la mise en disponibilité et à la mobilité. Ces dernières dispositions sont assujetties à une demande auprès de l'autorité hiérarchique.

Certains droits ne sont néanmoins pas assujettis à la même réglementation en termes de réponse et d'application par l'administration. Si certains droits sont accordés « de droits », certains sont évalués au regard de la situation de l'agent et de la nécessité de service.

## ◆ Quelles sont les obligations des enseignants ?

Les enseignants ont un certain nombre d'obligations :

– **L'obligation de neutralité et de respect du principe de laïcité.** Cette obligation inscrite dès la création de la loi dite Loi Le Pors rappelle à chaque fonctionnaire qu'il doit traiter chaque usager indépendamment de son genre, de son origine, de ses convictions

1. Article 11 de la loi n° 83-634 du 13 juillet 1983.

2. Circulaire du 19 juillet 2018 relative à la procédure de signalement des alertes émises par les agents publics dans le cadre des articles 6 à 15 de la loi n° 2016-1691 du 9 décembre 2016.

## Charte de la laïcité à l'École

**1** La France est **une République indivisible, laïque, démocratique et sociale**. Elle assure l'égalité devant la loi, sur l'ensemble de son territoire, de tous les citoyens. Elle respecte toutes les croyances.

**2** La République laïque organise **la séparation des religions et de l'État**. L'État est neutre à l'égard des convictions religieuses ou spirituelles. Il n'y a pas de religion d'État.

### LA RÉPUBLIQUE EST LAÏQUE

**3** La laïcité garantit **la liberté de conscience** à tous. **Chacun est libre de croire ou de ne pas croire**. Elle permet la libre expression de ses convictions, dans le respect de celles d'autrui et dans les limites de l'ordre public.

**4** La laïcité permet l'exercice de la citoyenneté, en conciliant **la liberté de chacun** avec **l'égalité et la fraternité de tous** dans le souci de l'intérêt général.

**5** La République assure dans les établissements scolaires le respect de chacun de ces principes.

# CHARTE DE LA LAÏCITÉ À L'ÉCOLE

*La Nation confie à l'École la mission de faire partager aux élèves les valeurs de la République.*

**6** La laïcité de l'École offre aux élèves les conditions pour forger leur personnalité, exercer leur libre arbitre et faire l'apprentissage de la citoyenneté. **Elle les protège de tout prosélytisme et de toute pression** qui les empêcheraient de faire leurs propres choix.

**7** La laïcité assure aux élèves l'accès à **une culture commune et partagée**.

**8** La laïcité permet l'exercice de **la liberté d'expression** des élèves dans la limite du bon fonctionnement de l'École comme du respect des valeurs républicaines et du pluralisme des convictions.

**9** La laïcité implique **le rejet de toutes les violences et de toutes les discriminations**, garantit **l'égalité entre les filles et les garçons** et repose sur une culture du respect et de la compréhension de l'autre.

**10** **Il appartient à tous les personnels de transmettre aux élèves le sens et la valeur de la laïcité**, ainsi que des autres principes fondamentaux de la République. Ils veillent à leur application dans le cadre scolaire. Il leur revient de porter la présente charte à la connaissance des parents d'élèves.

**11** **Les personnels ont un devoir de stricte neutralité** : ils ne doivent pas manifester leurs convictions politiques ou religieuses dans l'exercice de leurs fonctions.

### L'ÉCOLE EST LAÏQUE

**12** **Les enseignements sont laïques.** Afin de garantir aux élèves l'ouverture la plus objective possible à la diversité des visions du monde ainsi qu'à l'étendue et à la précision des savoirs, **aucun sujet n'est a priori exclu du questionnement scientifique et pédagogique**. Aucun élève ne peut invoquer une conviction religieuse ou politique pour contester à un enseignant le droit de traiter une question au programme.

**13** Nul ne peut se prévaloir de son appartenance religieuse pour refuser de se conformer aux règles applicables dans l'École de la République.

**14** Dans les établissements scolaires publics, les règles de vie des différents espaces, précisées dans le règlement intérieur, sont respectueuses de la laïcité. **Le port de signes ou tenues par lesquels les élèves manifestent ostensiblement une appartenance religieuse est interdit.**

**15** Par leurs réflexions et leurs activités, **les élèves contribuent à faire vivre la laïcité** au sein de leur établissement.

Liberté • Égalité • Fraternité
RÉPUBLIQUE FRANÇAISE

ministère éducation nationale

religieuses ou politiques et respecter sa liberté de conscience ainsi que sa dignité. Aucun agent ne peut donc manifester ses opinions durant son service.
Les agents de la fonction publique s'inscrivent dans ce principe constitutionnel présent dans l'article 1er de la constitution de la Ve République : « La France est une République indivisible, laïque, démocratique et sociale. Elle assure l'égalité devant la loi de tous les citoyens sans distinction d'origine, de race ou de religion. Elle respecte toutes les croyances. Son organisation est décentralisée. La loi favorise l'égal accès des femmes et des hommes aux mandats électoraux et fonctions électives, ainsi qu'aux responsabilités professionnelles et sociales » [1].
Ce principe constitutionnel sur la laïcité était déjà présent dans la Déclaration des droits de l'homme et du citoyen de 1789. L'article 10 indique : « Nul ne doit être inquiété pour ses opinions, même religieuses, pourvu que leur manifestation ne trouble pas l'ordre public établi par la Loi ».
Pour les enseignants, cette obligation est particulièrement importante, ceux-ci intervenant auprès d'élèves dont l'identité est en construction et donc plus vulnérable. Toute forme de prosélytisme est strictement interdite et constitue un manquement grave. Une Charte de la laïcité dans les services publics est publiée au travers de la circulaire du 13 avril 2007. Une Charte de la laïcité à l'École est publiée en annexe de la circulaire du 6 septembre 2013. Depuis le 26 juillet 2019, la loi pour une école de la confiance renforce la lutte contre le prosélytisme : « Les comportements constitutifs de pressions sur les croyances des élèves ou de tentatives d'endoctrinement de ceux-ci sont interdits dans les écoles publiques et les établissements publics locaux d'enseignement, à leurs abords immédiats et pendant toute activité liée à l'enseignement. La méconnaissance de cette interdiction est punie de l'amende prévue pour les contraventions de la cinquième classe. »
– **Les obligations de dignité, d'impartialité, d'intégrité, et de probité** sont des obligations qui viennent d'être rappelées récemment par la loi relative à la déontologie et aux droits et obligations des fonctionnaires du 20 avril 2016 et font partie, comme l'obligation de neutralité et du respect du principe de laïcité, des valeurs fondamentales de l'ensemble des fonctionnaires. Elles rappellent que chaque fonctionnaire travaille avec désintéressement et honnêteté pour l'intérêt général. Cela écarte par principe tout conflit d'intérêts.
– **L'obligation de consacrer l'intégralité de son activité professionnelle** à sa fonction. Tous les cumuls d'activités ne sont pas autorisés pour les enseignants. Certaines activités sont soumises à déclaration (dirigeant de société ou d'association, création ou reprise d'entreprise) et autorisation préalables (qu'elles soient privées ou d'intérêt général), d'autres pas, d'autres sont tout simplement interdites. La loi Le Pors évoque ainsi l'interdiction de :
– participer aux organes de direction de sociétés ou d'associations sauf s'il s'agit de services de caractère social, éducatif, culturel ou sportif rendus à leurs membres par les organismes légalement constitués agissant sans but lucratif, et dont la gestion est désintéressée ;

- donner des consultations ;
- procéder à des expertises ;
- plaider en justice dans les litiges intéressant toute personne publique, le cas échéant devant une juridiction étrangère ou internationale, sauf si cette prestation s'exerce au profit d'une personne publique ;
- prendre par eux-mêmes ou par personnes interposées, dans une entreprise soumise au contrôle de l'administration à laquelle ils appartiennent ou en relation avec cette dernière, des intérêts de nature à compromettre leur indépendance.

Il est donc plus prudent pour chaque activité de s'interroger sur la légalité de cette activité.

1. Constitution du 4 octobre 1958.

– **L'obligation d'effectuer les tâches confiées.** Tout fonctionnaire en activité doit assurer son service. Cette tautologie doit cependant être rappelée. Concernant l'enseignant, cette obligation se traduit par l'acceptation du poste et de son affectation. L'enseignant doit rejoindre son poste. En cas contraire, cela peut être considéré comme un abandon de poste et être susceptible de sanctions. Si des demandes de nouveaux postes sont à formuler, elles ne peuvent s'exprimer que dans le cadre du service exercé. L'enseignant doit assurer l'ensemble des missions qui lui sont confiées (jury de concours, participation aux différentes instances de concertation, formation initiale et continue) et en assurer sa continuité. Cela implique de la ponctualité et de l'assiduité. Durant un service d'enseignement, en termes de sécurité, de surveillance et de responsabilités, on comprend rapidement pourquoi. Dans le premier degré, les parents confient leur enfant à l'école, les élèves ne peuvent rester sans surveillance quel que soit leur âge. La responsabilité de l'enseignant en charge de sa classe sur ses heures de service pourrait rapidement être engagée en cas d'incident ou d'accident. Cela est valable pour toute sortie scolaire avec ou sans nuitées.
– **L'obligation de discrétion professionnelle.** Cette obligation de discrétion professionnelle concerne notamment toutes les données personnelles à caractère personnel (sensibles ou non) des élèves, des parents, mais également de l'ensemble des personnels de la communauté éducative dont l'enseignant a connaissance dans l'exercice de ses fonctions. Ce respect des données à caractère personnel est renforcé depuis 2016 par le RGPD, règlement général sur la protection des données, dont un des objectifs est le renforcement de la protection des données personnelles des citoyens mais aussi la responsabilisation des acteurs des traitements des données. Un enseignant a accès à de nombreuses données à caractère personnel, sensibles ou courantes :

- médicales lorsqu'un élève a un projet d'accueil individualisé (PAI) ou un plan d'accompagnement personnalisé (PAP), est en situation de handicap, touché par une maladie, accidenté, a rendez-vous avec une infirmière scolaire ;
- sociales lorsque l'enseignant apprend par un éducateur ou une assistante sociale que l'enfant est placé ;
- d'ordre politique ou syndicales lorsque des collègues sont élus ou témoignent de leur participation à des réunions d'informations syndicales ;
- d'ordre religieux lorsque des élèves expriment implicitement leur appartenance religieuse lors d'une surveillance de cantine et qu'ils mentionnent manger chez eux « hallal » ou « casher » ;
- d'ordre sexuel lorsque les parents remplissent des documents liés à l'autorité parentale, au régime matrimonial ou que l'élève déclare vivre avec deux mamans ou deux papas et qu'on peut en déduire une orientation sexuelle.

Les enseignants recueillent directement ou indirectement de nombreuses informations. Cette obligation de discrétion professionnelle concerne également tous les documents internes au fonctionnement administratif d'une école ou d'un établissement.
– **L'obligation d'obéissance hiérarchique.** Le fonctionnaire « doit se conformer aux instructions de son supérieur hiérarchique, sauf dans le cas où l'ordre donné est manifestement illégal et de nature à compromettre gravement un intérêt public. » (Article 28 de la loi du 13 juillet 1983) Le refus d'obéissance équivaut donc à une faute professionnelle. L'enseignant se doit par ailleurs de respecter les règlements et lois de toute nature.

## 3. UNE FONCTION PUBLIQUE D'ÉTAT EN PLEINE TRANSFORMATION

### ◆ Qu'est-ce que la Loi de transformation de la fonction publique ?

Depuis le 6 aout 2019, la Loi de transformation de la fonction publique entre en vigueur. En juillet 2020, le ministère de la Transformation publique est créé. Ces décisions visent à modifier un certain nombre de rouages du fonctionnement de la fonction publique. Ce ministère a vocation à fonctionner transversalement en interministérielle. C'est le cas avec le ministère de l'Éducation nationale, de la Jeunesse et des Sports.
La loi de transformation de la fonction publique vise trois objectifs :
- une gestion plus simple et plus souple des ressources humaines ;
- de nouveaux droits pour les agents ;
- une fonction publique toujours plus exemplaire.

Il s'agit de fluidifier le dialogue social, faciliter les mobilités, donner de la confiance et de l'autonomie aux employeurs publics, favoriser l'évolution professionnelle des agents au sein de la fonction publique ou vers le secteur privé, valoriser le mérite individuel et collectif de chaque agent, mieux prendre en compte les situations personnelles, agir en faveur du renforcement de l'égalité professionnelle, répondre aux attentes de transparence exprimées par les citoyens en termes d'exemplarité.
Cette Loi de transformation de la fonction publique concerne donc la fonction publique d'État et les enseignants pour lesquels la mobilité, par exemple, était parfois problématique. Les enseignants participent à un « mouvement » intra ou interdépartemental qui répond aux souhaits des enseignants avec parfois des délais importants. Cette Loi de transformation devrait donc permettre de faciliter les mobilités au regard de la situation personnelle de l'enseignant et de raccourcir les délais d'attente pour nombre d'enseignants.
La notion d'exemplarité était déjà contenue dans la loi relative à la déontologie, aux droits et obligations des fonctionnaires, notamment pour les employeurs publics. Elle est récemment reprise dans la Loi pour une école de la confiance du 26 juillet 2019 : « L'engagement et l'exemplarité des personnels de l'Éducation nationale confortent leur autorité dans la classe et l'établissement et contribuent au lien de confiance qui doit unir les élèves et leur famille au service public de l'éducation. Ce lien implique le respect des élèves et de leur famille à l'égard des professeurs, de l'ensemble des personnels et de l'institution scolaire. »[1]

### ◆ Quels engagements ont été pris lors du Grenelle de l'Éducation ?

Dans la continuité de cette Loi de La transformation publique, un Grenelle de l'Éducation a été lancé le 22 octobre 2020, dont l'objectif est d'améliorer les conditions d'exercice des personnels de l'Éducation nationale et notamment les enseignants.
Les douze engagements sont en phase avec la Loi de transformation de la fonction publique. Les enseignants lauréats du concours vont donc dans leur carrière voir évoluer un corps des professeurs en pleine mutation centré sur une personnalisation renforcée des parcours professionnels, l'autonomie des établissements et leur auto-évaluation et une revalorisation du métier d'enseignant.
L'engagement 4 « Personnaliser l'accompagnement des professeurs » prévoit la création d'un « carré régalien » dans chaque rectorat avec des dispositifs de protection. Les quatre angles du carré sont :
- les valeurs de la République ;
- la radicalisation ;

1. Art. L. 111-3-1. de la loi pour une École de la confiance, 26 juillet 2019.

– les violences ;
– le harcèlement.

Il s'agit pour tous les enseignants et chaque membre de la communauté éducative de se sentir soutenus et protégés dès qu'ils sont confrontés à une problématique liée aux quatre situations. Être informés des dispositifs de protection existant, instaurer un suivi plus fin des « faits établissement/école », bénéficier d'une protection fonctionnelle systématisée en cas d'agression, être accompagnés par l'institution dans le dépôt de plainte.

**À SAVOIR**

Douze engagements ont été pris lors du Grenelle de l'Éducation :
1. Mieux reconnaitre financièrement l'engagement des personnels.
2. Donner à chacun la possibilité de faire connaitre ses compétences et ses souhaits.
3. Permettre à chacun d'être l'acteur de son parcours professionnel.
4. Personnaliser l'accompagnement des professeurs.
5. Bénéficier de nouveaux avantages sociaux.
6. Construire un lien direct entre les personnels et les services administratifs.
7. Donner le pouvoir d'agir aux équipes éducatives de nos écoles grâce à une direction d'école consolidée.
8. Donner plus d'autonomie aux équipes des collèges et lycées pour développer leurs projets.
9. Partager, avec tous les personnels, les évolutions du pouvoir d'achat et du bien-être au travail.
10. Gérer les ressources humaines au plus près des territoires : les feuilles de route RH de chaque académie.
11. Assurer une continuité pédagogique efficace.
12. Faciliter l'accès à une formation continue davantage diplômante.

### ◆ Le renforcement du respect des principes de la République

La loi du 24 aout 2021[1] confortant le respect des principes de la République vient renforcer la protection contre toute forme d'atteinte aux principes de la République, tels que le principe de la laïcité, et plus largement aux valeurs de la République. « Un nouveau délit de séparatisme vient protéger les élus et agents publics contre les menaces ou violences pour obtenir une exemption ou une application différenciée des règles du service public. Les agents publics pourront, par ailleurs, signaler via le dispositif d'alerte existant les menaces ou atteintes à l'intégrité physique dont ils sont victimes. En réponse à l'assassinat terroriste de l'enseignant Samuel Paty, les députés ont créé un délit d'entrave à la fonction d'enseignant. (...) La scolarisation de tous les enfants dans un établissement scolaire devient obligatoire à la rentrée 2022 (au lieu de la rentrée 2021 dans le texte initial) et l'instruction d'un enfant en famille dérogatoire. L'école à la maison sera soumise à autorisation (et non plus seulement à déclaration) et accordée uniquement pour quatre motifs :
- état de santé ou handicap de l'enfant ;
- pratique d'activités sportives ou artistiques intensives ;
- itinérance de la famille ;
- situation propre à l'enfant motivant le projet éducatif. »[2]

1 Loi n° 2021-1109 du 24 aout 2021 confortant le respect des principes de la République.

2 https://www.vie-publique.fr/loi/277621-loi-separatisme-respect-des-principes-de-la-republique-24-aout-2021

Ce renforcement va de pair avec la suppression de l'Observatoire de la laïcité remplacé par la création le 4 juin 2021 du Comité interministériel sur la laïcité qui vise à mettre en œuvre les nouvelles dispositions de la future loi confortant le respect des principes de la République et de lutte contre le séparatisme. Cette nouvelle instance dans la continuité de l'Observatoire cherche à rendre plus opérationnelle l'action publique en matière de laïcité. L'article 2 indique : « Le comité coordonne et assure le suivi de la mise en œuvre de l'action du Gouvernement aux fins d'assurer la promotion et le respect du principe de laïcité au sein des administrations de l'État, des collectivités territoriales ainsi que des autres personnes de droit public ou de droit privé chargées d'une mission de service public. À ce titre, il assure la diffusion auprès de ces dernières des règles relatives au principe de laïcité et veille à la cohérence de leur mise en œuvre.
Il concourt à la définition des exigences de formation auxquelles doit satisfaire tout agent public en la matière. Il détermine le cadre de l'action des référents laïcité des administrations de l'État. »[1]
Dans cette continuité, le 14 juin 2021, suivant les préconisations du rapport de l'Inspecteur général Jean-Pierre Obin, le ministre de l'Éducation nationale, de la Jeunesse et des Sports annonce un plan de formation à la laïcité sur 4 ans pour tous les enseignants.

## 4. LE SERVICE PUBLIC

### ◆ Quel est le cadre juridique du service public ?

La notion de service publique désigne une activité, une mission d'intérêt général. De fait, ses fonctionnaires assurent une mission d'intérêt général. Ce service public peut néanmoins être assuré dans certains cas par le secteur public ou privé (ramassage des ordures ménagères, gestion d'une piscine publique…).

Le service public est encadré par trois principes clairement définis par un cadre juridique :
– **Le principe de continuité** du service public : la mission d'intérêt général doit être remplie sans rupture du service. Évidemment, selon l'environnement professionnel, le secteur public, ce principe de continuité n'est pas soumis aux mêmes obligations. Un hôpital public dispose d'un service d'accueil des urgences sans interruption, une école a des horaires d'ouverture conditionnés par le temps d'enseignement scolaire relatif aux programmes et par le temps des activités périscolaires (accueil, restauration, études, garderie, centre de loisirs…). Les horaires d'ouverture précisés et annoncés doivent en revanche être respectés. Ce principe de continuité est remis en cause légalement lorsque le droit de grève est exprimé. Néanmoins, c'est par respect pour ce principe de continuité qu'est instauré le SMA, service minimum d'accueil, dans les écoles lorsque les enseignants se déclarent en grève. Un accueil peut alors être organisé par les services de la mairie afin de pouvoir accueillir les élèves des professeurs grévistes dont les parents n'auraient pas trouvé d'alternative à leur garde. Dans la vie de l'enseignant, au quotidien, le principe de continuité du service se traduit par une obligation d'assiduité, de ponctualité, par des remplacements rapides de professeurs dans la mesure du vivier de remplaçants disponibles.
– **Le principe d'égalité** devant les services publics : chaque usager du service public a les mêmes droits d'accès à ce service et doit être traité de la même manière que n'importe quel autre usager de ce service. Ce principe d'égalité induit l'obligation de neutralité du fonctionnaire. Dans le cadre du service public de l'éducation, il ne peut donc y avoir de

1. Décret n° 2021-716 du 4 juin 2021 instituant un comité interministériel de la laïcité.

« traitement de faveur » ou de « passe-droit », par exemple, un parent qui demanderait que son enfant soit dans la classe de tel professeur pour convenance personnelle ou à ce que les commentaires du livret scolaire unique soient modifiés en vue d'une inscription dans un autre établissement. Le principe d'égalité devant les services publics exclut évidemment tout acte illégal de discrimination ou de racisme à l'encontre des usagers, parents ou élèves.

– **Le principe d'adaptabilité (ou de mutabilité).** Ce principe est lié implicitement à l'évolution de la société. Il dépend en partie des évolutions technologiques, mais aussi culturelles et sociales. La fonction publique (et donc son administration) doit adapter son fonctionnement aux progrès ou besoins de la société pour laquelle elle est à son service. Il ne s'agit pas tant d'une pensée adéquationniste que d'une volonté d'accompagner les changements nécessaires à la formation du futur citoyen pour ce qui concerne spécifiquement la fonction publique d'État et le service public d'éducation. L'école d'aujourd'hui forme un élève qui sera citoyen dans une vingtaine d'années et qui grandit en dehors de l'école dans un environnement spécifique. L'école adapte donc régulièrement ses programmes, les contenus d'enseignement, mais également les structures, dispositifs, projets, les circulaires qui régissent son fonctionnement au regard d'une société qui évolue rapidement. Le principe d'une école inclusive, la culture du numérique, l'hybridation des formations pour les personnels, la création d'applications numériques pour la gestion des opérations de vie scolaire, le principe de coéducation, la prise en compte des inégalités territoriales, ou encore la mise en place des protocoles sanitaires et des différentes formes de continuités pédagogiques sont des exemples d'adaptations récentes du service public d'éducation en phase avec les besoins et exigences de la société.
L'enseignant, fonctionnaire, exerce donc une mission d'intérêt général d'enseignement régie par ces principes encadrés par des règles de droit public.

### ◆ Qu'est-ce que le service public d'éducation ?

Le service public d'éducation sous la tutelle du ministère de l'Éducation nationale est un service de l'État qui s'inscrit dans la notion de service public commune à d'autres ministères de la fonction publique. Elle diffère néanmoins par des principes inscrits et protégés par la Constitution de la République. Le Code de l'éducation stipule, comme il est dit au 13e alinéa du Préambule de la Constitution du 27 octobre 1946, confirmé par celui de la Constitution du 4 octobre 1958 : « La Nation garantit l'égal accès de l'enfant et de l'adulte à l'instruction, à la formation professionnelle et à la culture. L'organisation de l'enseignement public gratuit et laïque à tous les degrés est un devoir de l'État. »[1]
Les principes du service public d'éducation inscrits dans le préambule de la Constitution sont :
- l'égalité ;
- la gratuité ;
- la laïcité[2].

À la suite de la Loi Debré du 31 décembre 1959, « sur les rapports entre l'État et les établissements d'enseignement privés » et la décision du Conseil constitutionnel du 23 novembre 1977, la liberté de l'enseignement est inscrite parmi les principes fondamentaux de la République ayant une valeur constitutionnelle.

1. Article L. 141-1. du Code de l'éducation.

2. Le principe de laïcité implique de fait le principe de neutralité valable pour tous les fonctionnaires. Voir à ce sujet, l'article 11 de la Charte de la laïcité.

### ◆ À quoi la liberté d'enseignement correspond-elle ?

La liberté d'enseignement, comme manifestation de la liberté d'expression, donne la possibilité aux parents de choisir la modalité d'enseignement conforme à leurs propres convictions religieuses ou philosophiques. La famille peut choisir de scolariser son enfant dans une école publique ou privée (sous contrat simple ou sous contrat d'association), dans ce cas, « l'enseignement est dispensé selon les règles et programmes de l'enseignement public », ou alors d'instruire elle-même son enfant à domicile (après déclaration) jusqu'à la rentrée 2022. Néanmoins, « La liberté de l'enseignement, consacrée comme l'un des principes fondamentaux reconnus par les lois de la République par le Conseil constitutionnel (décision n° 77-87 DC du 23 novembre 1977), doit s'exercer dans le respect du droit de l'enfant à l'éducation défini à l'article L. 1111 du Code de l'éducation. La liberté de choix éducatif des parents doit ainsi se concilier avec le droit à l'éducation reconnu à l'enfant lui-même, que l'État a le devoir de préserver.[1] »

Par ailleurs, « Cette instruction obligatoire est assurée prioritairement dans les établissements d'enseignement.[2] »

Quelle que soit la forme d'instruction choisie, elle ne peut se soustraire à l'instruction obligatoire et aux attentes du Code de l'éducation.

### ◆ Qu'est-ce que l'obligation d'instruction ?

Ce principe d'obligation d'instruction est défini dès 1882 avec la Loi Jules Ferry. Dernièrement, la Loi pour une école de la confiance du 26 juillet 2019 a défini l'instruction comme étant obligatoire à partir de 3 ans, et ce, jusqu'à 16 ans révolus. De 16 à 18 ans, les jeunes ont désormais l'obligation de se former.

Au travers de l'ensemble de ce cadre de référence, le candidat doit donc savoir que le fonctionnaire de l'État qu'est le professeur inscrit son action professionnelle dans le cadre du service public d'éducation qui s'inscrit plus largement dans la notion de service public commune à tous les fonctionnaires de la fonction publique. Cette action professionnelle se déploie dans le cadre d'un référentiel des compétences professionnelles défini par l'arrêté du 7 juillet 2013 paru au BO du 25 juillet 2013 dans la partie Formation des enseignants.

## D - UN PROFESSORAT QUI PARTAGE DES VALEURS ET DES COMPÉTENCES COMMUNES

La Loi du 8 juillet 2013 pour la Refondation de l'École de la République, en créant les écoles supérieures du professorat et de l'éducation (ÉSPÉ) devenus ensuite des instituts nationaux supérieurs du professorat et de l'éducation (INSPÉ), a rénové le précédent référentiel datant de 2006. Ce référentiel national commun a pour objectif de garantir un même niveau d'exigence et d'attendus sur le territoire national. Il constitue les fondements de l'identité professionnelle du professeur qui se construira avec le temps. Ce référentiel distingue ainsi des compétences communes à tous les professeurs et personnels d'éducation, acteurs du service public d'éducation, puis à tous les professeurs, puis aux professeurs documentalistes et aux CPE.

1. Circulaire n° 2017-056 du 14 avril 2017, Obligation scolaire, Instruction dans la famille, parue au BO n° 16 du 20 avril 2017.

2. Article L. 131-1-1 du Code de l'éducation.

### ◆ En quoi le référentiel peut-il être utile pour le candidat ?

Si les compétences du référentiel se construiront lors de la formation initiale des professeurs en INSPÉ après obtention du concours, le candidat doit s'interroger en amont sur le niveau d'exigence attendu et prendre conscience de l'engagement qu'il prend en réussissant le concours : suivre une formation adossée à ce référentiel. Tout autant qu'il peut paraitre étonnant de passer un concours de la fonction publique sans connaitre les droits et obligations qui incombent, il est toujours étonnant de rencontrer des candidats qui ignorent l'existence même de ce référentiel qui définit pourtant le contour de leur futur métier. Cette première confrontation avec des compétences professionnelles donne une ligne d'horizon à atteindre. Si son contenu peut évidemment paraitre lointain pour certaines compétences ancrées dans la pratique au sein de la classe, d'autres concernant les connaissances du système éducatif, les valeurs, les principes éthiques ou la maitrise de la langue peuvent d'ores et déjà être autoévaluées par le candidat et l'aider à se projeter dans le métier, à attiser sa curiosité voire à renforcer son appétence.

La lecture du référentiel présente deux intérêts majeurs dans le cadre de la préparation :
– se positionner par rapport à ces compétences : le candidat a-t-il les prérequis pour progresser et acquérir ces compétences ?
– identifier les savoirs, savoir-faire et savoir-être éventuellement déjà acquis ou partiellement acquis.
Cette identification des prérequis et compétences acquises sont des points d'appui importants pour construire la présentation, motiver, argumenter l'engagement dans ce métier et donner une coloration particulière à l'exposé oral. Cette coloration personnelle reflétera le parcours antérieur et unique du candidat. Chaque candidat a acquis des compétences qui lui sont spécifiques, de par sa formation universitaire, professionnelle, son engagement associatif, son rapport à l'enseignement et au système éducatif. C'est ce parcours qui doit être rendu lisible lors de l'entretien avec le jury.

Il est conseillé au candidat de prendre le temps de lire le référentiel des compétences professionnelles ci-après et d'identifier (cocher) celles pour lesquelles il a une prédisposition particulière, ou manifeste un fort centre d'intérêt, voire des acquis. La prédisposition a probablement été construite par l'antériorité d'activités réalisées avant la passation du concours, des centres d'intérêt, le fruit d'un esprit de curiosité indispensable au professorat, une appétence intellectuelle pour une problématique particulière. Ces compétences pourront être évoquées ou servir de base de réflexion lors de l'entretien.

| Référentiel des compétences professionnelles des métiers du professorat et de l'éducation | |
|---|---|
| **Les professeurs acteurs du service public d'éducation** | |
| ☐ Faire partager les valeurs de la République. | ☐ Savoir transmettre et faire partager les principes de la vie démocratique ainsi que les valeurs de la République : la liberté, l'égalité, la fraternité ; la laïcité ; le refus de toutes les discriminations.<br>☐ Aider les élèves à développer leur esprit critique, à distinguer les savoirs des opinions ou des croyances, à savoir argumenter et à respecter la pensée des autres. |
| ☐ Inscrire son action dans le cadre des principes fondamentaux du système éducatif et du cadre réglementaire de l'école. | ☐ Connaitre la politique éducative de la France, les principales étapes de l'histoire de l'École, ses enjeux et ses défis, les principes fondamentaux du système éducatif et de son organisation en comparaison avec d'autres pays européens.<br>☐ Connaitre les grands principes législatifs qui régissent le système éducatif, le cadre réglementaire de l'École et de l'établissement scolaire, les droits et obligations des fonctionnaires ainsi que les statuts des professeurs et des personnels d'éducation.<br>La maitrise des compétences pédagogiques et éducatives fondamentales est la condition nécessaire d'une culture partagée qui favorise la cohérence des enseignements et des actions éducatives. |
| ☐ Connaitre les élèves et les processus d'apprentissage. | ☐ Connaitre les concepts fondamentaux de la psychologie de l'enfant, de l'adolescent et du jeune adulte.<br>☐ Connaitre les processus et les mécanismes d'apprentissage, en prenant en compte les apports de la recherche.<br>☐ Tenir compte des dimensions cognitive, affective et relationnelle de l'enseignement et de l'action éducative. |
| **Les professeurs pédagogues et éducateurs au service de la réussite de tous les élèves** | |
| ☐ Prendre en compte la diversité des élèves. | ☐ Adapter son enseignement et son action éducative à la diversité des élèves.<br>☐ Travailler avec les personnes ressource en vue de la mise en œuvre du « projet personnalisé de scolarisation » des élèves en situation de handicap.<br>☐ Déceler les signes du décrochage scolaire afin de prévenir les situations difficiles. |
| ☐ Accompagner les élèves dans leur parcours de formation. | ☐ Participer à la construction des parcours des élèves sur les plans pédagogique et éducatif.<br>☐ Contribuer à la maitrise par les élèves du socle commun de connaissances, de compétences et de culture.<br>☐ Participer aux travaux de différents conseils (conseil des maitres, conseil de cycle, conseil de classe, conseil pédagogique, etc.), en contribuant notamment à la réflexion sur la coordination des enseignements et des actions éducatives.<br>☐ Participer à la conception et à l'animation, au sein d'une équipe pluri-professionnelle, des séquences pédagogiques et éducatives permettant aux élèves de construire leur projet de formation et leur orientation. |

| | |
|---|---|
| ☐ Agir en éducateur responsable et selon des principes éthiques. | ☐ Accorder à tous les élèves l'attention et l'accompagnement appropriés.<br>☐ Éviter toute forme de dévalorisation à l'égard des élèves, des parents, des pairs et de tout membre de la communauté éducative.<br>☐ Apporter sa contribution à la mise en œuvre des éducations transversales, notamment l'éducation à la santé, l'éducation à la citoyenneté, l'éducation au développement durable et l'éducation artistique et culturelle.<br>☐ Se mobiliser et mobiliser les élèves contre les stéréotypes et les discriminations de tout ordre, promouvoir l'égalité entre les filles et les garçons, les femmes et les hommes.<br>☐ Contribuer à assurer le bien-être, la sécurité et la sûreté des élèves, à prévenir et à gérer les violences scolaires, à identifier toute forme d'exclusion ou de discrimination, ainsi que tout signe pouvant traduire des situations de grande difficulté sociale ou de maltraitance.<br>☐ Contribuer à identifier tout signe de comportement à risque et contribuer à sa résolution.<br>☐ Respecter et faire respecter le règlement intérieur et les chartes d'usage.<br>☐ Respecter la confidentialité des informations individuelles concernant les élèves et leurs familles. |
| ☐ Maitriser la langue française à des fins de communication. | ☐ Utiliser un langage clair et adapté aux différents interlocuteurs rencontrés dans son activité professionnelle.<br>☐ Intégrer dans son activité l'objectif de maitrise de la langue orale et écrite par les élèves. |
| ☐ Utiliser une langue vivante étrangère dans les situations exigées par son métier. | ☐ Maitriser au moins une langue vivante étrangère au niveau B2 du cadre européen commun de référence pour les langues.<br>☐ Participer au développement d'une compétence interculturelle chez les élèves. |
| ☐ Intégrer les éléments de la culture numérique nécessaires à l'exercice de son métier. | ☐ Tirer le meilleur parti des outils, des ressources et des usages numériques, en particulier pour permettre l'individualisation des apprentissages et développer les apprentissages collaboratifs.<br>☐ Aider les élèves à s'approprier les outils et les usages numériques de manière critique et créative.<br>☐ Participer à l'éducation des élèves à un usage responsable d'internet.<br>☐ Utiliser efficacement les technologies pour échanger et se former. |
| **Les professeurs et les personnels d'éducation, acteurs de la communauté éducative**<br>« Les professeurs et les personnels d'éducation font partie d'une équipe éducative mobilisée au service de la réussite de tous les élèves dans une action cohérente et coordonnée. » | |
| ☐ Coopérer au sein d'une équipe. | ☐ Inscrire son intervention dans un cadre collectif, au service de la complémentarité et de la continuité des enseignements comme des actions éducatives.<br>☐ Collaborer à la définition des objectifs et à leur évaluation.<br>☐ Participer à la conception et à la mise en œuvre de projets collectifs, notamment, en coopération avec les psychologues scolaires ou les conseillers d'orientation psychologues, le parcours d'information et d'orientation proposé à tous les élèves. |

| | |
|---|---|
| ☐ Contribuer à l'action de la communauté éducative. | ☐ Savoir conduire un entretien, animer une réunion et pratiquer une médiation en utilisant un langage clair et adapté à la situation.<br>☐ Prendre part à l'élaboration du projet d'école ou d'établissement et à sa mise en œuvre.<br>☐ Prendre en compte les caractéristiques de l'école ou de l'établissement, ses publics, son environnement socio-économique et culturel, et identifier le rôle de tous les acteurs.<br>☐ Coordonner ses interventions avec les autres membres de la communauté éducative. |
| ☐ Coopérer avec les parents d'élèves. | ☐ Œuvrer à la construction d'une relation de confiance avec les parents.<br>☐ Analyser avec les parents les progrès et le parcours de leur enfant en vue d'identifier ses capacités, de repérer ses difficultés et coopérer avec eux pour aider celui-ci dans l'élaboration et la conduite de son projet personnel, voire de son projet professionnel.<br>☐ Entretenir un dialogue constructif avec les représentants des parents d'élèves. |
| ☐ Coopérer avec les partenaires de l'école. | ☐ Coopérer, sur la base du projet d'école ou d'établissement, le cas échéant en prenant en compte le projet éducatif territorial, avec les autres services de l'État, les collectivités territoriales, l'association sportive de l'établissement, les associations complémentaires de l'école, les structures culturelles et les acteurs socio-économiques, en identifiant le rôle et l'action de chacun de ces partenaires.<br>☐ Connaitre les possibilités d'échanges et de collaborations avec d'autres écoles ou établissements et les possibilités de partenariats locaux, nationaux, voire européens et internationaux.<br>☐ Coopérer avec les équipes pédagogiques et éducatives d'autres écoles ou établissements, notamment dans le cadre d'un environnement numérique de travail et en vue de favoriser la relation entre les cycles et entre les degrés d'enseignement. |
| ☐ S'engager dans une démarche individuelle et collective de développement professionnel. | ☐ Compléter et actualiser ses connaissances scientifiques, didactiques et pédagogiques.<br>☐ Se tenir informé des acquis de la recherche afin de pouvoir s'engager dans des projets et des démarches d'innovation pédagogique visant à l'amélioration des pratiques.<br>☐ Réfléchir sur sa pratique – seul et entre pairs – et réinvestir les résultats de sa réflexion dans l'action.<br>☐ Identifier ses besoins de formation et mettre en œuvre les moyens de développer ses compétences en utilisant les ressources disponibles. |

## ◆ Quelles sont les compétences communes pour tous les professeurs ?

| **Compétences communes à tous les professeurs** | |
|---|---|
| **Les professeurs, professionnels porteurs de savoirs et d'une culture commune** | |
| ☐ Maitriser les savoirs disciplinaires et leur didactique. | ☐ Connaitre de manière approfondie sa discipline ou ses domaines d'enseignement. En situer les repères fondamentaux, les enjeux épistémologiques et les problèmes didactiques.<br>☐ Maitriser les objectifs et les contenus d'enseignement, les exigences du socle commun de connaissances, de compétences et de culture ainsi que les acquis du cycle précédent et du cycle suivant.<br>☐ Contribuer à la mise en place de projets interdisciplinaires au service des objectifs inscrits dans les programmes d'enseignement.<br>**En particulier, à l'école**<br>☐ Tirer parti de sa polyvalence pour favoriser les continuités entre les domaines d'activités à l'école maternelle et assurer la cohésion du parcours d'apprentissage à l'école élémentaire.<br>☐ Ancrer les apprentissages des élèves sur une bonne maitrise des savoirs fondamentaux définis dans le cadre du socle commun de connaissances, de compétences et de culture.<br>**En particulier, au collège**<br>☐ Accompagner les élèves lors du passage d'un maitre polyvalent à l'école élémentaire à une pluralité d'enseignants spécialistes de leur discipline.<br>**En particulier, au lycée général et technologique**<br>☐ Articuler les champs disciplinaires enseignés au lycée avec les exigences scientifiques de l'enseignement supérieur. |
| ☐ Maitriser la langue française dans le cadre de son enseignement. | ☐ Utiliser un langage clair et adapté aux capacités de compréhension des élèves.<br>☐ Intégrer dans son enseignement l'objectif de maitrise par les élèves de la langue orale et écrite.<br>☐ Décrire et expliquer simplement son enseignement à un membre de la communauté éducative ou à un parent d'élève.<br>**En particulier, à l'école**<br>☐ Offrir un modèle linguistique pertinent pour faire accéder tous les élèves au langage de l'école.<br>☐ Repérer chez les élèves les difficultés relatives au langage oral et écrit (la lecture notamment) pour construire des séquences d'apprentissage adaptées ou/et alerter des personnels spécialisés.<br>**En particulier, au lycée professionnel**<br>☐ Utiliser le vocabulaire professionnel approprié en fonction des situations et en tenant compte du niveau des élèves. |
| **Les professeurs, praticiens experts des apprentissages** | |

| | |
|---|---|
| ☐ Construire, mettre en œuvre et animer des situations d'enseignement et d'apprentissage prenant en compte la diversité des élèves. | ☐ Savoir préparer les séquences de classe et, pour cela, définir des programmations et des progressions ; identifier les objectifs, contenus, dispositifs, obstacles didactiques, stratégies d'étayage, modalités d'entrainement et d'évaluation.<br>☐ Différencier son enseignement en fonction des rythmes d'apprentissage et des besoins de chacun. Adapter son enseignement aux élèves à besoins éducatifs particuliers.<br>☐ Prendre en compte les préalables et les représentations sociales (genre, origine ethnique, socio-économique et culturelle) pour traiter les difficultés éventuelles dans l'accès aux connaissances.<br>☐ Sélectionner des approches didactiques appropriées au développement des compétences visées.<br>☐ Favoriser l'intégration de compétences transversales (créativité, responsabilité, collaboration) et le transfert des apprentissages par des démarches appropriées.<br>**En particulier, à l'école**<br>☐ Tirer parti de l'importance du jeu dans le processus d'apprentissage.<br>☐ Maitriser les approches didactiques et pédagogiques spécifiques aux élèves de maternelle, en particulier dans les domaines de l'acquisition du langage et de la numération.<br>**En particulier, au lycée**<br>☐ Faire acquérir aux élèves des méthodes de travail préparant à l'enseignement supérieur.<br>☐ Contribuer à l'information des élèves sur les filières de l'enseignement supérieur.<br>**En particulier, au lycée professionnel**<br>☐ Construire des situations d'enseignement et d'apprentissage dans un cadre pédagogique lié au métier visé, en travaillant à partir de situations professionnelles réelles ou construites ou de projets professionnels, culturels ou artistiques.<br>☐ Entretenir des relations avec le secteur économique dont relève la formation afin de transmettre aux élèves les spécificités propres au métier ou à la branche professionnelle. |

| | |
|---|---|
| ☐ Organiser et assurer un mode de fonctionnement du groupe favorisant l'apprentissage et la socialisation des élèves. | ☐ Installer avec les élèves une relation de confiance et de bienveillance.<br>☐ Maintenir un climat propice à l'apprentissage et un mode de fonctionnement efficace et pertinent pour les activités.<br>☐ Rendre explicites pour les élèves les objectifs visés et construire avec eux le sens des apprentissages.<br>☐ Favoriser la participation et l'implication de tous les élèves et créer une dynamique d'échanges et de collaboration entre pairs.<br>☐ Instaurer un cadre de travail et des règles assurant la sécurité au sein des plateformes techniques, des laboratoires, des équipements sportifs et artistiques.<br>☐ Recourir à des stratégies adéquates pour prévenir l'émergence de comportements inappropriés et pour intervenir efficacement s'ils se manifestent.<br>**En particulier, à l'école**<br>☐ À l'école maternelle, savoir accompagner l'enfant et ses parents dans la découverte progressive de l'école, de ses règles et de son fonctionnement, voire par une adaptation de la première scolarisation, en impliquant, le cas échéant, d'autres partenaires.<br>☐ Adapter, notamment avec les jeunes enfants, les formes de communication en fonction des situations et des activités (posture, interventions, consignes, conduites d'étayage).<br>☐ Apporter les aides nécessaires à l'accomplissement des tâches proposées, tout en laissant aux enfants la part d'initiative et de tâtonnement propice aux apprentissages.<br>☐ Gérer le temps en respectant les besoins des élèves, les nécessités de l'enseignement et des autres activités, notamment dans les classes maternelles et les classes à plusieurs niveaux.<br>☐ Gérer l'espace pour favoriser la diversité des expériences et des apprentissages, en toute sécurité physique et affective, spécialement pour les enfants les plus jeunes.<br>**En particulier, au lycée professionnel**<br>☐ Favoriser le développement d'échanges et de partages d'expériences professionnelles entre les élèves.<br>☐ Contribuer au développement de parcours de professionnalisation favorisant l'insertion dans l'emploi et l'accès à des niveaux de qualification plus élevés.<br>☐ Mettre en œuvre une pédagogie adaptée pour faciliter l'accès des élèves à l'enseignement supérieur. |
| ☐ Évaluer les progrès et les acquisitions des élèves. | ☐ En situation d'apprentissage, repérer les difficultés des élèves afin mieux assurer la progression des apprentissages.<br>☐ Construire et utiliser des outils permettant l'évaluation des besoins, des progrès et du degré d'acquisition des savoirs et des compétences.<br>☐ Analyser les réussites et les erreurs, concevoir et mettre en œuvre des activités de remédiation et de consolidation des acquis.<br>☐ Faire comprendre aux élèves les principes de l'évaluation afin de développer leurs capacités d'auto-évaluation.<br>☐ Communiquer aux élèves et aux parents les résultats attendus au regard des objectifs et des repères contenus dans les programmes.<br>☐ Inscrire l'évaluation des progrès et des acquis des élèves dans une perspective de réussite de leur projet d'orientation. |

### ◆ Comment utiliser ces compétences pour préparer l'oral ?

Ces compétences décrites dans les référentiels et missions s'inscrivent dans le temps professionnel du candidat. Certaines sont peut-être déjà acquises, d'autres pourront être exigées en formation initiale en vue de la titularisation, et d'autres développées en formation continue tout au long des années d'enseignement. Il est fondamental que le candidat comprenne cette temporalité. Les compétences seront sans cesse renouvelées, réinterrogées mises à niveau en fonction des réformes, du parcours professionnel de chaque lauréat du concours devenu professeur. De même que les candidats ne se présentent pas au concours avec la même histoire, les professeurs développeront durant leur carrière des centres d'intérêt qui peuvent déboucher sur des spécialisations et une expertise. Des enseignants renforceront leur polyvalence quand d'autres choisiront d'emprunter les voies de l'enseignement spécialisé, ou de la formation pour adulte.

Pour l'heure, il s'agit ici de définir des pôles de compétences pour préparer l'épreuve orale. Pour préparer l'épreuve orale, il s'agit pour le candidat de définir des pôles de compétences en notant les compétences identifiées lors de la lecture du référentiel (voir encadré « Je m'organise ») :

– compétences acquises ou partiellement acquises grâce au parcours du candidat ;
– compétences principales pour lesquelles il ressent un fort centre d'intérêt ;
– compétences principales qui paraissent très éloignées des compétences actuelles du candidat.

Il peut paraitre surprenant d'identifier les compétences pour lesquelles le candidat a peu ou pas de compétences et pour lesquelles il sera formé ensuite, sauf si elles relèvent du premier bloc de compétences « Les professeurs acteurs du service public d'éducation », compétences préalables à la passation du concours et à tout engagement dans les métiers du professorat. Il est par ailleurs intéressant pour le candidat d'identifier les items qui pourraient le mettre en mauvaise posture dans le cadre de l'entretien oral.

## JE M'ORGANISE

**Je note ici les compétences identifiées lors de la lecture du référentiel.**

Compétences dont je pense qu'elles sont partiellement acquises ou acquises grâce à mon parcours antérieur

– ............................................................

– ............................................................

– ............................................................

– ............................................................

– ............................................................

Compétences principales pour lesquelles je ressens un fort centre d'intérêt

– ............................................................

– ............................................................

– ............................................................

– ............................................................

– ............................................................

Compétences principales qui me paraissent très éloignées de mes compétences actuelles

– ............................................................

– ............................................................

– ............................................................

– ............................................................

– ............................................................

# CHAPITRE 3

# Deuxième temps de l'entretien

## A – DÉROULEMENT DE L'ÉPREUVE

- Comment répartir le temps entre les deux mises en situation professionnelle ?
- Quelle est la fonction des questions posées au candidat ?
- Quels types de questions sont possibles ?
- Quelles stratégies utiliser pour prendre du temps pour réfléchir ?

## B – MISES EN SITUATION PROFESSIONNELLE

1. Mise en situation professionnelle sur l'égalité entre les filles et les garçons
   - Sujet
   - Quelle réponse présenter ?
2. Mise en situation professionnelle sur l'école inclusive
   - Sujet
   - Quelle réponse présenter ?
3. Mise en situation professionnelle sur l'obligation de signalement
   - Sujet
   - Quelle réponse présenter ?
4. Mise en situation professionnelle sur la sortie scolaire
   - Sujet
   - Quelle réponse présenter ?
5. Mise en situation professionnelle sur l'évaluation nationale
   - Sujet
   - Quelle réponse présenter ?
6. Mise en situation sur la coéducation
   - Sujet
   - Quelle réponse présenter ?

Sur Lea.fr

*Retrouvez des mises en situation professionnelle supplémentaires*

Le premier temps de l'entretien, composée de 5 minutes de présentation et de 10 minutes d'échanges avec le jury, doit permettre au candidat d'assoir un cadre rassurant et d'installer une forme de confiance en soi pour la seconde partie de l'entretien, soumise aux aléas des deux mises en situation professionnelle. Après la présentation et l'exploration des motivations au travers du parcours professionnel, le deuxième temps va redonner totalement la main au jury qui va pouvoir aborder des thématiques précisées dans l'arrêté ou d'autres... Ces moments d'échanges pourront être plus ou moins déstabilisants suivant les thèmes et les situations professionnelles proposées. Entre ces deux parties distinctes, c'est l'occasion pour le candidat de reprendre une inspiration, de se repositionner sur sa chaise afin de se recentrer sur soi pour adopter une posture d'écoute. Cette écoute facilitera la compréhension des questions posées, leur éventuelle reformulation et la construction de la réponse.

## A – DÉROULEMENT DE L'ÉPREUVE

L'arrêté du 25 janvier 2021 précise : « La suite de l'échange, d'une durée de vingt minutes, doit permettre au jury, au travers de deux mises en situation professionnelle, l'une d'enseignement, la seconde en lien avec la vie scolaire, d'apprécier l'aptitude du candidat à :
– s'approprier les valeurs de la République, dont la laïcité, ainsi que les exigences du service public (droits et obligations du fonctionnaire dont la neutralité, lutte contre les discriminations et stéréotypes, promotion de l'égalité, notamment entre les filles et les garçons, etc.) ;
– faire connaître et faire partager ces valeurs et exigences. »

### ◆ Comment répartir le temps entre les deux mises en situation professionnelle ?

Les 20 minutes réglementaires ne précisent pas la répartition des deux mises en situation professionnelle. La logique invite à penser une répartition égalitaire de 10 minutes sur une situation d'enseignement et de 10 minutes sur une situation en lien avec la vie scolaire, néanmoins le cadre est suffisamment souple pour imaginer, selon la problématique choisie et son degré de complexité, une situation de 15 minutes et une autre de 5 minutes. Le candidat doit donc s'attendre à un possible déséquilibre dans le temps de traitement des réponses à apporter. Il est conseillé, si le jury ne l'a pas précisé, de demander systématiquement, soit avant le début de l'échange soit après la première mise en situation professionnelle, le temps restant pour répondre. Cette information conditionne la construction de la réponse.

Les deux mises en situation présentées – enseignement en lien avec la spécialité présentée, en lien avec la vie scolaire – doivent permettre au candidat d'expliciter son appropriation des valeurs et les modalités de leur transmission aux élèves. Répondre justement aux questions posées en lien avec ces droits, principes et valeurs suppose de savoir reconnaitre et identifier ces droits, principes et valeurs mis en exergue par la mise en situation. Cela implique pour le candidat de savoir définir oralement le principe de laïcité, ce qu'est un stéréotype, une discrimination, de citer les différents droits et obligations. Il ne peut y avoir de réponse juste si ce socle de définitions n'est pas connu du candidat. C'est l'articulation entre la connaissance théorique maitrisée par le candidat et le transfert en gestes professionnels adaptés dans le contexte proposé par le jury qui sera évalué. La confusion dans la maitrise des définitions entrainerait *de facto* des réponses approximatives, erronées, inacceptables à ce niveau de concours d'enseignement.

## ◆ Quelle est la fonction des questions posées au candidat ?

À l'oral, plusieurs types de questions peuvent être posées au candidat. Ce ne sont que des questions, elles n'ont fondamentalement pas pour but de mettre en difficulté le candidat ou de le piéger mais de tester son aptitude à :
- conceptualiser une question ;
- organiser une analyse ;
- maitriser un débat sur le type de questions auxquelles le confrontera ce futur métier.

Elles peuvent avoir pour objectifs de tester :
- les connaissances attendues sur le métier d'enseignant et son cadre réglementaire, dans sa discipline ;
- les connaissances que le candidat peut avoir du système éducatif ;
- l'aptitude du candidat à cerner les problématiques inhérentes à sa discipline ou transversales ;
- l'aptitude du candidat à réagir dans différentes situations professionnelles liées à son métier d'enseignant.

## ◆ Quels types de questions sont possibles ?

On considère qu'il existe trois types de questions possibles.
- Les **questions ouvertes** : pour faire ressortir des qualités de structuration, de positionnement. Ce sont des questions auxquelles on ne peut répondre par oui ou par non. *Qu'en pensez-vous ? Quelles pistes proposeriez-vous ? Comment vous y prendriez-vous ? D'après vous, quelles seront les conséquences ? Comment changeriez-vous les choses ? Pourquoi dites-vous cela ? Pour quelles raisons ? Que feriez-vous ?* Ces questions donnent une grande liberté de penser et d'expression au candidat. Ces questions très simples appellent des réponses qualitatives et argumentatives qui donneront à voir au jury la capacité réflexive du candidat. Ces questions appellent des réponses plus longues que les questions fermées étayées par un raisonnement.
- Les **questions fermées** : pour une prise de position, une vérification de connaissance. Ce sont des questions auxquelles le candidat doit répondre par choix, après une analyse circonstanciée ou non. La réponse implique une maitrise de connaissances qui engendre une réponse positive ou négative (oui/non) ou sur l'expression de cette connaissance. Ces questions imposent un nombre limité de réponses, voire qu'une seule. *Pouvez-vous définir la laïcité ? Quels sont les droits et devoirs du fonctionnaire de l'État ? Avez-vous déjà enseigné auparavant ? Pensez-vous que les parents ont un rôle à jouer à l'école ? De quand date la constitution de la Ve République ? Combien y a-t-il de piliers dans le socle commun de connaissances, de compétences et de culture ? Pouvez-vous les citer ?* Ces questions appellent une réponse courte.
- Les **questions alternatives** : pour une décision franche. Ces questions ont pour objectif de forcer le candidat à répondre clairement et sans ambiguïté à une question proposant une alternative. Il ne peut exister qu'une réponse possible. Quelle que soit la réponse, elle peut être complétée ou non par une justification. Elle peut prendre la forme générale : *Dans cette situation, quelle décision prendriez-vous, la première ou la deuxième option ? Un élève vous fait confiance et vous révèle un fait grave le concernant, le mettant en danger, vous le gardez pour vous ou vous partagez l'information ? Un élève est en grande difficulté scolaire dans votre discipline, vous vous dites que cette discipline n'est pas faite pour lui ou vous cherchez à comprendre ce qui fait obstacle à ses apprentissages ?* Certaines questions peuvent avoir implicitement pour objectif de vérifier la posture du candidat, sa

loyauté, ses connaissances réglementaires. *Êtes-vous pour ou contre l'école inclusive ? Êtes-vous pour ou contre l'instruction obligatoire à partir de 3 ans ?* Ici, la réponse est biaisée. Il ne s'agit pas d'être pour ou contre. Ce qui relève de la loi et de son application par l'enseignant n'a pas à être remis en cause. En revanche, les thématiques soulevées par le questionnement suggèrent des problématiques inhérentes à toute application de la loi en gestes professionnels. Il s'agira alors pour le candidat de répondre à la question par des exemples de mises en œuvre dans son environnement professionnel. Les réponses à ces questions alternatives seront plutôt concises.
Les deux mises en situation professionnelle appelleront un questionnement ouvert dans un premier temps. Selon les réponses apportées par le candidat, les relances par le jury pourront alors prendre ensuite les trois formes possibles : ouvertes, fermées, ou alternatives.

### ◆ Quelles stratégies utiliser pour prendre du temps pour réfléchir ?

Quels que soient la forme de la question et le type de réponse attendue, même lorsque la réponse semble limpide, voire évidente, une prise de temps pour la réflexion reste de mise. La question facile peut en inférer une autre comme dans l'exemple cité au travers des questions alternatives. Une question reposée autrement par le jury suggère que le candidat n'y a répondu que partiellement ou pas du tout. Il convient d'être attentif à cette temporalité en ne confondant pas temps et silence de réflexion. Le temps joue en faveur de la réflexion du candidat, le silence en faveur de son ignorance. Ce temps doit donc être modéré, jalonné de pensée et non de silence. Selon le degré d'assurance et de confiance en soi du candidat, il peut adopter plusieurs stratégies pour répondre aux questions. Les stratégies décrites ci-après utilisées en situation d'échange oral offriront au candidat un laps de temps supplémentaire pour vérifier la compréhension de la question ou de la mise en situation professionnelle proposée, pour réfléchir à l'argumentaire qui sera développé, pour trouver une porte d'entrée plus favorable au développement de cet argumentaire, pour ouvrir un champ de réponses plus ouvert que celui induit par la question posée et rebondir sur une autre proposition argumentative, mais ne tromperont surement par le jury sur son ignorance. Il est préférable de jouer la carte de la sincérité en verbalisant *Je ne vois pas* que d'utiliser la tactique vaine de l'écran de fumée.

Le candidat peut ainsi :
– Reformuler la question posée par le jury : la reformulation d'une question en la paraphrasant est une méthode d'appropriation et de compréhension qui permet au candidat de se projeter dans le développement d'un argumentaire et de sa conclusion qui fera office de réponse. Cette reformulation orale sous forme de tremplin donne à voir au jury la logique du raisonnement du candidat. Elle offre l'intérêt d'établir un contact direct et transparent avec les membres du jury, et de donner la possibilité au jury de repréciser de manière implicite sa question s'il s'aperçoit que le candidat s'oriente sur une mauvaise piste.
– Répondre par une question : la réponse par une autre question est risquée mais possible sous certaines conditions. Risquée parce qu'elle peut être interprétée par le jury comme une stratégie d'évitement, comme l'expression d'un avis critique du candidat sur une question mal posée ou qui n'a pas lieu d'être, notamment si cette question est syntaxiquement simple. La question rhétorique est particulièrement à éviter. Par exemple : *Un collègue refuse la scolarisation d'un élève en situation de handicap, que faites-vous ?*

Si le candidat répond : *Qui aujourd'hui pourrait être contre la scolarisation d'un élève en situation de handicap ?*, il peut laisser croire que la question du jury posée est nulle et non avenue. Le candidat renvoie l'image d'une personne certes audacieuse mais très sure d'elle et une image dépréciative du jury qui pourrait être rapidement tenté de complexifier le niveau de questionnement pour évaluer les limites de la posture du candidat. Répondre en commençant par une question afin de vérifier qu'on reste dans le sujet est en revanche indispensable si le candidat n'est pas certain d'avoir compris les enjeux soulevés par le questionnement ou la mise en situation professionnelle. Cela peut être le cas si la question est trop ouverte et laisse un champ de réponses possibles très important. Une question du type *Qu'entendez-vous par... ?* est alors tout à fait envisageable.

– Utiliser la « technique du lasso » : si la question est très ouverte, le candidat peut choisir de circonscrire la question à un terme de la question en le définissant, sous forme donc de périphrases, afin d'approfondir ensuite le développement pour aboutir à une réponse. Cette technique passant par une définition des termes induit des connaissances et témoigne d'une méthodologie dans l'organisation de la pensée. Elle ne peut se suffire à elle-même, constitue une porte d'entrée dans le développement de la réponse, excepté si la question porte précisément sur une définition.

– Utiliser la méthode des points de vue : cette méthode envisage la question selon les points de vue des différents acteurs mis en lumière par la mise en situation professionnelle exposée. En procédant ainsi, le candidat apporte une vision systémique à la résolution de la situation. Cette forme de réponse est très efficace et pertinente. Elle donne à voir la place de l'enseignant au sein d'un collectif, de la communauté éducative. Elle témoigne de la capacité du candidat à se mettre à la place des différents acteurs, de la capacité à proposer une synthèse de la situation au travers de regards croisés. Elle suppose une très bonne connaissance des personnes ressources possibles au sein du système éducatif. La direction d'école, les enseignants spécialisés, les psychologues de l'Éducation nationale, les enseignants, les AESH, les enseignants référents, les coordonnateurs de PIAL, les représentants des parents d'élèves, l'IEN de circonscription, l'IEN ASH, les conseillers pédagogiques, les coordonnateurs REP, les médecins de l'Éducation nationale, sont autant de personnes ressources possibles. Sans compter l'ensemble des partenaires associatifs, des collectivités territoriales, de la police, du sanitaire, de l'Aide sociale à l'enfance, et des établissements médico-sociaux (unités d'enseignement externalisées, équipes mobiles d'appui à la scolarisation)...

– Reprendre la méthode des critères : cette méthode consiste à répondre en fonction de critères définis par le candidat. Cette technique offre l'avantage de structurer l'argumentaire et de proposer plusieurs types de réponses. La réponse est multicritère. Si le critère de réponse est « a », alors la réponse à la question sera différente du critère de réponse « b » et réciproquement. Le candidat peut répondre en fonction d'un critère réglementaire, en fonction d'un critère subjectif, moral, d'un niveau de classe, du niveau des élèves, du nombre d'élève par classe, de différents éléments du programme, d'un contexte en éducation prioritaire ou non, d'un milieu rural, rurbain ou urbain. La réponse du candidat consistera alors à présenter la méthodologie si elle est particulièrement adaptée à la question et qu'elle soulève un enjeu différencié justifié : *J'aborderai la situation dans un premier temps sous l'angle...* (critère a), *et dans un deuxième temps sous l'angle...* (critère b).

Ces différents types de réponses sont des modèles qui aident le candidat à penser plusieurs formes de réponses. Afin qu'elles deviennent des stratégies opérationnelles et pratiques en situation, il est conseillé de s'entrainer à répondre à des questions en les testant plusieurs mois avant l'épreuve. Cette gymnastique intellectuelle qui nécessite de la réactivité dans l'analyse de la question et la forme de réponse à apporter se fait plus ou moins naturellement selon les candidats et selon le contexte. Le jour de l'épreuve, le stress aidant, avec ou sans ces modèles imprégnés, quelles que soient les réponses formulées, celles-ci devront être argumentées sur différents registres, empreintes de conviction et traduire une motivation, un plaisir à penser en situation des problématiques éducatives liées au métier d'enseignant dans sa discipline, au sein de l'école, sur un territoire donné.

## B – MISES EN SITUATION PROFESSIONNELLE

Quel que soit le sujet proposé, la question posée, il est conseillé au candidat de procéder en trois temps.

- Dans un premier temps, identifier la problématique soulevée par la mise en situation professionnelle. Il s'agit pour la première mise en situation professionnelle d'une problématique liée à la mixité scolaire, à l'égalité entre les filles et les garçons ou la question des écrans dans la vie des enfants..
- Dans un deuxième temps, rappeler le cadre réglementaire dans lequel s'inscrit la mise en situation. Pour la première mise en situation professionnelle, rappeler que cette égalité entre les filles et les garçons est un principe fondamental du Code de l'éducation. Un lien avec la Charte de la laïcité et son article 9 est également conseillé : « La laïcité implique le rejet de toutes les violences et de toutes les discriminations, garantit l'égalité entre les filles et les garçons et repose sur une culture du respect et de la compréhension de l'autre. »
- Dans un troisième temps, analyser la situation professionnelle en faisant référence aux programmes si celle-ci est inscrite dans une discipline, un champ d'apprentissage, aux aspects réglementaires, organisationnels, systémiques et coopératifs si cela se passe dans le cadre de la vie scolaire, et proposer des pistes possibles d'actions à mettre en œuvre. Pour la première mise en situation professionnelle, la situation a été analysée dans le contexte d'une séance en EPS.

**JE M'ORGANISE**

Pour chaque mise en situation professionnelle, après avoir pris connaissance du sujet, je procède en 3 étapes :
1. identifier la problématique en lien avec la mise en situation ;
2. rappeler le cadre réglementaire dans lequel elle s'inscrit ;
3. analyser la situation professionnelle et proposer des pistes d'action.

### 1. MISE EN SITUATION PROFESSIONNELLE SUR L'ÉGALITÉ ENTRE LES FILLES ET LES GARÇONS

La laïcité est un principe républicain qui permet l'existence et la pratique des valeurs de liberté, d'égalité et de fraternité sous la Vᵉ République. À ce titre, l'égalité filles-garçons peut aujourd'hui être mise en œuvre à l'école grâce au principe de laïcité qui écarte par définition toutes formes de discriminations et de rupture d'égalité. Au-delà du respect de la loi et de ce principe, l'école a pour but de transmettre et d'apprendre aux élèves cette culture de l'égalité et du respect mutuel, quelle que soit l'éducation donnée par les parents, d'exercer l'esprit critique des élèves au-delà des stéréotypes transmis par les médias, les réseaux sociaux et autres sources d'informations, des fictions auxquelles ont accès les élèves. Il s'agit bien d'une mission éducative du service public qui concerne l'ensemble des professeurs.

## ◆ Sujet

*Vous êtes en classe de CM1, vous organisez une séance d'EPS et proposez une séance de jeux collectifs. Vous laissez les élèves constituer quatre équipes et constatez finalement que ces équipes sont composées soit très majoritairement de filles, soit très majoritairement de garçons. Quelle problématique est soulevée ici et comment pourriez-vous la travailler avec les élèves afin de garantir la valeur égalité ?*

## ◆ Quelle réponse présenter ?

- La problématique est liée à la mixité scolaire, à l'égalité entre les filles et les garçons.
- Le candidat peut commencer par rappeler que l'égalité entre les femmes et les hommes a été déclarée « grande cause nationale du quinquennat ». Le comité interministériel du 8 mars 2018 a défini les mesures clés pour transmettre et diffuser la culture de l'égalité en agissant :

– auprès de la communauté éducative en instaurant la nomination d'un « référent Égalité » dans chaque établissement scolaire, la formation de l'ensemble de la communauté éducative à la déconstruction des préjugés et à la prévention du harcèlement et des violences sexistes et sexuelles ;
– auprès des parents avec la mise à disposition d'outils relatifs à l'égalité filles-garçons, les usages d'Internet et du numérique, la lutte contre le cyber-harcèlement grâce notamment à la Mallette des parents[1] ;
– auprès des élèves avec l'instauration de la parité dans les instances représentatives des élèves et la promotion de la mixité des filières et des métiers.
Il pourra rappeler que cette égalité entre les filles et les garçons est un principe fondamental du Code de l'éducation : « Les écoles, les collèges, les lycées et les établissements d'enseignement supérieur sont chargés de transmettre et de faire acquérir connaissances et méthodes de travail. Ils contribuent à favoriser la mixité et l'égalité entre les hommes et les femmes, notamment en matière d'orientation » (article 121-1 du Code de l'éducation). Un lien avec la Charte de la laïcité et son article 9 est également conseillé : « La laïcité implique le rejet de toutes les violences et de toutes les discriminations, garantit l'égalité entre les filles et les garçons et repose sur une culture du respect et de la compréhension de l'autre. »

- Les programmes du cycle 3 insistent particulièrement sur l'égalité filles-garçons : « L'éducation physique et sportive permet tout particulièrement de travailler sur ce respect, sur le refus des discriminations et l'application des principes de l'égalité filles-garçons. »[2]

L'EPS est une activité particulièrement propice à l'éducation à l'égalité. Mais cette éducation débute dès l'école maternelle comme l'indique le programme de l'école

1. https://mallettedesparents.education.gouv.fr/
2. Programme du cycle 3 paru au BO n° 31 du 30 juillet 2020.

maternelle : « Ces expériences corporelles visent également à développer la coopération, à établir des rapports constructifs à l'autre, dans le respect des différences, et contribuer ainsi à la socialisation. La participation de tous les enfants à l'ensemble des activités physiques proposées, l'organisation et les démarches mises en œuvre cherchent à lutter contre les stéréotypes et contribuent à la construction de l'égalité entre filles et garçons. »[1]
La mise en situation professionnelle a lieu durant une séance d'EPS appartenant au quatrième champ d'apprentissage « conduire et maitriser un affrontement collectif ou interindividuel » durant une séquence de jeu pré-sportif collectif (football, handball, basketball…). Elle met en évidence la difficulté pour les élèves de cette classe à mixer les équipes. Le sujet soulève la problématique à la fois de la mixité scolaire, de l'égalité entre les filles et les garçons, mais aussi de la performance individuelle et collective. Attention donc à ne pas réduire et ne pas mélanger le travail sur les enjeux de mixité scolaire, avec celui de l'égalité en droit et l'égalité en performance. Le seul travail sur la mixité en EPS ne peut suffire à garantir la compréhension des enjeux d'égalité en droit pour les garçons et les filles, notamment lorsque la performance et le gain d'une partie est en jeu. Un garçon peut très bien choisir une fille ou l'inverse dans son équipe pour ses performances physiques sans pour autant avoir conscience de l'accessibilité au jeu en termes de droit et d'égalité : ce garçon ou cette fille choisirait-il ce coéquipier et cette coéquipière si elle était capable de performances moindres ? L'élève peut chercher à combler son intérêt particulier à gagner collectivement sans pour autant reconnaitre l'égalité. De même, dans le cas de quatre équipes constituées identiquement, un élève malicieux pourrait invoquer le principe d'égalité : deux équipes de six filles et un garçon et deux équipes de six garçons et une fille sont composées d'un même nombre d'élèves deux à deux. Les équipes sont bien mixtes, mais avec des compositions d'élèves avec des performances probablement inéquitables. La mixité est nécessaire mais pas suffisante pour aborder le concept d'égalité.
Le travail consistera donc à comprendre quelles sont les causes qui ont motivé ce choix d'équipes : le stéréotype de genres « les filles sont moins fortes que les garçons au football », les amitiés, les performances de chaque élève. Cela permettra de comprendre ce qui freine ou favorise la mise en activité des garçons et des filles au sein du groupe classe. Une fois ces causes identifiées, l'objectif de l'enseignant sera de centrer la réflexion des élèves sur la composition d'équipes aux performances équilibrées, au-delà des différences, en travaillant sur des groupes de besoins mixtes qui induiront une égalité d'accès au jeu pré-sportif. Cela peut passer au départ par la compréhension du concept d'égalité en nombre et en droit : autant de filles que de garçons dans chaque équipe afin que chaque élève se rende compte de la possibilité de jouer et de coopérer ensemble pour relever un défi collectif mais aussi d'en comprendre les limites : l'égalité des sexes *stricto sensu* sera peut-être génératrice d'inégalité et d'iniquité. Les élèves devraient rapidement conscientiser que ce collectif ne peut donc s'appuyer que sur les compétences de chacun, au-delà des différences visibles et invisibles (genre, rapport au poids, taille, puissance, vécu de l'élève, pratique sportive en club, intérêt pour le jeu…).
Organiser ensuite des séances alternant le travail en groupes de besoins dont l'objectif sera de faire progresser des élèves individuellement sur des compétences spécifiques, d'identifier les potentialités et différences de chacun, et des séances de rencontres entre des équipes mixtes et hétérogènes mais de niveaux de performance collective homogène, mettant en jeu à la fois les compétences motrices, sociales et affectives de chacun. Ces compétences sociales sont l'occasion aussi d'aborder la fraternité et la solidarité. Des roulements, des changements de rôles dans les équipes pourront être réalisés afin de

1 Programme du cycle 1 paru au BO n° 31 du 30 juillet 2020.

favoriser la polyvalence plus que l'optimisation. Le respect des différences en droit passe par la valorisation des compétences vécues et perçues en activité par les élèves, au travers de responsabilités et d'engagements individuels à la portée de chaque élève. Tout au long de la séquence, l'enseignant veillera également à l'assiduité des élèves, à leur éventuelle absence ou dispense qui peut être un indicateur soit d'un mal-être dans l'activité, soit d'une rupture d'égalité d'accès à l'enseignement si cette dispense est induite par l'éducation des parents pour des motifs illégitimes.

- En conclusion, le candidat peut ouvrir la réflexion des élèves sur des ressources disponibles pour témoigner de cette égalité entre les filles et les garçons sur Eduscol ou le site de Canopé et la valorisation de l'égalité au sein de la société. Les Jeux olympiques au Japon en 2020 ont été l'occasion de créer des sports collectifs mixtes. Un nouveau format de compétition qui met en avant la diversité des sexes et leur complémentarité. Cela a concerné l'athlétisme, le badminton, le judo, la natation, les sports équestres, le tennis, le tennis de table, le tir, le tir à l'arc, le triathlon et la voile.

**CITATION**

« Il n'y a rien de plus égal qu'un homme et une femme qui concourent en tant qu'équipe sur la même aire de compétition en vue de la même performance sportive. »

Kit McConnell, directeur des sports du CIO

Ouvrir la réflexion des élèves sur le sujet est possible grâce aux autres enseignements qui contribuent à l'éducation à l'égalité entre les filles et les garçons : l'enseignement moral et civique (EMC) dont un des grands objectifs est d'acquérir et partager les valeurs de la République, mais aussi les sciences, les mathématiques, le français et l'histoire qui développent l'esprit critique, l'acceptation du point de vue et des pensées de l'autre, l'exercice libre de son jugement.

Le candidat pourra terminer son intervention sur sa pratique professionnelle, sur la vigilance des gestes professionnels de l'enseignant qui peuvent induire inconsciemment la participation et la consolidation de savoirs chez les garçons et chez les filles dans des champs d'apprentissages spécifiques comme semblent l'indiquer certaines études qui travaillent sur les prises de paroles des élèves. Cette veille sur l'égalité entre les filles et les garçons concerne l'enseignant dans sa pratique autant que les élèves dans leur instruction.

### Ressources

- Programmes d'enseignement du cycle 2 et 3 parus au BO n° 31 du 30 juillet 2020.
- Repères annuels de progression en enseignement moral et civique en cycles 2 et 3.
- Canopé : Le site Outils égalité filles garçons : https://www.reseau-canope.fr/outils-egalite-filles-garcons.html et notamment : https://www.reseau-canope.fr/outils-egalite-filles-garcons/reperer-les-inegalites-dans-le-quotidien-1.html
- CLEMI : La série « Chouette, pas chouette », pour les élèves de 4 à 6 ans, pour déconstruire les stéréotypes de genre : https ://www.clemi.fr/fr/chouettepaschouette.html

## 2. MISE EN SITUATION PROFESSIONNELLE SUR L'ÉCOLE INCLUSIVE

L'école inclusive permet à tout enfant, quels que soient ses besoins, d'être un élève à part entière et de réaliser son plein potentiel d'apprentissage. Il doit se sentir accueilli, valorisé, confiant, heureux et sécurisé.

### ◆ Sujet

*Dans une classe de CM1, un garçon qui souffre de troubles de la communication est régulièrement victime de moqueries et de mises à l'écart dans la cour de récréation. Ses parents s'adressent à vous pour que la récréation ne soit pas vécue comme un moment de souffrance pour l'enfant.*

### ◆ Quelle réponse présenter ?

- La problématique soulevée par la mise en situation professionnelle est celle de l'inclusion des élèves à besoins éducatifs particuliers à l'école.
- L'école inclusive s'inscrit dans le cadre règlementaire de la loi du 11 février 2005, loi d'égalité des droits et des chances, pour la participation et la citoyenneté des personnes handicapées. La loi du 8 juillet 2013, dite de Refondation de l'école, institue l'inclusion de tous les enfants à l'école. La loi n°2019-791 pour une École de la confiance engage une transformation profonde de l'accompagnement des élèves en situation de handicap pour créer les bases d'un véritable service public de l'École inclusive.

Le Code l'éducation (article L112-1) précise que le service public de l'éducation assure une formation aux personnes présentant un handicap ou un trouble de la santé invalidant, que l'État fournit les moyens financiers et humains nécessaires pour que les enfants atteints de handicap aient le droit d'être scolarisés le plus près de chez eux.
Par ailleurs, l'élève subit du harcèlement de la part des élèves de l'école dans la cour de récréation. Ce qui crée une situation de rejet de ses différences et contribue à le stigmatiser sur des caractéristiques telles que son élocution maladroite, sa difficulté à utiliser le langage pour communiquer. Il est utile de faire le lien avec la Charte de la laïcité, présentée officiellement en début d'année par la direction et affichée dans les lieux d'accueil de l'école, à destination de tous les élèves et de leurs familles, notamment l'article 9 : « La laïcité implique le rejet de toutes les violences et de toutes les discriminations, garantit l'égalité entre les filles et les garçons et repose sur une culture du respect et de la compréhension de l'autre. »

- L'analyse de la situation professionnelle doit permettre au candidat de mettre en évidence la question de vie scolaire qui est en jeu : l'organisation des récréations dans le souci du bien-être de tous. La question sera débattue au sein de la classe pour rappeler les règles de respect de chacun, y compris en récréation. Elle sera mise à l'ordre du jour d'un conseil des maitres, puisque la surveillance des récréations est assurée par tous les membres de l'équipe pédagogique. Ils devront assurer une vigilance particulière autour de l'élève. Il peut être pertinent de rependre les règles de vie, en appui sur le règlement intérieur de l'école, et de faire travailler chacune des classes sur les règles qui s'appliquent durant le temps de récréation. Une réponse directe et concrète doit être apportée aux parents, dans le cadre du contrat de coéducation que l'école met en œuvre avec chaque famille. Elle garantit que les droits de l'enfant seront bien respectés au sein de l'école. Le travail éducatif mené par l'enseignant dans la classe prend appui sur le rappel des valeurs enseignés, et la promotion de comportements respectueux des principes de l'école et de la République.

L'analyse de la situation doit aussi identifier les liens directs avec les contenus enseignés, notamment dans la discipline éducation morale et civique dont les 3 grands finalités sont : respecter autrui, acquérir et partager les valeurs de la République, construire une culture civique. La culture civique portée par l'EMC articule 4 domaines :
- culture de la sensibilité : accepter les différences ;
- culture de la règle et du droit : respecter les règles communes, comprendre le rapport entre les règles et les valeurs ;
- culture du jugement : développer des aptitudes au discernement, au jugement critique ;
- culture de l'engagement : être responsable envers autrui.

Les attendus de fin de cycles 2 et 3 mettent l'accent sur le respect d'autrui : « Tout au long du cycle, le respect par les élèves des adultes et des pairs fait l'objet d'une attention particulière, notamment les atteintes à la personne d'autrui. Les élèves doivent adapter leur attitude, leur langage et leur comportement au contexte scolaire. Ils respectent les biens personnels et collectifs dans la classe, dans l'école et l'établissement. Ils comprennent la notion de bien commun. Ils adoptent un comportement responsable envers eux-mêmes, envers autrui et envers l'environnement. Dans des situations concrètes, ils sont invités à comprendre la valeur de l'engagement moral. »[1]

En premier niveau d'intervention, l'enseignant peut organiser un débat réglé au sein de la classe pour reprendre les incidents observés en cour de récréation autour de l'élève. Cela permet de donner la parole aux témoins, à la « victime » et aux acteurs. Les avis sont exprimés, l'enseignant repose le cadre des règles et des valeurs.

Pour bien faire percevoir les « dommages subis » par la victime, il peut faire pratiquer le jeu des 3 figures, sur le modèle proposé par Serge Tisseron[2]. Les rôles sont tenus tout à tour par 3 élèves différents, qui prennent chacun le rôle du « moqueur », du témoin, de la victime est amené à exprimer ce qu'il ressent. Le reste de la classe exprime son point de vue qui fait l'objet d'une synthèse par l'enseignant. L'objectif est la prise de conscience par chacun des conséquences de ses paroles et de ses gestes sur autrui. L'enseignant rappelle ce qu'est une situation de harcèlement, et les risques encourus par les « harceleurs ».

Un lien peut aussi être fait avec les démarches de discipline positive pour développer les compétences sociales des élèves avec fermeté et bienveillance.

L'enseignant peut également programmer une séquence de 3 séances d'enseignement moral et civique sur le thème du handicap : le connaitre, le respecter :
- Séance 1 - Définir le handicap et ses conséquences pour la personne dans la vie courante. Chaque élève écrit sa définition du handicap, elles sont lues par le voisin à la classe. L'enseignant note sur le tableau les idées importantes : ce qui se passe quand on est en situation de handicap, avec des exemples. Il demande que les élèves rédigent une définition, qui est confrontée à la définition de la loi 2005. La liste des différents handicaps est réalisée, ce qu'on peut faire en autonomie, sans aide, avec aide, ce qui n'est pas possible, avec des exemples. La notion de réversibilité est introduite.
- Séance 2 - S'interroger : « Nous sommes tous différents ? » L'enseignant dispose 3 boites de couleurs différentes au milieu de la classe. Chaque élève doit compléter sur un morceau de feuille la phrase : *Je me sens différent parce que...* ; une deuxième phrase : *Je ne suis pas différent car...* puis une troisième phrase *Un jour, je me suis senti différent car...* Les propositions sont lues à la classe et discutées. La séance se termine avec le visionnage d'une vidéo, suivi d'un court débat : « Et si c'était moi en fauteuil roulant ? »

1. BO n° 30 du 26 juillet 2018.

2. https://3figures.org/fr/

– Séance 3 - En lien avec le programme d'éducation artistique. Faire écouter la chanson de Grand corps malade, « Sixième sens »[1] au moins deux fois en silence. Les élèves notent sur leur cahier une ou deux phrases fortes qu'ils ont retenues et les lisent ensuite à la classe en justifiant leur choix. L'enseignant demande à chacun de dessiner sur une feuille au format A3 le message fort qu'il a envie de faire passer sur le handicap et la différence. Les choix sont justifiés, les dessins sont affichés.
L'enseignant peut proposer à la classe de préparer à partir de ces dessins une action de communication sur l'école inclusive à destination de toute l'école, et des parents.

- En conclusion, le candidat peut ouvrir la réflexion sur les campagnes régulièrement menées par Secrétariat d'État chargé des Personnes handicapées.

**Ressources**
- Programmes EMC du cycle 3, BO n°31 du 30 juillet 2020, Domaine 3 du socle, la formation de la personne et du citoyen.
- Les attendus de fin de cycle 3, BO n° 30 du 26 juillet 2018.
- L'école inclusive : https://eduscol.education.fr/1137/ecole-inclusive
- La discipline positive à l'école : https://www.ac-amiens.fr/2221-la-discipline-positive-a-l-ecole.html
- Dossier d'informations « Voyons les personnes avant le handicap » : https://handicap.gouv.fr/voyons-les-personnes-avant-le-handicap-kit-de-communication
- Ève Leleu-Galland, Elie Hernandez, *Dictionnaire des besoins éducatifs particuliers*, Nathan, 2017.

## 3. MISE EN SITUATION PROFESSIONNELLE SUR L'OBLIGATION DE SIGNALEMENT

Comme tous les adultes, les enseignants sont tenus de dénoncer les atteintes à la personne de l'enfant dont ils auraient connaissance dans le cadre de l'exercice de leur fonction, même en cas de suspicion. L'école joue un rôle central dans la détection des situations de souffrance et les violences subies par les enfants, et dans la mise en œuvre de réponses adaptées.

### ◆ Sujet

*À la veille des vacances scolaires, en classe de CM2, vous êtes alerté(e) par une élève de la classe qui vous rapporte les confidences de son amie. À la maison, celle-ci reçoit des coups de la part de son père et de ses grands frères quand elle ne s'occupe pas bien de ses petites sœurs et de la préparation des repas. Depuis plusieurs semaines, l'élève est triste et démotivée. Ses résultats scolaires ont chuté.*

### ◆ Quelle réponse présenter ?

- La problématique soulevée par cette situation est celle du signalement d'une situation préoccupante, qui touche une élève qui subirait de la maltraitance au sein de sa famille. Ce signalement relève de la responsabilité de tout enseignant, dans le cadre de sa mission de service public, qui implique de protéger toute personne en danger (article 223.6 du code pénal).

1. https://www.youtube.com/watch?v=B6meLyXMTVQ

Le signalement est la procédure engagée par l'enseignant pour faire connaitre aux institutions compétentes les situations de risque ou de danger subis par les enfants dont il a la charge. Il est défini par l'article L 226-2-1 du code de l'action sociale et des familles. Une telle démarche exige du discernement dans l'analyse des faits et des données, et un accompagnement par la direction de l'école et les professionnels de santé qui interviennent dans l'école. Le signalement comme l'absence de signalement peuvent avoir des conséquences lourdes pour les enfants et les familles.

- Le signalement est selon l'article 40 du code pénal une obligation pour tout fonctionnaire qui, dans l'exercice de ses fonctions, acquiert la connaissance d'un crime ou d'un délit. Il est tenu d'en aviser sans délai les autorités compétentes et de transmettre tous les renseignements qui y sont relatifs.

Le ministère de l'Éducation nationale contribue à la protection de l'enfance en danger en menant des actions de prévention et en signalant les situations des enfants en danger, ou susceptibles de l'être à la cellule départementale de recueil des informations préoccupantes (CRIP) ou au parquet. Les autorités académiques ont signé avec les conseils départementaux des conventions qui peuvent être tripartites quand elles associent des parquets.
L'article R226-2-2 du code de l'action sociale et des familles définit l'information préoccupante (IP) : « L'information préoccupante est une information transmise à la cellule départementale pour alerter le président du conseil général sur la situation d'un mineur, pouvant laisser craindre que sa santé, sa sécurité ou sa moralité sont en danger ou en risque de l'être ou que les conditions de son éducation ou de son développement physique, affectif, intellectuel et social sont gravement compromises ou en risque de l'être. La finalité de cette transmission est d'évaluer la situation d'un mineur et de déterminer les actions de protection et d'aide dont ce mineur et sa famille peuvent bénéficier. » Lorsqu'une information préoccupante est réalisée par un professionnel, les services sociaux du conseil départemental ont l'obligation de transmettre un accusé de réception mais n'ont pas d'obligation d'information sur les mesures prises suite à cette IP. Les services ont 3 mois pour évaluer la situation de risque ou de danger. Un courrier d'accusé de réception est souvent transmis par la cellule de recueil et de traitement à l'école. Les travailleurs sociaux mandatés peuvent entrer en contact avec l'école après en avoir informé la famille, sauf dans le cas où cela serait contraire à l'intérêt de l'enfant (article L. 226-2-2 du code de l'action sociale et des familles).

**CONSEIL**

*Face à ce type de situation, l'enseignant ne doit jamais rester seul. Dans le respect de la confidentialité, il doit échanger avec d'autres professionnels pour :*
*– aider l'élève de la façon la plus appropriée ;*
*– ne pas rester isolé avec un doute.*
*– permettre aux services compétents d'évaluer et de traiter la situation dans les meilleurs délais.*

- L'analyse et l'évaluation de la situation et la nature des informations recueillies doivent permettre de mettre en valeur les éléments d'une mise en danger et de mettre en place la démarche qui convient, en lien avec les partenaires chargés de la protection de l'enfance. Si le caractère d'urgence est mis en évidence, le parquet peut être saisi pour une mesure de protection immédiate, le cas échéant. Une mesure de placement provisoire à effet immédiat peut être prononcée.

Le témoignage de l'élève qui vient parler au nom de son amie, incapable de révéler directement ce qu'elle subit, est la première étape d'une investigation. L'enseignant doit remercier l'élève d'être venue lui confier ses informations, et lui assurer qu'il faut toujours, même en cas de doute, parler à un enseignant. Dans son rôle de protection, il est disponible pour être à l'écoute sans émettre d'avis ni de doute, pour entendre et recueillir mot pour mot les informations qui sont rapportées.

La deuxième étape consiste à engager le dialogue avec l'élève concernée, en l'incitant à parler librement et en toute confiance. Le droit d'être protégée contre les mauvais traitements et la violence font partie de ses droits d'enfant. L'enseignant insiste sur la tristesse, le désengagement scolaire et l'absentéisme qu'il a pu observer depuis plusieurs semaines et qui constituent des signes de détresse. Quand ils sont associés à des paroles, qui sont des appels au secours, ces indices, l'accumulation d'éléments convergents permettent de caractériser une situation de danger ou de risque de danger. Il lui explique les démarches qu'il va devoir faire à la suite du recueil des confidences : une information à son autorité hiérarchique, la transmission d'un écrit aux autorités compétentes (Cellule de recueil, de traitement et d'évaluation des informations préoccupantes). Sauf si cela est contraire à l'intérêt de l'élève, il devra informer et échanger avec les détenteurs de l'autorité parentale. Son objectif doit être de rassurer l'enfant sur le but poursuivi, de le mettre hors de danger et de lui redonner la joie de vivre et d'apprendre.

La direction est informée afin de solliciter des conseils sur la démarche et les modalités appliquées dans le département, et également pour échanger avec la famille. Cette forme de communication permet de ne pas rompre la relation entre l'enseignant et les parents, ce qui permet à l'enfant de réinvestir le travail dans la classe. Le psychologue scolaire peut se rendre disponible pour accompagner l'enfant dans ce moment particulier de révélation. Si l'enfant présente des traces de coups, il est impératif d'appeler le médecin scolaire pour dresser un constat médical.

Après recueil des informations, celles-ci sont adressées par écrit :

– soit directement à la cellule, avec copie du document pour information au DASEN (à ses conseillers techniques sociaux, de santé) dans le respect des règles de déontologie ;

– soit à la cellule par l'intermédiaire du DASEN, de ses conseillers techniques sociaux, de santé.

Le cas présenté a lieu à la veille de vacances et l'enfant est en danger puisque son corps porte des marques de coups sur les bras et sur les jambes. L'enseignant doit noter exactement les paroles de l'enfant, sans interprétation ni jugement et sans forcer le témoignage par un flot de questions. Dans le document transmis, toutes les informations concernant l'enfant sont notées : identité, date de naissance, adresse domicile, autorité ayant la responsabilité parentale, fréquentation scolaire. L'école procède au transfert de l'information signalante avant le départ en congés. Si la famille est évaluée comme étant « dangereuse », il faut éviter de l'informer à ce moment-là de cette démarche. Le risque serait que l'enfant soit « punie » de ce que les parents peuvent considérer comme une trahison sans que l'école puisse opérer son travail de surveillance et de protection. À la rentrée scolaire, en fonction du résultat de l'évaluation de la cellule, les services sociaux pourront être amenés à intervenir auprès de la famille pour un accompagnement éducatif.

Le Code de l'éducation (article 111-1) prend en compte l'intérêt de « l'enfant » qui n'est plus considéré seulement comme un élève. En complément des parents, l'école joue un rôle crucial dans le développement harmonieux de l'enfant et son accession progressive à l'autonomie. Elle doit lui apprendre quels sont ses droits et comment ces droits sont protégés. Les programmes d'enseignement, les actions pédagogiques et éducatives sont

l'occasion de travailler sur la Convention internationale des droits de l'enfant (CIDE) pour sensibiliser les enfants au texte et à sa signification. Un relief particulier peut être donné le 20 novembre, journée internationale des droits de l'enfant, par une action de sensibilisation, campagne d'information par voie d'affiches, qui associe toutes les classes de l'école.
Le socle commun de connaissances, de compétences et de culture, notamment dans les piliers 6 et 7, précise que les élèves doivent avoir acquis des compétences sociales et civiques ainsi qu'un degré d'autonomie et d'initiative qui leur permettent de se protéger et de se comporter en citoyen libre et responsable. Ces compétences s'acquièrent dans le cadre du parcours civique de l'élève, constitué de valeurs, de savoirs, de pratiques et de comportements dont le but est de favoriser une participation à la vie sociale. La convention des droits de l'enfant fait partie des connaissances qui figurent dans le socle commun.
Au moins une séance annuelle d'information et de sensibilisation sur l'enfance maltraitée est inscrite à l'emploi du temps des élèves. Programmées dans le cadre du projet d'école, ces séances peuvent associer les familles et l'ensemble des personnels de l'école, et s'appuyer sur les ressources documentaires des associations (article L 542-3 du Code de l'éducation).

L'enseignant peut organiser en EMC une séance de sensibilisation à l'enfance maltraitée. Les objectifs sont les suivants : connaitre le 119 (service national d'appel téléphonique de l'enfance en danger), connaitre les atteintes à la personne, adopter un comportement responsable vis-à-vis de soi, vis-à-vis d'autrui.
L'enseignant propose de mener un débat réglé à partir du film *Allô 119*[1], qui permet de découvrir le Service national d'accueil téléphonique de l'enfance en danger (SNATED) et de mieux comprendre le dispositif de protection de l'enfance en danger. Trois thèmes sont abordés :
– le rôle, les missions et le fonctionnement du service,
– l'accueil des appels : leur contenu et les types de réponses apportées ;
– les modes de prise en charge au niveau départemental : qui intervient et quelles mesures peuvent être proposées ?
Le débat est mené sur les actions à mettre en œuvre quand on a connaissance d'une maltraitance subie par quelqu'un de son entourage. Une affiche est élaborée et illustrée.

- En conclusion, le candidat peut ouvrir la réflexion sur les actions nationales de sensibilisation comme Enfance et partage ou l'Unicef.

## Ressources

- Socle commun de connaissances, de compétences et de culture : https://www.education.gouv.fr/le-socle-commun-de-connaissances-de-competences-et-de-culture-12512
- Enfants en danger : comment les repérer ? Que faire ? : https://eduscol.education.fr/1013/enfants-en-danger-comment-les-reperer-que-faire
- Convention internationale des droits de l'enfant : https://www.unicef.fr/dossier/convention-internationale-des-droits-de-lenfant
- Vidéos complémentaires sur la plateforme Lumni : https://www.lumni.fr/primaire/cm1/prevention/prevention-de-la-violence-3

1. *Allô 119*, réalisé par Le GIP Enfance en Danger au titre du SNATED, produit par Nora Nonet. Durée : 13 minutes.

## 4. MISE EN SITUATION PROFESSIONNELLE SUR LA SORTIE SCOLAIRE

L'école, lieu d'acquisition de connaissances, exploite les ressources de l'environnement pour permettre aux élèves de mieux connaitre celui-ci. Toute sortie scolaire sur le temps scolaire se fait en respectant les conditions d'organisation afin de concilier compétences nouvelles, enrichissement de la vie d'écolier et sécurité.

### ◆ Sujet

*Vous êtes professeur en classe de Grande Section. Vous organisez une sortie pour faire des observations scientifiques dans un parc. Les élèves travaillent en petits groupes. L'AESH qui encadre un des groupes est occupé sur son téléphone portable. Pendant ce temps-là, un élève tombe et se blesse sur un poteau en métal. Au retour en classe, l'enfant pleure et se plaint d'avoir mal.*

### ◆ Quelle réponse présenter ?

- Dans ce sujet, la problématique est de mettre en évidence la responsabilité des personnes chargées d'encadrer la classe lors de la sortie.
- La mise en situation professionnelle concerne les conditions d'organisation d'une sortie sur le temps scolaire, les règles d'encadrement au plan de la sécurité des élèves et le respect des principes éducatifs qui permettent de faire de la sortie un véritable temps d'apprentissage.

Les conditions dans lesquelles s'effectuent les actions pédagogiques qui nécessitent de sortir de l'enceinte de l'école sont précisées dans la circulaire n° 99-136 du 21 septembre 1999. Les sorties scolaires régulières correspondent aux enseignements réguliers inscrits à l'emploi du temps. Elles sont obligatoires, les parents sont informés de leur condition d'organisation. Si la sortie nécessite un déplacement hors de l'école, elle est autorisée par le directeur ou la directrice d'école. Pendant la sortie, la classe peut être répartie en plusieurs petits groupes et l'enseignant doit prévoir autant d'adultes (parents accompagnateurs, par exemple) que de groupes constitués. Les adultes encadrant la sortie peuvent faire partie des catégories suivantes :
- un autre enseignant ;
- un accompagnant d'élève en situation de handicap (AESH) ;
- un agent spécialisé d'école maternelle (ASEM) ;
- un parent ou un bénévole.

L'enseignant fournit aux adultes accompagnateurs les consignes de sécurité et ce qu'il attend d'eux pour aider les élèves dans leurs activités. Il prend en charge un groupe, confie les autres aux adultes informés de ce qui est attendu d'eux et reste vigilant sur l'ensemble de sa classe.

- L'objectif de la sortie est de permettre aux élèves d'observer sur le terrain les caractéristiques du vivant, de faire des dessins, de rapporter en classe des prélèvements comme des éléments végétaux pour pouvoir les exploiter du point de vue pédagogique. Le fonctionnement en petits groupes encadrés par des adultes permet de répartir des tâches entre les élèves, de les habituer à travailler en coopération. Comme encadrant, l'AESH a une responsabilité déléguée sur le bon fonctionnement du groupe, il doit à la fois veiller sur l'inclusion de son élève dans l'activité et opérer sur l'ensemble des élèves une attention sur le bon déroulement de l'activité. La question de la sécurité des enfants dans un environnement non familier est primordiale. L'enseignant qui organise la sortie s'assure de l'application de consignes de sécurité. Il précise à l'AESH son rôle et la surveillance constante qu'il doit opérer sur les élèves. À cause de sa négligence, un élève s'est blessé, l'AESH ne l'a pas vu et n'a pas averti l'enseignant. C'est l'enseignant qui doit prendre en charge les soins à apporter, l'information aux parents, le rappel à l'ordre de l'AESH.

La première obligation de l'enseignant est de connaitre le cadre légal des sorties scolaires et de le respecter. La deuxième est de préciser ce qu'il attend des « encadrants », de donner des consignes de sécurité adaptées à l'âge de ses élèves, au lieu de la sortie et de s'assurer qu'elles aient été bien comprises par tous. La troisième est de garder une surveillance sur l'ensemble de la classe, en veillant à ce qu'aucun élève ne soit mis en difficulté, et d'intervenir en cas de blessure ou de problèmes de santé. Pour toute sortie, l'enseignant a préparé une trousse de premiers soins qu'il emporte dans un sac. De retour dans la classe, l'enfant blessé pleure et explique à l'enseignant ce qui s'est passé. L'enseignant interroge l'AESH pour avoir des informations sur ce qui s'est passé. Il soigne immédiatement les blessures et rassure l'enfant. Il informe le soir même les parents des circonstances de ces blessures.

Dans un second temps, en dehors de la présence des élèves, il met en évidence le caractère problématique des événements rapportés par l'enfant et les autres élèves, à savoir que l'AESH occupé au téléphone ne surveillait pas le groupe. Il lui rappelle fermement son rôle et ses obligations de surveillance et de protection qui ont manqué lors de la sortie, mettant en péril la sécurité des élèves. Par ailleurs, si un élève se blesse, son rôle est d'informer immédiatement l'enseignant pour connaitre la « marche à suivre ». Il lui précise qu'il fera un compte rendu écrit d'incident au directeur ou à la directrice de l'école. Sur cette situation, l'enseignant doit agir à trois niveaux :

– Soigner l'enfant, le rassurer.
– Rappeler aux élèves que si l'un d'eux se blesse il faut en informer immédiatement l'adulte de proximité pour que des soins soient apportés.
– Faire une mise au point ferme avec l'AESH, lui rappeler ses obligations, ainsi que l'interdiction, dans le cadre de ses missions, d'utiliser son téléphone portable personnel. C'est un manquement grave au principe de surveillance qui lui a été délégué.

L'enseignant profite de l'événement pour proposer à ses élèves une séance de sensibilisation sur

« Apprendre à porter secours » : savoir alerter et informer d'un danger. Cela nécessite d'être attentif à une situation d'urgence et de savoir raconter ce qu'on observe (circulaire n° 2006-085 du 24 mai 2006[1]). Les objectifs sont d'apprendre à identifier les dangers au sein des situations dans lesquelles l'enfant se trouve et de savoir informer les adultes pour obtenir de l'aide. L'enseignant peut proposer différentes activités sur la thématique « Apprendre à porter secours » :

– Identifier des dangers : découvrir des dangers ou des familles de dangers à partir de documents divers (images, photos, films, expositions...). Dans un coin-jeu, utiliser la dinette, les poupées, les jouets et aménager un espace qui présente des risques ; demander aux enfants de les trouver, puis de modifier l'espace pour qu'il n'y ait plus de risque.
– Alerter un adulte et demander de l'aide : mettre en place des saynètes, les enfants acteurs ou faire jouer des poupées, la marionnette de la classe, au cours desquelles un enfant devra identifier la nécessité d'alerter un adulte en décrivant ce qu'il vient de voir.

• Savoir appeler le service le mieux adapté à la situation : 15 (SAMU), 17 (police), 18

1. Éducation à la responsabilité en milieu scolaire : https://www.education.gouv.fr/bo/2006/33/MENE0601175C.htm

(pompiers), 112 (numéro d'appel d'urgence européen). Simuler un appel à l'un de ces services dans lequel l'enseignant joue le rôle du médecin ou du professionnel des secours, des pompiers, en l'absence d'un adulte près de l'enfant.
- Découverte d'albums : *Allo*, Alex Sanders, L'École des Loisirs ; *Petit ours brun et le téléphone*, Marie Aubinais, Danièle Bour, Bayard jeunesse ; *Coco et les pompiers*, Paule Du Bouchet, Xavier Frehring, Gallimard jeunesse ; *Les conseils de Célestin*, Véronique Briant, Philip Glineur, Caroline Tresca, Pocket jeunesse.

À travers cette sensibilisation l'enseignant apprend à ses élèves à prendre des initiatives positives pour savoir comment réagir sur une situation d'urgence. C'est une initiation à la prise de responsabilité.

En conclusion, il est important pour le candidat de rappeler le principe de responsabilité qui implique pour l'enseignant de veiller à protéger ses élèves, de leur apporter des soins en cas d'accident.

### Ressources

- Les sorties scolaires dans le premier degré : https://eduscol.education.fr/2268/les-sorties- scolaires-dans-le-premier-degre
- *Bulletin Officiel de l'Éducation nationale* Hors-série n° 1 du 6 janvier 2000 : https://www.education.gouv.fr/bo/2000/hs1/texte.htm
- Apprendre à porter secours - premier degré : https://eduscol.education.fr/998/apprendre- porter-secours-premier-degre
- Fiches « Apprendre les premiers secours » : https://www.maif.fr/enseignants/solutions-educatives/apprendre-les-1ers-secours

## 5. MISE EN SITUATION PROFESSIONNELLE SUR L'ÉVALUATION NATIONALE

Les compétences de tous les élèves de CP sont évaluées en français et en mathématiques à la fin du mois de septembre puis de nouveau lors d'un point d'étape fin janvier
L'évaluation est faite dans le respect des protocoles définis au niveau national (compétence C4, C12, P3, P5, du référentiel de compétences PE). Cette évaluation obligatoire a valeur de diagnostic, elle est destinée à collecter des repères sur les acquis en début de première année en élémentaire, après le bilan de fin de maternelle que les enseignants de CP ont reçu pour chaque élève. Elle est passée dans toutes les classes, écoles publiques, privées sous contrat, selon un calendrier arrêté chaque année. Elle prend la forme d'un livret d'exercices calibrés – en français et en mathématiques – complétés par l'élève selon les consignes données par le professeur à la classe. La saisie des réponses est réalisée par les enseignants sur un portail numérique. Les données saisies sont anonymes (application du RGPD). Des adaptations du protocole sont prévues pour les élèves en situation de handicap.
L'évaluation est suivie d'un deuxième temps en janvier pour mesurer les progrès accomplis. La communication à destination des familles a pour objectif de les associer au parcours de réussite de leur enfant.
À l'issue des épreuves, et après avoir rencontré chaque famille pour expliquer les résultats, le professeur dispose d'un bilan précis sur le niveau de chaque élève et peut adapter son enseignement. Pour cela, il peut s'aider de fiches ressources mises en ligne sur le site Eduscol.

## ◆ Sujet

*Vous êtes professeur en classe de CP. Vous avez fait passer les évaluations obligatoires de début d'année. Un message dans le cahier de correspondance invite les parents à vous rencontrer pour la restitution. Une famille vous répond qu'elle ne viendra pas parce que les évaluations ne servent à rien. Que faites-vous ?*

## ◆ Quelle réponse présenter ?

- La problématique est la suivante : comprendre la réaction de la famille, savoir comment renouer le dialogue pour l'informer précisément sur le rôle de l'évaluation diagnostique. Les parents étant des coéducateurs, l'école doit les inviter à collaborer avec elle. Cette famille n'a sans doute pas compris les objectifs visés par l'évaluation nationale. Les parents ont peut-être aussi la crainte que leur enfant n'ait pas de bons résultats et veulent éviter un entretien de mise au point. Pour respecter le droit à l'information des familles qui conditionne des relations constructives, le professeur doit donc essayer de renouer le dialogue et de parvenir à rencontrer cette famille.
- Cette mise en situation professionnelle concerne la mission d'évaluation des élèves et l'importance d'une bonne communication école/familles. La circulaire 2013-142 du 15 octobre 2013 précise que pour construire l'école de la réussite pour tous les élèves, une coopération renforcée avec les parents, particulièrement avec les parents les plus éloignés de l'institution scolaire, constitue un enjeu majeur. L'évaluation de l'élève met en évidence un profil d'acquis, qui est rapporté aux compétences prédictives pour entrer dans les apprentissages fondamentaux. L'enseignant a besoin de voir les parents pour leur expliquer les résultats de leur enfant, en présentant la fiche de positionnement de l'élève pour les mathématiques et pour le français. Il s'agit de mettre en évidence les besoins repérés, d'expliquer aux parents ce que le professeur envisage pour adapter ses démarches pédagogiques et différencier les apports.
- Dans la situation du sujet, la priorité de l'enseignant consiste à reprendre le dialogue avec la famille, pour réussir à la convaincre de venir, même sur un temps court et à leur convenance. Il conviendra d'insister sur l'importance de cette évaluation, surtout si l'enfant a besoin d'être aidé pour réussir ses apprentissages. Impliquer les parents est important pour la réussite, notamment quand apparaissent des difficultés. Pour bien communiquer, il peut demander un coup de pouce au directeur ou à la directrice de l'école qui connait parfois mieux les familles. Lors de ce rendez-vous, le professeur :

– Garantit le respect des données saisies, conformément au règlement général européen sur la protection des données (RGPD). Les réponses aux évaluations sont conservées par les enseignants jusqu'à la fin de l'année de CE1 à des fins pédagogiques.
– Rassure les parents en expliquant clairement les objectifs poursuivis par l'évaluation. En effet, le mot « évaluation » et ce qui s'en dit dans les médias peut générer des malentendus, voire des contresens.
– Explique ce que sont les savoirs fondamentaux développés tout au long de l'année de CP (lire, écrire, compter, respecter autrui), et quelles sont les compétences prédictives pour réussir leur acquisition.
– Présente et commente les résultats de l'enfant, en utilisant un langage clair, compréhensible et en donnant des exemples pris dans le cahier d'évaluation.
– Répond aux questions des parents.

L'objectif est que les parents repartent en ayant confiance dans le travail de l'enseignant, et dans l'école. On sait que l'implication des familles dans la scolarité de leurs enfants est inégale, souvent par méconnaissance du milieu scolaire, mise à distance à cause de représentations sur le fonctionnement de l'école, ou informations erronées, alors qu'il s'agit d'un facteur essentiel de réussite des enfants. La communication doit se faire de manière fluide, il faut prendre le temps d'écouter les parents, en utilisant un langage clair et compréhensible. Obtenir leur adhésion au projet de l'enfant garantir une coopération fructueuse dont l'élève sera bénéficiaire. Enfin, si les parents ne veulent toujours pas venir, l'enseignant peut leur transmettre par écrit un plan des démarches de différenciation envisagées.

- En conclusion, il est important pour le candidat de rappeler que l'enseignant doit veiller à informer les parents sur le parcours de l'élève, en insistant sur les aides que l'école peut proposer. La qualité, la clarté, la précision de la communication déterminent la nature du contrat passé entre l'école et les parents dans le but de les associer à la réussite de leur enfant.

### Ressources

- L'évaluation des acquis des élèves en CP : des repères pour la réussite : https://www.education.gouv.fr/l-evaluation-des-acquis-des-eleves-en-cp-des-reperes-pour-la-reussite-5318
- 4 priorités pour renforcer la maitrise des fondamentaux : https://www.education.gouv.fr/4- priorites-pour-renforcer-la-maitrise-des-fondamentaux-9056
- Ressources destinées aux équipes d'enseignants et aux parents pour faciliter la communication entre l'école et les familles et renforcer les liens de confiance : https://mallettedesparents.education.gouv.fr/
- « Pour enseigner la lecture et l'écriture au CP », Eduscol, 2019 : Lecture_ecriture_versionWEB_939232.pdf (education.fr)
- « Enseignement du calcul : un enjeu majeur pour la maitrise des principaux éléments de mathématiques à l'école primaire », Note de service n° 2018-051 du 25 avril 2018 : https://www.education.gouv.fr/bo/18/Special3/MENE1809042N.htm?cid_bo=128731

## 6. MISE EN SITUATION SUR LA COÉDUCATION : LES ENFANTS ET LES ÉCRANS CYCLES 2 3

La coéducation entre les parents et l'école a pour objectif de renforcer un dialogue constructif autour de l'enfant. Un lien fort entre l'enfant, sa famille et l'école permet de prévenir les problèmes de santé et de prédire des comportements plus sûrs à l'adolescence. (Hawkins et al, 2000). Des recherches montrent qu'un véritable cercle vertueux s'enclenche lorsque l'enfant se sent soutenu tant par sa famille que par son enseignant : on assiste à la diminution des comportements antisociaux (Cunnigham et Sandhu, 2000). Parmi les modifications de l'environnement éducatif des enfants, l'omniprésence des écrans a introduit des évolutions. Un rapport[1] conseille de ne pas les exposer avant l'âge de 3 ans. Le psychiatre Serge Tisseron recommande de ne pas dépasser 1h30 de temps d'écran par jour pour les enfants de 3 à 5 ans et 2 heures pour les plus de 6 ans. Au-delà du temps passé devant les écrans, le contexte d'utilisation, l'accès à des informations non vérifiées jouent un rôle important dans la perte de certains repères. Le HCSP (Haut Conseil de la Santé Publique) préconise de former les enfants et leur famille[2] à l'utilisation des objets

1 https://www.academie-sciences.fr/fr/Rapports-ouvrages-avis-et-recommandations-de-l-Academie/l-enfant-et-les-ecrans-l-avis.html

2 Le guide « Enfants et écrans : reprenez la main » édité par l'UNAF présente des conseils pratiques pour prendre conscience des habitudes familiales, réduire le temps passé devant les écrans et protéger les enfants de contenus inadaptés.

numériques, de les sensibiliser aux conséquences de certains usages, d'aborder à l'école la question des compétences psycho-sociales.

## ◆ Sujet

*Vous êtes enseignant en classe de CE2. Au cours d'un débat sur la place des écrans dans la vie des enfants, plusieurs élèves révèlent qu'ils passent au moins 3 à 4 heures de leur journée devant des écrans, TV, tel., tablette, ordinateur… Plus encore quand ils sont en vacances. Ce sont des élèves qui ont des problèmes d'attention et de relations avec les autres. Vous décidez de proposer une réunion avec les parents de votre classe pour les sensibiliser à cette question de coéducation.*

## ◆ Quelle réponse présenter ?

La problématique de la question comporte plusieurs aspects : en partant du constat qu'un usage non règlementé des écrans a des incidences sur la qualité des apprentissages scolaires et des relations avec les autres, l'enseignant doit engager le dialogue de **coéducation** avec les parents, puis sensibiliser les élèves aux risques liés à une consommation excessive. L'école doit enseigner l'utilisation adaptée des outils et des ressources numériques, mettre l'accent sur une utilisation abusive qui peut être source de difficultés scolaires, sociales ou familiales. Elle installe des règles pour un usage raisonné des écrans et du numérique.
Dans le dialogue avec les parents, il s'agit de réfléchir collectivement entre adultes pour aider les enfants à appréhender avec conscience l'univers du numérique.
Dans la situation du sujet, la priorité de l'enseignant consiste à nouer le dialogue avec les parents dès le début de l'année pour les sensibiliser à leur rôle et à leurs responsabilités, tout en les informant du travail qui sera mené à l'école avec les élèves. Ce thème touche les pratiques familiales et doit être abordé en respectant la diversité des modes de vie. L'idée de coéducation sur ce thème implique un échange entre adultes pour pouvoir ensuite dégager des idées importantes sur les rôles respectifs des parents et de l'école.
L'objectif principal de cette réunion fixée par l'enseignant avec les familles est de construire une réflexion collective sur le positionnement des adultes sur les écrans et le numérique. Au cours de la réunion, il s'agira d'éclairer les parents sur les usages actifs qui peuvent être développés pour permettre un dialogue parents/enfant. Elle doit permettre d'appréhender le niveau de connaissance des parents, de faire apparaitre les modalités et les difficultés de contrôle parental des usages multiples, de clarifier quelques règles simples à mettre en place. Il s'agira de trouver un juste équilibre entre le « laisser faire » et le « tout interdire ».
Il faut prévoir au moins 1 heure, installer une salle disposée de façon à ce que tous les participants puissent se voir. La réunion s'ouvre sur un échange sur l'usage des écrans et du numérique. À l'aide d'une technique d'animation, en utilisant deux animateurs du groupe (de préférence un enseignant et un parent d'élève volontaire), une première phase de travail est consacrée à l'expression des représentations. La parole doit circuler de sorte que chaque participant puisse s'exprimer. Il est intéressant de noter par écrit devant le groupe les idées majeures évoquées (sous la forme d'une synthèse). La deuxième partie de la réunion est consacrée aux informations sur les écrans et le numérique, en exploitant des données issues de la recherche, et sur le programme que l'école propose aux élèves. On peut prévoir des boissons pour renforcer la convivialité.
Il est important de rappeler que les enfants de cycle 2 ont encore besoin de jouer et d'explorer le monde avec leurs sens pour se développer et que les écrans ne sont pas des

jouets comme les autres. Ils captent l'attention par des images et des sons sans interaction humaine. Une utilisation excessive peut induire des troubles de concentration, du sommeil, de la motricité, du comportement, du langage et de la relation.
L'enseignant doit rassurer les parents, même s'ils ne connaissent pas bien les écrans. Il doit mettre en évidence les limites de leur utilisation (temps, respect de l'autre, espaces privés-publics-intimes...) et les informer sur les dangers.
Il faudra rappeler l'interdiction de l'utilisation des téléphones portables à l'école.

**Dans la classe**
Dès le cycle 2, dans le cadre des enseignements d'EMI, l'école apprend aux élèves à s'y retrouver dans le flot d'images qu'ils consomment, à identifier les émotions qu'ils éprouvent. Elle les aide à acquérir une attitude lucide qui implique de la distanciation, à comprendre le caractère éventuellement manipulateur de certains flux d'images. Il s'agit de les aider à adopter une attitude critique dans les utilisations qu'ils en font. Elle engage leur réflexion sur les réseaux sociaux, les met en garde sur la circulation d'images violentes et les risques du harcèlement.
Des démarches de classe et des ressources sont proposées par La Fondation La main à la pâte. Le projet « Les écrans, le cerveau et... l'enfant » s'appuie sur les recherches en sciences cognitives ; il a pour objectif de mettre en évidence les raisons pour lesquelles les jeux vidéo, Internet et autres « écrans » sont si fascinants. Le dossier est composé de 32 activités « clés en main » organisées en 15 séquences correspondant aux différentes fonctions du cerveau étudiées. Il propose des fiches théoriques et des activités illustrées. Il aide les enseignants (cycles 2 et 3) à mettre en œuvre une pédagogie d'investigation permettant de stimuler l'esprit scientifique de leurs élèves.

### Ressources
Idées reçues sur le numérique - Professionnel de l'Éducation nationale | Parentalité et Numérique (trousseaprojets.fr)
Vademecum_inderdiction-portable-ecole-college_03092018_992608.pdf (education.fr)

Dominique Pasquier « La place des écrans dans la vie familiale : une enquête sociologique »
Voir l'ouvrage : *Grandir avec les écrans ? Qu'en pensent les professionnels ?* d'Élisabeth Baton-Hervé, Érès, 2020.

## 3-6-9-12+, des écrans adaptés à chaque âge

### Avant 3 ans

**Jouer avec votre enfant est la meilleure façon de favoriser son développement.**

Je préfère les histoires lues ensemble, les comptines et les jeux partagés aux écrans.

La télévision allumée nuit aux apprentissages de votre enfant même s'il ne la regarde pas.

Jamais de télé dans la chambre.

Les outils numériques, c'est toujours accompagné, pour le seul plaisir de jouer ensemble.

### De 3 à 6 ans

Je fixe des règles claires sur les temps d'écran.

Je respecte les âges indiqués pour les programmes.

La tablette, la télévision et l'ordinateur, c'est dans le salon, pas dans la chambre.

J'interdis les outils numériques pendant le repas et avant le sommeil. Je ne les utilise jamais pour calmer mon enfant.

Jouer à plusieurs, c'est mieux que seul.

### De 6 à 9 ans

Je fixe des règles claires sur le temps d'écrans, et je parle avec lui de ce qu'il y voit et fait.

La tablette, la télévision et l'ordinateur, c'est dans le salon, pas dans la chambre.

Je paramètre la console de jeux.

Je parle du droit à l'intimité, du droit à l'image, et des 3 principes d'Internet :

1) Tout ce que l'on y met peut tomber dans le domaine public ;

2) Tout ce que l'on y met y restera éternellement ;

3) Il ne faut pas croire tout ce que l'on y trouve.

### De 9 à 12 ans

Je détermine avec mon enfant l'âge à partir duquel il aura son téléphone mobile.

Il a le droit d'aller sur Internet, je décide si c'est seul ou accompagné.

Je décide avec lui du temps qu'il consacre aux différents écrans.

Je parle avec lui de ce qu'il y voit et fait.

Je lui rappelle les 3 principes d'Internet.

### Après 12 ans

Mon enfant « surfe » seul sur la toile, mais je fixe avec lui des horaires à respecter.

Nous parlons ensemble du téléchargement, des plagiats, de la pornographie et du harcèlement.

La nuit, nous coupons le WIFI et nous éteignons les mobiles.

Je refuse d'être son « ami » sur les réseaux sociaux.

**Ils peuvent changer !**

Même si vos enfants font tout pour vous convaincre qu'il est inutile d'essayer de les faire changer, ils ont beaucoup plus de souplesse que vous ne le pensez. N'hésitez pas à modifier les règles, à condition qu'elles soient claires et que vous laissiez à vos enfants un peu de temps pour s'y adapter.

**À tout âge, choisissons ensemble les programmes, limitons le temps d'écran, invitons les enfants à parler de ce qu'ils ont vu ou fait, encourageons leurs créations.**

C'est tous ensemble que nous modifierons notre relation aux écrans.
Rejoignez nous sur http://3-6-9-12.org

D'autres documents sont accessibles libres de droits pour sensibiliser à l'usage des écrans auprès de l'association 3-6-9-12

### ◆ Questions du jury

– Dans une famille monoparentale, une maman confie sa difficulté à encadrer l'usage du téléphone portable à son enfant de 7 ans. La maman elle-même a toujours le téléphone à la main. Quels conseils donner à cette maman pour réussir à modifier le comportement de l'enfant ?

– Que peut faire l'enseignant s'il constate que des élèves transgressent et l'utilisent en cours de récréation ?

Sur Lea.fr

*Retrouvez les réponses à ces questions*

Ce livre est imprimé sur du papier
issu de forêts gérées durablement.

N° de projet : 10295741
Achevé d'imprimer en France en décembre 2023 par Estimprim 25110 Autechaux